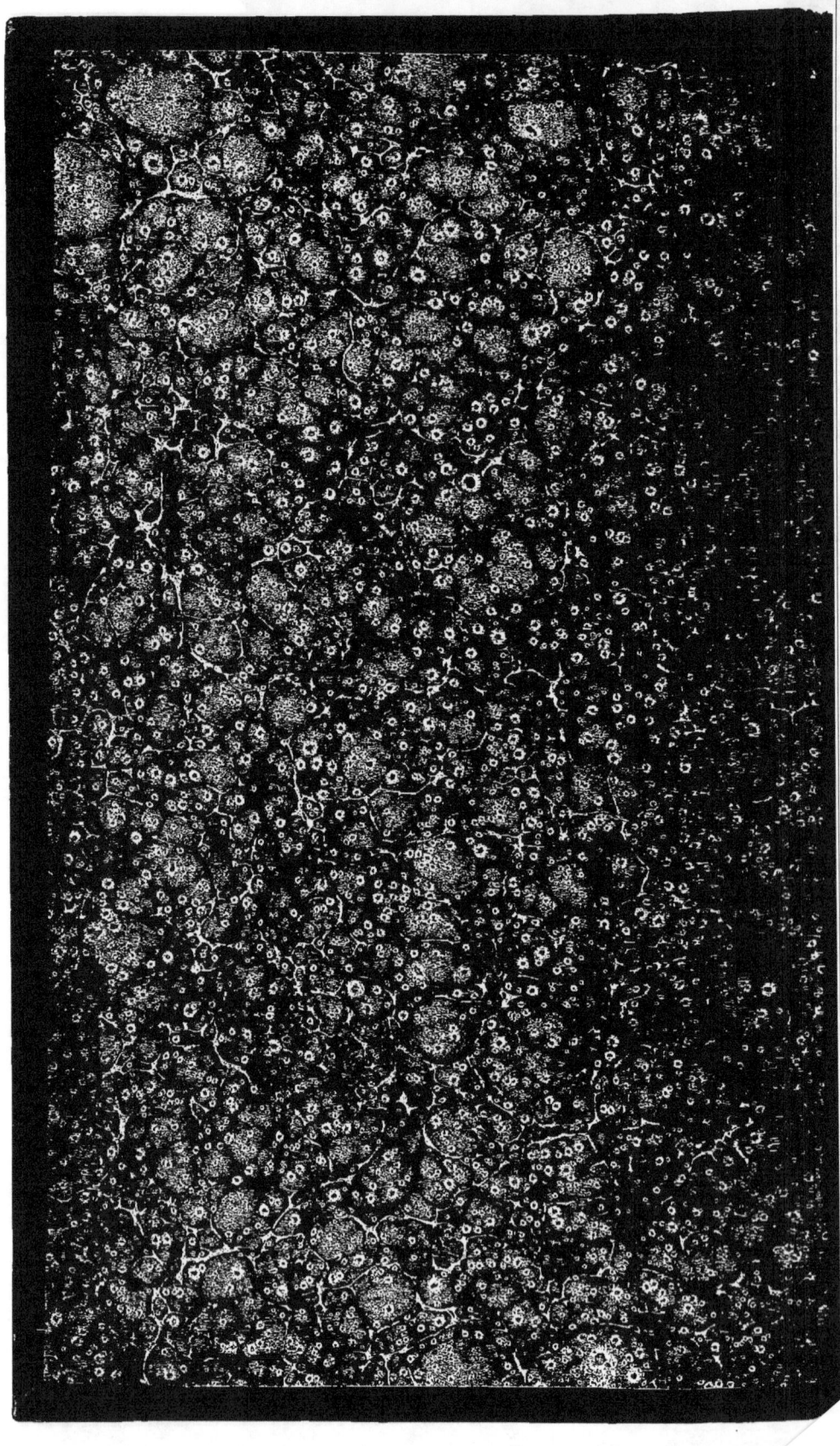

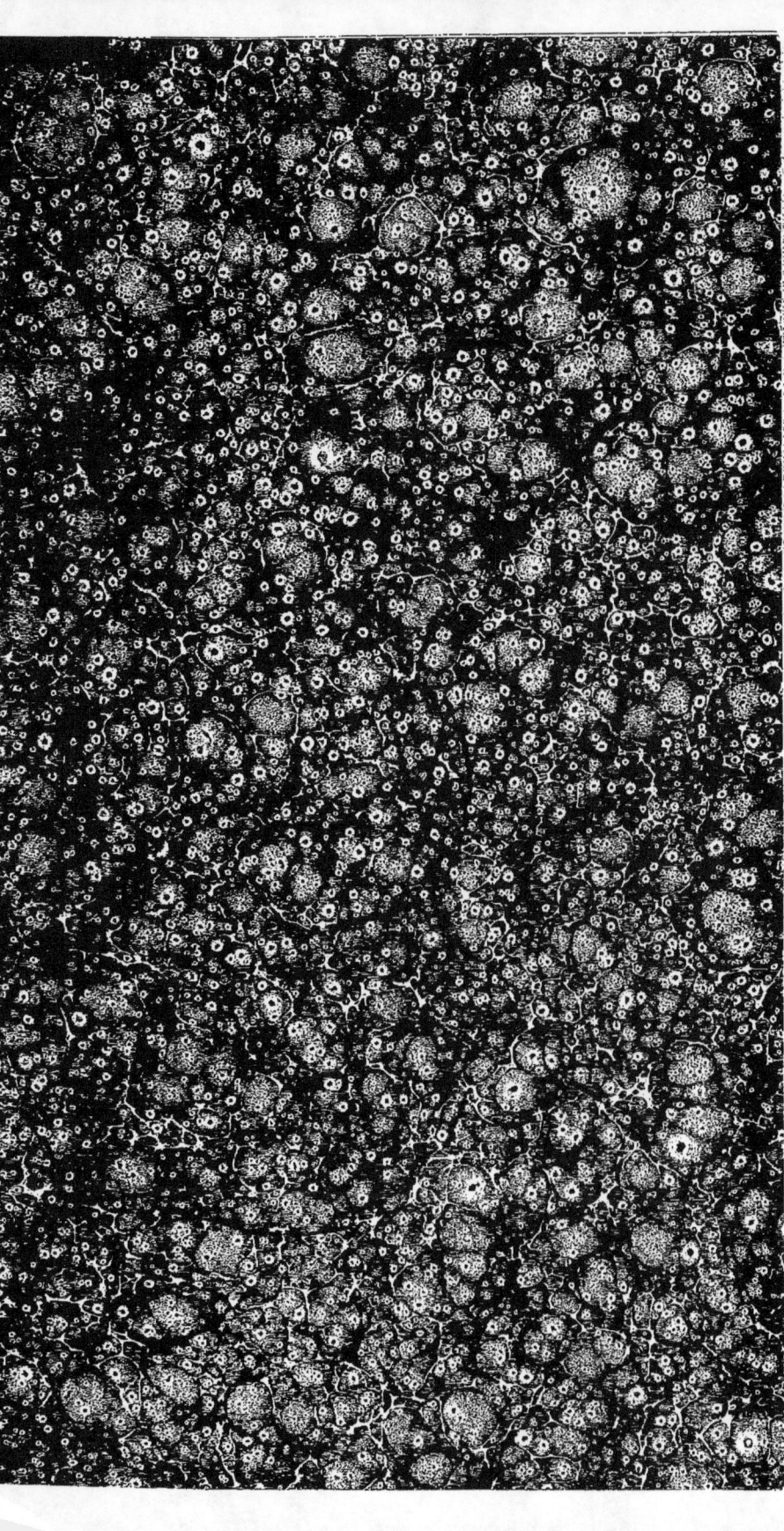

31827

PHOTOGRAPHIE

RATIONNELLE

OUVRAGES DU MÊME AUTEUR

’ΕΠΙΤΟΜΗ’
Τῶν χριστιανικῶν αληθειῶν
1829

TRAITÉ THÉORIQUE ET PRATIQUE
DE LA PHOTOGRAPHIE SUR COLLODION
1853

Les quatre branches de la Photographie
1855

LE CATÉCHISME DE L'OPÉRATEUR PHOTOGRAPHE
1857

Le Compendium des quatre branches de la Photographie
1858

Le Code de l'Opérateur Photographe
1859

LE CATÉCHISME DE L'OPÉRATEUR, 2ᵉ ÉDITION
1860

LES CAUSERIES PHOTOGRAPHIQUES
1861

PHOTOGRAPHIE

RATIONNELLE

TRAITÉ COMPLET
THÉORIQUE ET PRATIQUE

APPLICATIONS DIVERSES

PRÉCÉDÉ DE L'HISTOIRE DE LA PHOTOGRAPHIE ET SUIVI D'ÉLÉMENTS
DE CHIMIE APPLIQUÉE A CET ART

PAR

A. BELLOC

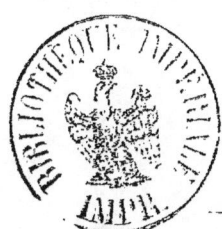

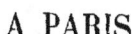

A PARIS
CHEZ DENTU, ÉDITEUR, PALAIS-ROYAL
CHEZ L'AUTEUR, RUE DE LANCRY, 16

—

1862
Tous droits réservés.

Le Prix courant des appareils et des produits chimiques est avant la table des matières. — S'assurer s'il n'en a point été détaché.

AVANT-PROPOS

> « Il en est, de la photographie comme de la plupart des sciences naturelles, dont le développement progressif est si rapide et si soutenu depuis un demi-siècle, qu'en quelques années tel Traité, parfaitement à la hauteur des connaissances acquises au moment de sa publication, peut être déjà vieux et insuffisant. C'est à la fois l'inconvénient et la gloire de ces sciences qui ont le privilége de passionner l'esprit humain, soit par les jouissances intimes qu'il en peut recevoir, soit par les résultats qu'il en obtient. Or, la photographie est identiquement dans les mêmes conditions. L'éclat de son passé, la splendeur à laquelle elle est parvenue ne sont peut-être que l'aube de sa gloire future, et l'esprit qui veut en suivre tous les développements doit toujours être en haleine, et se tenir au courant de toutes ses évolutions. » (*Compendium*, préface.)

Après sept publications successives, consacrées à l'enseignement théorique et pratique de la photographie, nous croyons être en mesure de faire une exposition plus complète du plan que nous avons adopté, de la méthode que nous avons suivie et des obligations que nous nous sommes imposées.

Nous ne nous préoccupons pas plus du blâme des censeurs que des louanges de nos partisans; mais nous tenons à répondre par avance à la critique, qui pourrait nous être faite au sujet du silence que nous avons cru devoir garder à l'égard de certains procédés, qui sont autant d'erreurs, et dont l'exposition et la réfutation viendraient inutilement grossir un ouvrage assez volumineux, et assez compliqué par la nature même de son objet.

Nous nous faisons un devoir de mentionner, et même de faire valoir les procédés sérieux, les innovations salutaires, mais nous ne voulons pas nous faire l'écho des aberrations et des espèces d'utopies photographiques, qui n'ont déjà que trop de prôneurs, plus ou moins intéressés.

S'il est de la plus haute importance de faire connaître et de favoriser les progrès réels de la science, il n'est pas moins important de ne pas se faire, pour ainsi dire, le complice des erreurs les plus dangereuses, en leur prêtant l'appui de sa publicité.

Que d'illusions, que de rêveries n'ont eu quelque consistance qu'au moyen d'un journal sans compétence ou sans équité, ou à l'aide d'un patronage imprudemment accordé!

Une vérité laissée dans l'ombre est une grande perte, sans doute, mais une erreur mise en lumière est une véritable calamité.

Depuis la découverte de la photographie, les journaux spéciaux ont été d'une grande utilité, sans contredit, par la masse de bonnes idées qu'ils ont mises en circulation; pourquoi faut-il que nous ajoutions qu'ils ont, en quelque sorte, neutralisé ce grand service en répandant des erreurs qui, à force de se répéter, finissent par avoir force de chose jugée, et causent les plus grands préjudices à la science et aux opérateurs!...

Ce que nous venons de dire des journaux spéciaux est encore bien plus applicable à ces livres, qui, sous le nom de *méthodes*, ne font que ressasser les lieux communs, la routine, et souvent les erreurs les plus déplorables. Ces sortes de compilations, qui se copient réciproquement, sont faites, en général, par des hommes complétement étrangers à ce que nous avons énergiquement appelé le *Cuisine photographique*, c'est-à-dire la véritable expérience. Que leur importe à ces écrivains sans titre spécial, sans compétence réelle, de prôner tel procédé plutôt que tel autre, d'entasser des citations prises presqu'au hasard?... La grande affaire, c'est de multiplier les pages et de tirer au volume. Tant pis pour les opérateurs qui ont la naïveté de prendre ces fatras au sérieux !

Nous sommes peut-être le premier (il faut bien que nous ayons le courage de le dire) qui nous soyons fait un cas de conscience de ne faire connaître que des procédés usuels, en les simplifiant et en les complétant, mais surtout après les avoir personnellement vérifiés par notre expérience, et qui nous soyons imposé le devoir de garder le plus profond silence sur les mille recettes empiriques, qui ont découragé tant d'opérateurs à leurs débuts.

Qu'on veuille donc bien ne pas considérer comme une lacune involontaire ou comme un parti pris, notre intention bien arrêtée et bien calculée d'éliminer de cette exposition complète et consciencieuse, tous les procédés qui nous paraissent dangereux ou sans nulle valeur.

Les grands travaux d'éruditions approchent quelquefois du degré de perfection que leur auteur avait d'abord rêvé pour eux, mais ils n'arrivent à cette perfection relative qu'en passant par une série de transformations successives, et chacune de ces transformations a été constatée par une édition réellement nouvelle. Si vous avez la patience de comparer dans les détails, les diverses éditions d'un même ouvrage, quand cet ouvrage est dû à un esprit consciencieux, vous pourrez en constater peu à peu tous les progrès. La première édition n'était guère, comparée à la dernière, qu'un plan, une esquisse, un jet *currente calamo*, pour s'assurer de ses idées fondamentales; la seconde, un peu trop luxuriante, et riche jusqu'à l'excès de tous les développements nouveaux qu'on a voulu y faire entrer, est, par conséquent, plus complète, mais pleine encore de désordre et de confusion; enfin, à la troisième, un véritable *fiat lux* brille sur ce chaos; les détails inutiles, les développements superflus sont strictement éliminés; chaque chose est à sa place et dans sa juste mesure; c'est la dernière et la plus haute expression de la pensée de l'auteur. Voilà pourquoi, n'en déplaise aux bibliomanes, les dernières éditions sont les meilleures, à moins, comme il arrive trop souvent de nos jours, que les diverses éditions ne se distinguent que par un tirage de librairie.

C'est ainsi que nous nous sommes modifié d'année en année, et que le travail que nous publions aujourd'hui peut être considéré comme la huitième édition d'un seul et même ouvrage, ayant paru sous des titres différents, et qui reçoit sous la forme actuelle, tout le perfectionnement que nous avons pu obtenir d'un labeur assidu et persévérant.

La photographie est devenue une science attrayante, et, grace à la simplicité de ses procédés, elle tend, de jour en jour, à devenir une science populaire qui, après avoir fait les délices du château, ne tardera pas à devenir la consolation de la chaumière.

Nous sommes trop complétement dévoué au perfectionnement de cet art nouveau, qui sera une des gloires de notre époque, pour rester en arrière de ses progrès. Depuis 1853, nous avons chaque année soumis au public une méthode, ou plutôt, une édition nouvelle, ayant pour but d'étudier comparativement tous les procédés d'exécution, et de faciliter l'enseignement et la pratique de la photographie, par la publication de nos propres études et de nos découvertes personnelles. Ces diverses éditions ont obtenu un succès qui nous est le plus sûr garant de leur utilité.

Le lecteur attentif, et surtout le praticien, a pu se convaincre, en y puisant de bonnes leçons et de bons conseils, que nos écrits étaient dictés par une longue expérience, et que nous n'avons jamais indiqué un procédé qui ne fût parfaitement et facilement praticable, comme nous n'avons jamais recommandé aucune substance avant d'en avoir reconnu l'efficacité, par les plus heureux résultats.

De même que la médecine a ses empiriques et ses panacées, la photographie a déjà ses recettes de bonnes femmes, cent fois plus coûteuses que les meilleurs produits, et qui font le désespoir, sinon la ruine, de ceux qui sont assez crédules pour en attendre quelque succès. Nous le répétons, car nous sommes fier de pouvoir le déclarer, sans craindre un démenti, nous n'avons jamais eu la faiblesse, non pas de prôner, mais même de mentionner ces *produits fabuleux*. Que sont devenus, pour citer quelques exemples, l'encre photographique de Disdéri, l'oxy-ethylate d'argent, le papier collodionné sec, etc.?.. Hélas, et Dieu merci! ils ont vécu, ce que vivent les rêves... le temps d'ouvrir les yeux!

Nos premiers travaux en photographie datent déjà d'un peu loin. Le public a su, tout d'abord, les apprécier ; il a compris qu'il ne s'agissait pas là d'un ouvrage purement littéraire, où l'élégance de la forme aurait pour but de dissimuler la stérilité du fond. Le seul mérite que nous ambitionnons, en effet, sous le rapport du style, c'est une clarté qui préserve nos lecteurs et nos élèves de toute méprise et de toute confusion. Notre but, c'est de leur abréger le temps si pénible des premiers tâtonnements, en mettant à leur service notre vieille expérience d'observateur. Puissions-nous ainsi, les pousser rapidement dans la voie d'une pratique sûre et rationnelle, et les préserver à tout jamais des piéges du charlatanisme et des illusions des fausses théories!

Si nous avons conservé, dans ce nouveau Traité, quelques anciennes formules, c'est qu'il nous est bien démontré qu'elles sont encore les meilleures. Toute formule rationnelle et éprouvée doit, d'ailleurs, trouver sa place dans un *Traité complet*. Un pareil titre oblige. Si nous avons donné un grand développement aux parties théoriques et opératoires qui semblent, de prime abord, les moins intéressantes, c'est que nous avons reconnu qu'elles n'étaient pas moins importantes que les considérations générales dans la connaissance complète et intégrale de la photographie.

Nous avons évité soigneusement les digressions, toujours inutiles et souvent pernicieuses dans un ouvrage purement didactique. Les digressions détournent l'attention du lecteur, qui a besoin de la concentrer exclusivement sur les préceptes de l'enseignement; elles rompent, en quelque sorte, la trame et la chaine des leçons, et font perdre de vue ces transitions progressives, par lesquelles le professeur arrive naturellement et sûrement au but qu'il veut atteindre.

Au moment de terminer cet avant-propos, il nous vient comme un remords de tenir nos lecteurs si longtemps dans l'antichambre, pour ainsi dire, de ce nouveau Traité. Ce n'est pourtant pas faute d'avoir le désir de l'introduire le plus promptement possible dans le fond même de notre pensée. Nous savons, d'ailleurs, qu'en général on lit peu les préfaces, que l'on considère volontiers comme un hors-d'œuvre. Et cependant, c'est bien souvent dans la préface d'un ouvrage que l'auteur a déposé la plus intime expression de sa volonté; c'est là qu'il parle plus directement, plus personnellement à ses lecteurs, et que, comme dans certains *post-scriptum*, on peut mieux connaître ses véritables intentions. Il faut bien, du reste, qu'avant d'entrer tout à fait en matière, nous répondions à certaines attaques qui, pour être énoncées d'une manière vague et générale, ne doivent pourtant pas rester sans réplique. Si, à propos de nos formules, nous avons parlé de nos travaux photographiques; si, à propos de substances garanties, nous avons recommandé notre propre maison, nous avons pu le faire en toute conscience, et dire, avec plus de raison qu'on ne l'avait dit de l'ancienne charte, que *notre programme est une vérité*. Il serait donc souverainement injuste de nous appliquer ces paroles sévères d'un traducteur éminent, à propos des Traités de photographie publiés jusqu'à ce jour (1857) :

« Ces Traités, dit-il, ont été écrits seulement au point de vue de la spéculation, sans aucun souci du progrès de l'art ; les uns ont pour but évident de servir d'annonces, de prospectus et de réclame à telle ou telle maison recommandée... etc., etc. » (SELLA)

Nous repoussons également, en ce qui nous concerne, et tout en reconnaissant la justesse de cette critique par rapport à certains faiseurs, nous protestons, pour notre compte, contre la note suivante :

« Les publicistes, ajoute le même auteur, qui écrivent à ce point de vue, manquent, du reste, complétement leur but. Le lecteur se tient naturellement en garde contre celui qui lui recommande invariablement, à toutes les pages, la même maison, qu'il s'agisse d'appareils optiques, de produits chimiques, ou des autres accessoires de la photographie, comme si l'on pouvait être habile opticien, fabricant de produits chimiques, de plaques, de glaces, de papiers, etc...

» D'un autre côté, les auteurs consciencieux, dans la crainte de passer pour des prôneurs complaisants, hésitent à prononcer aucun nom dans leurs ouvrages. Il en résulte que des maisons, véritablement recommandables, perdent le bénéfice de la publicité consciencieuse à laquelle elles auraient droit, et le pauvre photographe reste livré à tous les hasards d'une spéculation peu scrupuleuse. »

Cela est fort bien dit, mais heureusement pour le *pauvre photographe* que l'auteur de cette philippique n'a pas poussé son rigorisme jusqu'à se priver de recommander lui-même une maison d'optique, très-recommandable d'ailleurs.

« Le fabricateur souverain, a bien dit la Fontaine, nous créa besaciers tous de même manière. »

De plus, notre auteur n'a pas l'air de se douter, qu'avec la meilleure intention du monde, il peut avoir commis une très-grande injustice, au double détriment de telle maison, qui ne mérite nullement son anathème, et du *pauvre photographe,* dont il prend si haut les intérêts, tout en le jetant dans la plus pénible incertitude.

Et pourquoi, je vous le demande, nous bornerions-nous à recommander une maison exclusivement, pour un seul produit, si une maison, d'ailleurs recommandable, a fait de l'ensemble même de toutes les fournitures nécessaires à l'art photographique, une véritable et nouvelle spécialité? Et si le chef de cette maison, habile photographe avant tout, veut consacrer son expérience à essayer les objectifs et les produits chimiques pour en faciliter l'emploi, et cela en dehors de tout intérêt personnel, où sera l'inconvénient? Ne serait-ce pas rendre un véritable service à tous les opérateurs que de faire en sorte qu'aucun produit, comme aucun instrument, n'arrive entre leurs mains avant d'avoir été préalablement essayé, et, partant, garanti?

Messieurs tels et tels sont des opticiens du plus grand mérite, nous le voulons bien; mais ces messieurs ne fabriquent pas eux-mêmes leurs objectifs, ils les font faire; et, les feraient-ils eux-mêmes, qu'il arriverait toujours que sur vingt objectifs, un seul peut-être posséderait toutes les qualités qu'il doit avoir, et que ne manqueraient pourtant pas, de leur attribuer, leurs auteurs ou leurs simples propriétaires. Le commerce ne connaît qu'une seule chose : l'écoulement des produits en magasin. Nous ne savons que trop ce qui arrive en pareil cas. Les objectifs sont cotés et vendus, non pas en raison de leur valeur réelle et de leur supériorité relative, qui reste à l'état de problème, mais tout simplement, suivant le diamètre de leur lentille. Quant à l'acquéreur, au *pauvre photographe*, qui donc s'en occupe? Ou il a acquis son objectif par l'entremise d'un commissionnaire, qui, lui-même, l'a pris en aveugle, ou il l'a acheté directement et de première main. S'il l'a d'abord essayé avant de conclure le marché, à la bonne heure, il ne pourra s'en prendre qu'à lui-même s'il ne possède pas toutes les qualités requises; mais s'il a dû, comme cela arrive presque toujours, l'acheter *de confiance*, comment peut-il savoir *à priori* que son objectif ne lui ménage pas les plus amères déceptions?

Or, la plupart des maisons de Paris refusent formellement l'épreuve de l'essai préalable, et elles ont peut-être raison : un bon objectif est, du reste, un peu plus le fait du hasard que de l'expérience ou de l'habileté; le plus savant constructeur n'est souvent pas plus heureux que le plus humble lunetier, et les objectifs de ce dernier ont au moins cet avantage sur ceux des maisons les plus *recommandables*, que, comme il est plus modeste, il ne trouve pas mauvais qu'on ne les accepte que sous bénéfice d'inventaire. Les objectifs une fois reconnus bons, qu'importe, je vous prie, eur plus ou moins glorieuse paternité?... On trouverait aujourd'hui, dans les laboratoires, plus d'un objectif sans nom qu'avoueraient bien volontiers les plus célèbres opticiens. En définitive, chaque opticien a sa clientèle, et ses prôneurs, qui ne jurent que par lui, et il serait assez curieux de pouvoir mettre en regard de ces thuriféraires les noms des clients qui ont les meilleures raisons du monde pour être d'un avis contraire.

Avons-nous besoin d'indiquer que tout ce que nous venons de dire à propos d'optique n'est pas moins vrai des produits et des divers instruments employés dans l'art photographique? Est-ce que l'ébéniste qui façonne un instrument est compétent pour juger de la longueur voulue du foyer de l'objectif qui doit être adapté à la chambre, de la disposition des châssis?... Est-ce que le chimiste a essayé le coton soluble, le collodion ou le nitrate d'argent?... Il est facile de pressentir la conclusion de ce raisonnement : c'est que nul marchand ou fabricant, s'il n'est lui-même opérateur habile, ne peut fournir à un autre opérateur les substances qui lui sont nécessaires, sans s'exposer, et de la meilleure foi du monde, à faire subir au *pauvre photographe* les plus fâcheuses mésaventures et les plus cruels désappointements.

En suivant ainsi pas à pas notre trop scrupuleux auteur, nous arriverions à un étrange résultat. Voyez-vous ce *pauvre photographe* qui, pour ne plus être *livré à tous les hasards d'une spéculation peu scrupuleuse*, prend la résolution de s'adresser dorénavant à une *spécialité*, comme on dit dans le commerce, pour chacun des objets dont il peut avoir besoin? Ce serait bien le cas de dire que le remède serait pire que le mal, car la *spéculation peu scrupuleuse*, qu'il aurait voulu éviter, se trouverait multipliée par le nombre même des *spécialités* auxquelles il aurait eu recours. Celle-ci lui fournirait des glaces trop grandes pour ses châssis, celle-là lui enverrait une chambre noire trop courte pour le foyer de son objectif; l'une lui expédierait des passe-partout sans rapport avec la dimension de ses cadres, tandis que l'autre, ayant la *spécialité* des objectifs *garantis*, l'obligerait à en changer dix fois peut-être avant de se résigner, de guerre lasse, à en garder un qui ne vaudrait pas mieux que les précédents, tout en ayant coûté le double de son prix vénal par les frais indéfinis d'envois et de renvois. Ajoutez à tous ces agréments, les nombreuses lettres de réclamation qu'il lui faudra écrire, le temps perdu à attendre le bon vouloir des fournisseurs, la difficulté excessive de se procurer les plus utiles renseignements, et dites-nous s'il n'eût pas mieux valu pour lui s'adresser, tout d'abord, à cette *maison recommandée invariablement à toutes les pages, qu'il s'agisse d'appareils optiques, de produits chimiques, ou d'accessoires de photographie?..*

Et, si cette maison est dirigée par un homme qui, sans être opticien, connaît parfaitement la valeur des lentilles; qui, sans être chimiste *ex-professo*, sait préparer les produits et juger les substances, en même temps qu'il peut monter, agencer et ajuster, répondre à toutes les questions et aplanir toutes les difficultés, cette maison n'est-elle pas dans les meilleures conditions possibles pour rendre les plus grands services au monde photographique?..

Nous l'avons dit, et nous le répétons : nul ne peut répondre pleinement aux besoins d'un photographe, qu'à la condition expresse qu'il sera photographe lui-même, et assez expérimenté pour pouvoir signaler les écueils et aplanir la route. Ce qui a empêché jusqu'ici de comprendre cette idée si simple, c'est qu'on ne se représente nullement les qualités nécessaires au photographe. Pour la plupart des personnes étrangères à notre art, la photographie se borne à manœuvrer quelques appareils, et à faire usage des produits chimiques tels que le commerce les livre. Or, ces personnes-là, il faut bien le dire, se trompent grandement. La photographie exige, de la part de ceux qui veulent s'y livrer dans toute son étendue, un sens droit, un grand esprit d'observation, et une somme de connaissances scientifiques relativement assez considérable. Agir empiriquement, passivement, sans se rendre compte de ses opérations, sans avoir, pour ainsi dire, conscience de ses actes, c'est se condamner à rouler sans fin dans un cercle vicieux, et à n'aboutir qu'aux plus tristes résultats. Il n'est presque pas de science à laquelle le photographe ne soit obligé d'emprunter des lumières et de précieuses indications. Or, si, dans les premiers temps surtout, il n'a pas sous la main un livre spécial, un guide sévère, qui lui indique tous les écueils; si, même dans ces jours néfastes où rien ne semble pouvoir réussir, sans qu'on puisse constater la cause de cette mauvaise fortune, il ne peut s'adresser à cet homme à la fois spécial, consciencieux et complet dans sa compétence, comme dans son expérience, qui lui rende pleine et entière raison de cet insuccès, et sache remédier à tous les inconvénients, ce sera bien en vain que ce *pauvre photographe*, comme un malade qui change d'oreiller, changera ses fournisseurs, eût-il fait choix, d'ailleurs, des maisons les plus *spéciales* et les plus *recommandables*.

Il ne suffit pas d'être chimiste pour se faire une idée nette des conditions particulières dans lesquelles doivent être produites et maintenues les substances destinées à la photographie. Le pharmacien qui prend ses produits chimiques, chez le droguiste ou chez le fabricant spécial de ces divers produits, s'inquiète assez peu de savoir si la même balance et le même papier ont servi à peser, tour à tour, du cyanure, de l'azotate d'argent, de l'hyposulfite et de l'acide pyrogalliqué, etc., etc.; mais si ce même pharmacien veut faire des expériences photographiques, il comprend bien vite que ces substances réclament une propreté toute particulière, et entre dix maisons qui lui offrent le même genre de marchandises, d'ailleurs parfait, il choisira celle où les employés eux-mêmes étant des photographes, ont préparé les produits nécessaires à leur art, avec tout le soin, toute la propreté désirable, comme le peuvent faire seuls de vrais praticiens.

Nous espérons qu'on nous a bien compris. Nous en avons trop dit peut-être, mais il était de notre devoir de faire justice de ces insinuations, d'autant plus dangereuses, pour ne pas dire perfides, qu'elles se produisent sous la forme d'une satire faite en vue de l'intérêt général des photographes. Cette critique, si anodine en apparence, et qui ne semble que le conseil du plus simple bon sens, ne tend pourtant à rien moins qu'à déconsidérer des hommes qui, depuis dix ans, travaillent sans relâche à développer et à perfectionner le grand art de la photographie, et à les faire déchoir du rang qu'ils occupent si légitimement dans le monde des opérateurs.

Qu'il nous soit permis en terminant ce trop long avant-propos, qui a presque pris les proportions d'une défense, qu'il nous soit permis d'interpeller nos lecteurs et de leur dire :

« Voulez-vous profiter de ces études, et que notre livre vous soit fructueux ? ayez, avec la volonté ferme de réussir, avec l'amour du travail et toute la patience nécessaire, ayez confiance dans l'auteur, et croyez à son dévouement comme à son expérience. » Cette confiance que nous ambitionnons, nous savons qu'il ne suffit pas de la mériter pour l'obtenir, et qu'une fois obtenue, pour conserver cette précieuse conquête, il faut encore savoir lutter !

HISTOIRE

DE

LA PHOTOGRAPHIE

La photographie est l'art de fixer, au moyen de la lumière (*phos*, *graphein*), le dessin tracé par l'objectif dans la chambre noire. J.-B. Porta est considéré généralement comme l'auteur de cet appareil; c'est à lui, du moins, que l'on doit de connaître la formation des images dans la chambre noire, en excluant toute lumière, à l'exception des quelques rayons directs pénétrant par une très-petite ouverture, et venant former une image vive à une certaine distance du point d'entrée. En 1765, Scheele découvrit que la lune d'argent cornée des anciens alchimistes, le chlorure d'argent des chimistes modernes, avait la propriété de noircir à la lumière. Cette découverte contenait en germe toute la photographie. Dans ses recherches sur la source de cette admirable découverte, François Arago pense que c'est à Fabrius, célèbre médecin du xvie siècle, qu'il faut attribuer la découverte, en 1566, de la propriété photographique des sels d'argent.

Toutefois, la photographie ne date guère que de la fin du xviiie siècle, alors que Charles, célèbre expérimentateur, s'avisa, dans les salles du Conservatoire de Paris, de produire des silhouettes sur du papier lavé au nitrate d'argent, en l'exposant à la lumière dans les conditions voulues pour qu'il s'y produisît des images.

En 1802, l'illustre Davy publia, en commun avec M. Wedgewood, la note si curieuse qui a pour titre : *Description d'un procédé pour copier des peintures* sur verre et pour faire des silhouettes, par l'action de la lumière sur le nitrate d'argent; note où l'on rencontre ce passage mémorable : « On a essayé aussi de copier des paysages avec la lumière de la chambre obscure..., elle est trop faible; mais on peut, à l'aide du microscope, faire copier sans difficulté, sur du papier préparé, les images des objets. »

En 1803, le docteur Thomas Young faisait des expériences de photographie, lorsqu'il étudiait et déterminait la position et la largeur des bandes ou des anneaux d'interférence des rayons invisibles, comme l'ont fait, cinquante ans plus tard, M. E. Becquerel, M. Crokes, Stockes, etc.

Malgré tous ces essais, la photographie ne commença à vivre réellement et à prendre corps qu'en 1827 (1),

---

(1) M. Lemaître, le premier collaborateur de l'illustre Niepce, bien connu de nos lecteurs par son habileté comme graveur, a bien voulu nous communiquer et mettre à notre disposition, une note très-intéressante sur les premiers temps de l'héliographie ; nous l'avons isolée à dessein, nos lecteurs nous en sauront gré.

Les premiers travaux de Joseph-Nicéphore Niepce sur la gravure héliographique remontent à l'année 1813.

En 1822, Niepce obtenait déjà sur l'étain poli ou sur le verre, des copies fidèles de gravures, à l'aide d'un vernis bitumineux fait avec du bitume de Judée dissous dans l'essence de lavande et appliqué sur une plaque, au moyen d'un tampon de peau. La plaque ainsi préparée était soumise aux impressions du fluide lumineux ; mais, même après y avoir été exposée assez de temps pour que l'effet eût lieu, rien n'indiquait qu'il existât réellement une image sur la plaque, car l'empreinte était invisible, et pour la faire paraître il fallait la dégager. Niepce y parvenait au moyen d'un dissolvant composé d'une partie en volume d'huile essentielle de lavande sur dix parties d'huile de pétrole. Ce dissolvant servait à enlever les parties du vernis qui n'avaient pas été influencées par la lumière, c'est-à-dire celles qui correspondaient au noir de la gravure, tout en respectant les points solariés.

En 1824, Niepce parvint définitivement à fixer sur des écrans préparés, les images de la chambre noire, quoiqu'il lui fallût alors

lorsque Joseph-Nicéphore Niepce parvint définitivement à développer, sur des écrans métalliques, préparés au bitume de Judée, les images de la chambre noire, que l'essence de lavande faisait apparaître et fixait. Le traité, signé le 14 décembre 1829 entre Niepce et Da-

---

des journées entières de pose, le problème n'en était pas moins résolu.

Les dessins qu'il obtenait sur métal lui parurent propres à servir d'esquisse aux graveurs. Il voulut en faire lui-même l'expérience, et, bien qu'il ignorât les procédés de la gravure, les résultats qu'il obtint lui semblèrent assez satisfaisants pour qu'il se décidât à consulter un graveur sur le parti qu'on en pouvait tirer. Ce fut alors qu'il entra en correspondance avec M. Lemaître. La première des lettres qu'il lui adressa porte la date du 17 janvier 1827, la dernière est du 25 octobre 1829.

Comme Niepce confiait à M. Lemaître, en échange des conseils qu'il en avait reçus, les résultats des travaux qu'il ne cessait de continuer, on peut suivre dans sa correspondance la marche progressive de sa découverte.

On le voit quittant l'étain pour le cuivre, puis revenant au premier métal, dont la blancheur lui semblait plus convenable, puis, enfin, il se décide à employer le *doublé d'argent* *, dont on se sert encore aujourd'hui.

En février 1827, il chargea M. Lemaître de faire tirer quelques épreuves d'une planche d'étain gravée par son procédé héliographique, d'après une gravure de Briot, qui représente le portrait de Georges d'Amboise; M. Lemaître possède encore une épreuve de cette gravure.

Dans le *post-scriptum* d'une des premières lettres de Niepce, se trouve indiquée l'origine de ses relations avec Daguerre.

---

* L'emploi du doublé d'argent fut suggéré à Niepce par M. Lemaître.

guerre, qui dit expressément que leur association a pour but le perfectionnement de la découverte faite par Niepce, est formulé en ces termes : « Fixer par un moyen nouveau, sans avoir recours au dessinateur, les vues qu'offre la nature ; ce nouveau moyen consiste dans la reproduction spontanée des images reçues dans la chambre noire : de nombreux essais constatent la découverte. » Ce même traité prouve jusqu'à l'évidence qu'à cette époque, Daguerre ne possédait et ne donnait à la société que le *principe*

« Connaissez-vous, dit-il à M. Lemaître, un des inventeurs du *Diorama*, M. Daguerre ? Voici pourquoi je vous fais cette question. Ce monsieur ayant été informé, je ne sais comment, de l'objet de mes recherches, m'écrivit l'an passé (1826), dans le courant de janvier, pour me faire savoir qu'il s'occupait du même objet, et pour me demander si j'avais été plus heureux que lui dans mes résultats. Cependant, à l'en croire, il en aurait obtenu d'étonnants, et, malgré cela, il me priait de lui dire d'abord si je croyais la *chose possible*. Je ne vous dissimulerai pas, Monsieur, qu'une pareille incohérence d'idées eut lieu de me surprendre, pour ne rien dire de plus. J'en fus d'autant plus discret et réservé dans mes expressions, et toutefois je lui répondis d'une manière assez honnête pour provoquer de sa part une réponse. Je ne la reçois qu'aujourd'hui, c'est-à-dire après un intervalle de plus d'un an, et il me l'adresse uniquement pour savoir où j'en suis et pour me prier de lui envoyer une épreuve.

Un traité fut passé entre Niepce et Daguerre le 14 décembre 1829.

Ce fut seulement le 7 janvier 1839 que Daguerre présenta à l'Académie son procédé, qui consiste à fixer sur plaqué d'argent les images qui se forment au foyer d'une chambre noire.

sur lequel repose le perfectionnement qu'il a apporté à la chambre noire.

La photographie eut enfin sa réalisation complète le 1ᵉʳ décembre 1837, quand Daguerre eut résolu le magnifique problème de la fixation des images formées au foyer des lentilles (1), et arraché à Niepce fils ce cri d'admiration : « Quelle différence entre le procédé que vous employez et celui avec lequel je travaille; tandis qu'il me fallait presque une journée pour faire une épreuve, il vous faut quatre minutes! quel avantage énorme! » Aussi cette admirable découverte de l'emploi de l'iode et de l'influence qu'excercent les vapeurs du mercure pour faire apparaître l'image latente, découverte qui constitue le procédé complet, amena la cause du nouveau traité signé entre M. Daguerre et M. Niepce fils : « *Le procédé inventé par Joseph-Nicéphore Niepce... et perfectionné par M. Louis-Jacques Mandé-Daguerre portera le nom seul de Daguerre!* » Le monde entier a cru ainsi que Daguerre avait le premier reproduit spontanément, par l'action de la

---

(1) Une des premières épreuves obtenues fut déposée aux archives de l'Institut, afin de constater la priorité de la France dans une invention que l'Angleterre essayait de lui disputer, lorsque ses procédés étaient encore un secret pour tout le monde.

lumière avec les dégradations de ton qui vont du blanc au noir, les images de la chambre noire.

Niepce avait créé la photographie proprement dite ; Daguerre venait d'en découvrir une application.

Première Branche

DAGUERRÉOTYPIE

ou

PHOTOGRAPHIE SUR MÉTAL

Peu de découvertes ont produit une aussi vive sensation que celle de la daguerréotypie. A aucune époque les amis de la science et du merveilleux ne manifestèrent une aussi vive curiosité qu'à l'occasion de ces étonnantes révélations. Les brillants rapports faits devant les deux Chambres par Arago et Gay-Lussac n'étaient pas de nature à refroidir ces vifs sentiments d'enthousiasme et de curiosité : aussi, le palais de l'Institut fut-il envahi par une foule immense, le 19 août 1839, jour où les procédés de Daguerre furent enfin divulgués.

Sur la demande du savant secrétaire de l'Académie, une pension annuelle et viagère de 6,000 francs fut accordée à Daguerre.

Nicéphore Niepce était mort avant la publication de la belle découverte à laquelle Daguerre venait de donner son nom. Sur les mêmes conclusions du rapporteur, une pension annuelle et viagère de 4,000 fr. fut accordée à Niepce fils pour la cession du procédé servant à fixer les images de la chambre noire.

Si la découverte de la photographie appartient incontestablement à Nicéphore Niepce, si l'histoire a gravé son nom sur ses tables éternelles, le nom de Daguerre a mérité aussi sa place à côté de celui de ce grand homme, et aura sa part de gloire et d'immortalité.

Par un sentiment de reconnaissance envers Daguerre, ses contemporains ont donné le nom de daguerréotypie à l'ensemble des moyens employés pour obtenir, sur du *plaqué*, un dessin par la lumière; c'est une justice qu'on lui a rendue.

Niepce avait employé les plaques d'étain ou d'argent, le bitume de Judée, l'essence de lavande : Daguerre remplaça par l'iode la substance bitumineuse, et employa le mercure comme agent révélateur.

Il résolut ainsi le problème de la formation des images dans un temps relativement très-court; il découvrit seul et mit en pratique, le premier, cette série d'opérations si remarquables qui constituent le procédé auquel on a donné son nom.

Tombé dans le domaine public, le procédé de Daguerre devait faire de rapides progrès, et bientôt se succédèrent sans relâche, les motifications de tous genres apportées aux appareils, à la partie optique, à la partie chimique et aux manipulations de la daguerréotypie. M. le baron Séguier et M. Buron furent les premiers à modifier l'appareil et à le rendre plus transportable. MM. Soleil, Buron, etc., proposèrent la glace parallèle pour redresser les images de la chambre noire. M. Cauche apporta son ingénieux prisme achromatique pour atteindre le même but avec une moindre perte de lumière. Enfin, MM. Breton, Girard, Seguier, Foucault, Daguerre, etc., modifièrent si vite et si ingénieusement les appareils et les manipulations, que la daguerréotypie devint bientôt accessible à tout le monde.

L'année de la découverte était fermée et, malgré les nombreux perfectionnements qu'il avait subis depuis sa naissance, le procédé de Daguerre était encore bien incomplet. C'est à M. H. Fizeau qu'appartient la gloire d'avoir apporté à cet art naissant le complément indispensable.

Le 13 mars 1840, cet habile physicien présenta à l'Académie des sciences les premières images photographiques fixées et rehaussées de ton : le 10 août 1840, il fit connaître son procédé si ingénieux, qui consiste dans l'emploi à chaud du chlorure d'or. Placer les images daguerriennes, si fugitives, sous l'égide brillante du plus inoxydable des métaux, c'était un pas immense.

Le 1er mars 1841, M. Fizeau montra encore une contre-épreuve en cuivre, d'une image daguerrienne obtenue par la galvanoplastie. Le 24 mai suivant, il produisait une épreuve métallique du moule formé par l'image sur plaque.

Ces expériences tenaient du prodige.

Le 7 juin 1841, M. Claudet découvrit la première en date de toutes les substances accélératrices ; il obtint par ce moyen des portraits en quinze ou vingt secondes. C'était, avec le fixage au chlorure d'or, le complément de la découverte de Daguerre.

Le 21 janvier 1842, M. Fizeau proposa, comme agent accélérateur, une dissolution très-étendue de brôme dans l'eau, ou *l'eau brômée titrée*. La durée de la pose, avec la chambre obscure de Daguerre, fut ainsi réduite à un quart de minute. On vit paraître ensuite tour à tour la liqueur accélératrice de Reizer, la liqueur hongroise, etc.; enfin, en 1845, le bromure de chaux de M. Bingham, le double iodage de M. Laborde, improprement qualifié de procédé américain, le chlorobromure de chaux de M. le baron Gros, etc. M. Donné publia, le 15 juin 1840, le premier procédé de gravure des images photographiques sur métal ; quelques mois plus tard, M. Fizeau donna une solution meilleure, mais imparfaite encore, de ce difficile problème, poursuivi aussi par MM. Berres et Grove.

Le 7 février 1848, M. Ed. Becquerel obtint la première image photographique colorée du spectre solaire. Le 30 septembre 1850, M Niepce de Saint-Victor perfectionna les procédés de M. Ed. Becquerel et produisit des images colorées, de gravures d'abord, de poupées plus tard. Un Américain, M. Hill, annonça avec fracas, en 1851, qu'il avait découvert le moyen de fixer avec leurs couleurs naturelles toutes les images de la nature ; malheureusement, cette grande découverte n'a abouti qu'à un immense canard.

L'optique pendant ce temps n'était pas restée en arrière, et tandis que les chimistes et les opérateurs entraient plus avant dans la voie du progrès, les physiciens dotaient la photographie d'excellentes lentilles et ne contribuaient pas peu à ses progrès. En 1841, M. Ettingshausen, professeur de physique à Vienne (Autriche), avec le concours du professeur Petzval, trouvait une formule pour la construction des lentilles accouplées, dites à portrait qui, exécutées par l'opticien Voigtlander, répondirent parfaitement aux prévisions théoriques des deux savants. En France, MM. Lerebours, Buron et d'autres marchaient dans la même voie, et bientôt la daguerréotypie se trouva en possession d'appareils optiques permettant d'obtenir le portrait sans déformations et sans difficultés.

La daguerréotypie, comme les autres branches de la photographie, est basée sur l'impressionnabilité bien connue des iodures d'argent;

Avec cette différence cependant que, dans la photographie sur plaque, l'iodure est avec excès d'iode, tandis que, dans les trois autres modes de photographie, l'iodure est en présence d'un excès de sels d'argent.

Deuxième Branche

TALBOTYPIE

ou

PHOTOGRAPHIE SUR PAPIER

Pendant que Niepce et Daguerre cherchaient, en France, à fixer sur les métaux les images fugitives de la chambre noire, M. Fox-Talbot avait découvert et réalisé, en Angleterre, un autre genre de photographie dont l'impressionnabilité de l'iodure et du chlorure d'argent étaient le point de départ, mais qui s'exécutait sur le papier et non sur des plaques métalliques.

Surpris par la publication du procédé de Daguerre, M. Talbot se hâta aussi de publier le sien dans le *Philosophical Magazine*, et, quoique la publication de la daguerréotypie ait devancé de quelques jours celle de la photographie sur papier, il n'en est pas moins vrai que le procédé de M. Talbot a été conçu à la même époque, expérimenté en même temps, et que c'est à ce savant Anglais seul que reviennent le mérite et la gloire de l'avoir inventé.

La publication du talbotype, provoquée avant terme, fut d'abord une œuvre incomplète ; et le procédé, aussitôt abandonné que produit, resta, durant quelques années, à l'état de germe en sommeil.

Cependant une nouvelle série de recherches et de travaux soutenus amenèrent l'inventeur à de nouveaux résultats plus précis, plus constants et plus remarquables. Un de ses élèves importa le procédé en France, et des expériences nouvelles, faites avec persévérance et habileté, firent bientôt de la photographie sur papier un procédé facile, simple, commode et plein d'avenir.

La Talbotypie (1) consiste dans la production d'images photographiques sur papier, par une double opération, par la formation successive de deux épreuves : la première, négative ou inverse, dans laquelle les

---

(1) On a appelé aussi ce procédé, *Calotypie*. Nous pensons que l'auteur de la découverte a voulu, par le mot *calotypie*, désigner le résultat de la deuxième opération. Le mot grec *calos* nous autorise à croire cette supposition fondée.

noirs du modèle sont représentés par des blancs et les blancs par des noirs; la seconde, positive ou directe, où tous les tons rentrent dans l'ordre naturel. Cinq mois avant la divulgation des procédés de Daguerre, M. Talbot publiait, dans le *Philosophical Magazine* (mars 1839), la série complète de ses manipulations, et présentait en même temps, à la Société royale de Londres, une collection nombreuse et variée de dessins photographiques : emploi de l'iodure de potassium comme corps générateur, de l'acétonitrate d'argent comme agent sensibilisateur, de l'acide gallique comme agent révélateur, de l'hyposulfite de soude comme agent fixateur, etc.

M. Talbot, en mettant à profit les propriétés déjà connues de certains agents chimiques, avait inventé de 1834 à 1839, c'est-à-dire avant la révélation du secret de Daguerre, le procédé auquel il a donné son nom.

En 1840, l'Académie des beaux-arts signalait un nouveau procédé de M. Bayart, ainsi que ceux de MM. Vérignon et autres. Malheureusement, ces papiers peu sensibles et donnant, ainsi que ceux de M. Bayart, des épreuves directes et quelque peu fugitives, étaient presque aussitôt abandonnés que découverts. M. Lasaigne avait déjà employé, en avril 1839, pour la reproduction des gravures sans le secours de la chambre noire, un papier qui avait une grande analogie avec ceux dont nous venons de parler.

Nous ne citerons que pour mémoire le nom de M. Raifé, pour son papier argenté, et ceux de MM. Schaefbaeult, Hunt, Petzhold et Ponton, pour les papiers au chlorure d'argent, au bichromate de potasse, etc., procédés mort-nés, qui n'ont été d'aucun secours aux photographes et n'ont guère contribué à faire progresser leur art. Nous passerons aussi sous silence les procédés dits anglais ou allemands et tous ceux, qui ne sont qu'une modification plus ou moins heureuse de leurs devanciers, ou qui se réduisent le plus souvent à la proportion d'un plagiat à peine déguisé.

En 1847, M. Blanquart-Évrard s'annonça à l'Académie des sciences comme possesseur d'une méthode de photographie sur papier, qu'il offrait de révéler, à la condition qu'elle serait publiée sous son nom dans les *Comptes-rendus* de ses séances. On crut à un nouvel enfantement, ce n'était qu'une résurrection d'enfant mort-né. La méthode de l'habile photographe lillois n'était, au fond, que la méthode de M Talbot, enseignée à Lille en 1844 par un de ses élèves, M. Tanner. Les principales modifications consistaient : 1° à plonger le papier dans les liquides générateurs et sensibilisateurs, au lieu d'étendre la couche sensible à l'aide d'un pinceau ; 2° à serrer entre deux glaces le papier sensible exposé à la chambre noire, au lieu de l'appliquer simplement contre une ardoise.

Il serait injuste, cependant, de ne pas reconnaître que M. Blanquart-Évrard a rendu de grands services à la photographie sur papier, en publiant un des premiers, un très-bon traité, et en popularisant sa méthode de tirage des positifs, par une préparation négative.

En 1847, M. Guillot-Saguez apporte une modification dans le procédé talbotype, et réduit à deux opérations la préparation du papier négatif.

Le 27 février 1850 (1), M. Humbert de Molard présentait à la Société d'encouragement quelques portraits d'une grande beauté, obtenus avec des négatifs sur papier sans colle, purifiés par les acides et rendus translucides par une solution alcoolique de diverses résines, élémi, copahu, camphre, etc.; ce procédé, qui a donné à l'auteur des résultats si remarquables en finesse, est

---

(1) M. H. de Molard présenta aussi des portraits obtenus sur des papiers négatifs par l'iodure double d'argent et de potassium redissous dans l'iodure de potassium en excès et appliqué, soit par voie de précipitation dans et par l'eau, soit par voie d'application par couches minces dans un véhicule quelconque, amylacé, gélatineux, résineux, alcoolique ou non, etc.

le point de départ des procédés à la cire, à la céroléine, à la térébenthine, etc.

La fondation, en février 1851, de la Société héliographique, œuvre de M. de Monfort, imprima à la photographie un élan merveilleux, et l'on vit se réaliser coup sur coup des perfectionnements importants.

Le 7 février 1851, M. Regnault, de l'Institut, indiqua l'acide pyrogallique comme bien préférable à l'acide gallique, et conseilla d'imprégner les papiers sous le vide de la machine pneumatique.

Le 1er mars, MM. Humbert de Molard et Aubré publiaient leur procédé à base ammoniacale.

Le 2 mars, M. l'abbé Laborde associa à l'acide gallique l'acétate de chaux.

Le 3 avril, M. Fabre de Romans proposa l'emploi du papier ciré, et M. Legray, qui avait depuis longtemps découvert ce même procédé, en avait fait le point de départ d'une méthode toute nouvelle de photographie par voie sèche ou sur papier sec, dont les voyageurs photographes ont tiré un immense parti.

MM. Bayart, Blanquart-Évrard, etc., marchèrent sur les traces de MM. Fabre et Legray, et les papiers revêtus d'albumine, de miel, de sérum, etc., furent proposés de tous côtés.

Le 27 mai 1852, M. Baldus conseilla de substituer

la gélatine à la cire, et obtint par cette substitution des épreuves d'une finesse et d'une beauté remarquables, de dimensions vraiment extraordinaires, des épreuves qui furent et qui sont encore aujourd'hui, pour la photographie sur papier, un véritable triomphe.

Toutefois, ce procédé ne servit pendant quelque temps, qu'à la reproduction de la nature morte, car le portrait était au-dessus de ses moyens. En effet, la lenteur avec laquelle se produisaient les images et la texture fibreuse du papier négatif, qui rendait impossibles certaines finesses de détail, furent longtemps un obstacle à ce genre de reproduction.

En 1849, seulement, parurent pour la première fois, sur les boulevards de Paris, quelques portraits sur papier importés d'Allemagne, mais retouchés, ternes, mous, sans finesse, sans effet, d'un aspect désagréable. Il ne fallait rien moins que l'inconstance du public, et aussi, il faut le dire, l'incroyable laideur de certains portraits sur plaqué, pour déterminer une réaction en faveur de ces pauvres images talbotypiques, dont la plus mauvaise lithographie saurait à peine donner une idée.

Encouragés par ce premier début, les prétendus photographes couvrirent bientôt les murs de la capitale des beaux-arts, des charges les plus grotesques, des enluminures les plus bouffonnes, si bien que Paris fut dès lors proclamé le rendez-vous des plus excentriques badigeonneurs.

Aujourd'hui encore, l'on retouche et l'on badigeonne, mais le nouveau procédé et l'habileté qu'ont acquise les *retoucheurs*, permet cette superfétation que quelques-uns jugent, à tort ou à raison, indispensable.

Troisième Branche

NIEPÇOTYPIE

ou

PHOTOGRAPHIE SUR ALBUMINE

Digne continuateur des essais et des expériences du grand Niepce, M. Niepce de Saint-Victor, son neveu, a doté la photographie d'un procédé admirable, et qui suffit à lui seul pour immortaliser le nom de son auteur.

Frappé des pauvres résultats de la photographie su papier, et voulant remédier aux inconvénients que présente la texture fibreuse et peu homogène de cette substance, M. Niepce de Saint-Victor cut l'idée de la remplacer par l'amidon d'abord, ensuite par l'albumine. Nous ne suivrons pas M. Niepce de Saint-Victor dans les détails de ses publications, nous nous bornerons à constater ses droits au titre d'inventeur, droits qui justifient le mot de Niepçotypie, donné par nous au procédé de photographie sur albumine.

Ce fut en 1847, que cet habile expérimentateur eut l'heureuse idée de substituer le verre au papier dans la production des épreuves négatives, et qu'il créa cette branche de la photographie, si remarquable par ses positives stéréoscopiques sur verre.

M. Chevreul présenta ce procédé à l'Académie des sciences dans la séance du 29 octobre.

MM. Humbert de Molard et Constant imprimèrent bientôt à ce procédé naissant, une impulsion nouvelle, et leur belle collection de clichés sur papier, s'enrichit rapidement, de superbes spécimens photographiques sur verre albuminé.

M. Bacot, en août 1851 et M. Talbot, en décembre de la même année, obtinrent des épreuves instantanées, prises sur la mer agitée ou sur un disque tournant rapidement. Le premier garda son secret, le seconde tout en le communiquant, n'a point fait d'élèves, et l'albumine est restée à peu près ce qu'elle était dès le début, un peu longue à se laisser impressionner.

MM. Ferrier, Soulier et Clouzard, ont fait au moyen de ce procédé, des vues stéréoscopiques remarquables et peuvent être à juste titre regardés comme les premiers albuministes du monde.

La photographie sur verre albuminé a, de même que les autres genres de photographie, l'impressionnabilité de l'iodure d'argent pour point de départ.

Introduire l'iodure dans la pâte du papier, ou l'introduire dans une couche d'albumine, imprégner le papier d'une solution d'acéto-nitrate d'argent, ou plonger la glace albumino-iodurée dans le même bain, c'est toujours donner naissance à de l'iodure d'argent, c'est-à-dire à une couche impressionnable analogue à celle qui reçoit les images dans le procédé de Talbot.

Quatrième Branche

ARCHÉROTYPIE

ou

PHOTOGRAPHIE SUR COLLODION

La prétention de M. Legray, d'avoir le premier appliqué le collodion à la photographie, ne nous semble pas suffisamment fondée ; il a bien parlé, en effet, de l'emploi en photographie du collodion, qui n'était alors qu'une substance exclusivement pharmaceutique, mais il n'a formulé aucune méthode à ce sujet, et cette idée incomplète n'a produit aucun résultat.

M. Bingham est allé plus loin ; il a produit des images sur collodion, et pourrait avoir droit à cette revendication. Mais, à nos yeux, le grand praticien, à qui, par la plénitude de sa réussite et la générosité avec laquelle il a fait connaître son procédé, revient l'honneur de cette glorieuse découverte, qui a fait faire un si grand pas à la photographie, c'est incontestablement Archer; aussi n'hésitons-nous pas à donner le nom d'Archérotypie à l'ensemble des opérations qui constituent ce mode de photographie.

Ce fut en 1851 que M. Archer fit connaître sa méthode, la formula et sut la populariser par les succès même qu'il en obtint. Ce n'est qu'à cette époque, si rapprochée de nous, que remonte le procédé de l'emploi du verre enduit de collodion, combiné à l'iodure d'argent dissous dans l'iodure de potassium, et rendu sensible dans un bain de nitrate d'argent; son agent révélateur était l'acide pyrogallique de M. Regnault; il fixait à l'hyposulfite de soude; il apprit, en même temps, à transformer directement les négatifs en positifs, par l'addition à la dissolution d'acide pyrogallique, de quelques gouttes d'acide nitrique, et à modifier la couleur ou la teinte de ses épreuves, par l'emploi de diverses substances : acétate de chaux, acétate de plomb, acide gallique, etc., etc.

En mai 1852, M. de Brebisson publia sa méthode de photographie sur verre collodionné.

C'est de la même époque que datent les premières tentatives pour conserver l'épreuve positive et la lustrer.

M. Clausel de Troyes nous communiqua ses idées, et nous en fîmes ensemble les essais. En juin 1854, nous publiâmes ce procédé, et, nous autorisant de deux années d'expériences comparatives, nous pûmes dire et nous pouvons répéter que l'encaustique, déjà connue et employée en Europe, assure aux épreuves une durée indéfinie et une vigueur peu commune.

Dès 1852, plusieurs photographes eurent l'idée de détacher du verre la couche de collodion transformée en positif direct, et de la rapporter sur toile cirée ; les premiers beaux succès en ce genre ont été obtenus en 1853.

En 1853, nous publiâmes notre premier traité de photographie sur collodion. Ce traité était comme le corollaire, ou plutôt la théorie des excellents résultats que nous obtenions depuis deux ans. Nous donnions au public les formules et le manuel opératoire, auxquels nous devions cette continuité de belles épreuves, qu'on admirait déjà à cette première phase de l'emploi du collodion, qui pendant plus d'un an furent seules et uniques dans ce genre de photographie, et qui peuvent, aujourd'hui encore, supporter la comparaison avec tout ce qui a été produit depuis cette époque.

Notre grand traité des *Quatre branches de la Photographie*, suivit de près cette première publication, et fut lui-même suivi du *Catéchisme*, du *Compendium*, du *Code* et des *Causeries*.

Nous ne rappelons ces divers écrits, tous consacrés aux divers progrès de notre art, que pour constater notre persévérance, et, il faut bien le dire, établir nos titres et notre droit à revendiquer une petite place dans les fastes de cette histoire. Nous ne parlerons des expositions de la société photographique de Londres, en 1853, 1854, 1855, que pour mentionner les éloges que nous valurent nos épreuves, les seules en ces grandes exhibitions, qui fussent sans retouche.

De 1853 à 1862, les travaux et les publications de MM. Labbé Laborde, Maxwel Lyte, Hardwich, Roger Fenton, Spiller, Sutton, Crookes, Davane, Girard, Bertch, etc., et les communications de quelques habiles expérimentateurs, ont donné à la photographie une impulsion immense, et, grâce à leurs savantes recherches, le procédé d'Archer est transformé. Ce qui n'était qu'un tâtonnement perpétuel, un exercice purement empirique, est devenu un art véritable, ayant ses lois, sa pratique certaine et ses résultats assurés.

La France peut se glorifier des noms de Niepce et de Daguerre ; — de Fizeau, de Balart, de Regnault, de Claudet, de Niepce de St-Victor.

L'Angleterre s'est illustrée avec les noms de Wedgewood, Brewster, Talbot et Archer ; ce pauvre grand Archer, mort à Londres en 1857, dans un état voisin de l'indigence ; *Lui, le véritable architecte de toutes ces fortunes princières acquises par la mise en pratique de son procédé !*

LES OBJECTIFS

OPTIQUE

Tout appareil photographique se compose de deux parties distinctes, quoique en réalité inséparables : l'objectif et la chambre noire. Si nous insistons ailleurs sur l'importance qu'on doit attacher à la partie mécanique de cet appareil ; notre insistance sera plus grande encore sur le choix d'un objectif, choix toujours fort difficile à faire et qui demande une grande expérience.

Un objectif parfait, voilà, à notre avis, le véritable *desideratum* de la photographie.

Depuis l'époque où Daguerre publia sa découverte, la mécanique et l'optique ont subi de nombreuses modifications et réalisé de grands progrès.

LES OBJECTIFS

Le génie inventeur des Niepce et des Daguerre a laissé tomber un germe sur un sol fertile, et ce germe, fécondé par l'industrie, a donné d'admirables fruits.

L'optique n'est pas restée en arrière, elle a fait un pas immense dans la voie de l'application; aussi quoique nous ne puissions guère exiger d'un art, encore tout nouveau, le degré de perfection auquel de longues années d'expériences et d'études pourront à peine lui permettre d'arriver, nous voulons cependant que l'on soit aussi sévère que possible dans le choix d'un objectif.

Il est extrêmement rare de trouver un objectif dont l'*achromatisation* (1) soit tellement parfaite que ses deux foyers, *optique* et *chimique*, n'en fassent qu'un seul, dont les courbures bien calculées ne produisent aucune déformation, dont la longueur focale soit telle, qu'il n'en résulte un champ ni trop vaste, ni trop res-

---

(1) L'achromatisation est une correction que l'on fait subir aux instruments d'optique, et grâce à laquelle on détruit les effets de la dispersion de la lumière.

La dispersion des rayons lumineux fait, qu'au foyer d'une lentille, l'image d'un point éclairant, d'une étoile par exemple, n'est pas un point blanc et nettement tranché, mais bien un petit cercle irisé qui représente mal le point auquel il doit sa formation. Par l'achromatisme, on efface le cercle coloré, et on rétablit la correspondance parfaite entre l'objet et son image.

treint; en un mot, il est fort difficile de rencontrer un objectif parfait.

Mais le défaut capital d'un objectif ne consiste pas dans la non-coïncidence du foyer optique avec le foyer chimique, car, une fois la distance des deux foyers établie, si l'instrument fonctionne sans rien laisser à désirer du côté de la netteté et de la précision, l'opérateur peut le considérer comme bon, et doit le conserver avec soin.

Le défaut principal d'un objectif, véritable *vice rédhibitoire*, consiste dans la déformation partielle ou totale de l'image, qui provient, soit de la disposition particulière de la lentille, soit de la matière employée à sa confection, soit des courbures qu'on lui a données, et qui ne laissent de netteté qu'à un tout petit espace de l'image reproduite, tandis que les autres parties demeurent confuses et difformes. Ainsi, l'on trouve souvent des objectifs à portrait qui donnent l'image de l'œil très-nette, pendant que la moustache, par exemple, à peine indiquée, reste à l'état d'ébauche, et que les parties encore plus éloignées du foyer sont déformées et d'un vague désespérant.

Il n'est pas impossible de construire des lentilles achromatiques ou des systèmes doubles de lentilles achromatiques tels, que les deux foyers coïncident, et quelques opticiens ont souvent résolu ce problème.

Toutefois, nous ne croyons pas que la solution ait été encore entièrement formulée et traduite en règles invariables, et, quelle que soit notre confiance dans une maison recommandée, nous ne saurions accepter un objectif sans l'essayer préalablement avec soin, afin de déterminer l'absence de foyer double, ou le repère à adopter, si le double foyer existe, pour reconnaître la bonne ou mauvaise qualité des lentilles, etc., etc. (1).

Déjà, depuis longtemps, les objectifs à système de lentilles doubles étaient entre les mains des opérateurs, et personne ne s'était encore aperçu que le plus grand nombre de ces objectifs était entaché du défaut assez grave de la non-coïncidence du foyer optique avec le foyer chimique.

Ce fut M. Claudet qui découvrit ce défaut. Le 20 mai 1844, cet habile expérimentateur communiqua à l'Académie des sciences les résultats des recherches auxquelles il s'était livré, dans le but d'affranchir la photographie des causes d'insuccès venant du défaut d'achromatisation des lentilles.

---

(1) Tous les objectifs que nous expédions ont été essayés avec soin ; comme garantie à l'acquéreur nous lui donnons le droit de nous retourner les produits qui ne seraient pas parfaitement irréprochables.

Aujourd'hui, grâce à cet infatigable chercheur, personne n'ignore que, le plus souvent, le foyer d'action photogénique ne coïncide pas avec le foyer visuel, formé par les rayons lumineux ;

Que la différence de ces deux foyers varie suivant l'achromatisation des lentilles, et suivant leur pouvoir dispersif;

Que, dans presque tous les objectifs achromatiques, le foyer chimique est plus long que le foyer optique (1);

Que la distance entre ces deux foyers varie avec la distance de l'objectif au modèle.

Il est très-facile de déterminer la différence qui existe entre les deux foyers, et M. Claudet a inventé à cet effet un petit appareil qui remplit assez bien son but. Nous croyons cependant, d'après ce que nous avons dit plus haut, que le meilleur moyen de reconnaître les différences de foyer, consiste à essayer l'objectif en faisant un portrait. En effet, le petit appareil (écran-

---

(1) C'est le défaut capital des objectifs allemands; ajoutez à cela qu'ils sont à très court foyer, que leur prix est excessif, et vous comprendrez combien il est naturel que les opérateurs préfèrent les objectifs français, qui réunissent tant de qualités diverses : étendue immense du champ, uniformité de lumière et d'éclairement, netteté égale au centre et sur les bords, unité de plan, etc.

éventail) de M. Claudet est trop petit et ne donne jamais le degré de *profondeur* qu'on cherche dans un bon objectif; car, à supposer même que les deux foyers coïncidassent, on ne saurait dire pour cela *a priori* que l'instrument est bon, puisqu'il pourrait ne donner de parfaitement net, qu'un petit espace de quelques centimètres carrés, ce que l'appareil Claudet n'indiquerait pas, mais dont on pourrait s'apercevoir en faisant un portrait, car on remarquerait dès la première épreuve, si et où le trouble de l'image commencerait à se montrer. Mettez la ligne des paupières au foyer, le foyer chimique coïncidant rarement avec le foyer optique, vous ne trouverez pas aux paupières de l'épreuve cette finesse de détails que vous aviez remarquée sur la glace dépolie, mais vous la rencontrerez, par exemple, vers l'oreille, ou bien elle donnera au haut de la tête une telle précision, une telle netteté, que vous pourrez presque compter les cheveux du modèle. Plus de doute alors, le foyer apparent ne coïncide pas avec le foyer chimique et ce dernier se trouve être le foyer conjugé de l'oreille ou des cheveux. Lors donc que vous aurez mis au foyer apparent, et que l'image de l'œil sera parfaitement nette, allongez (avant de mettre la glace sensible) le tube de l'objectif de deux millimètres environ ; dans le plus grand nombre de cas, ce repère sera le bon, ou à très peu de chose près ; une seconde épreuve rectifiera le résultat de la première expérience, et vous mettra à même de tracer le repère avec exactitude.

Par les trois expériences que vous venez de faire, vous aurez pu reconnaître la valeur de l'objectif, et vous saurez à quoi vous en tenir, non-seulement sur l'achromatisation, mais encore sur l'aberration sphérique des lentilles.

Comme on le voit, en tenant compte de ces diverses circonstances, on peut parvenir à déterminer *a priori*, avec une précision presque mathématique, le foyer chimique pour un objectif donné et pour chaque distance des objets à reproduire.

Toutefois, les tâtonnements qu'exige l'établissement d'un repère à chaque épreuve, constituent un travail des plus gênants et sont une cause fréquente d'erreurs et d'insuccès. Nous ne laisserons donc pas de recommander de nouveau le choix d'un objectif dont le foyer d'action photogénique coïncide avec le foyer apparent.

Ce qui précède ne s'applique qu'à l'objectif double employé pour le portrait. L'objectif destiné au paysage ou à la reproduction ne pêche pas par la non-coïncidence des foyers, et sa construction est presque toujours excellente. On emploie, généralement, pour le paysage, la lentille de devant, c'est-à-dire celle qui n'est pas dans la chambre; il suffit, pour cela, d'enlever le barillet qui la porte, et de le visser sur une monture à diaphragmes, d'une longueur proportionnelle. Cette monture prend alors sur la rondelle la place de l'autre monture qui est devenue inutile. C'est pourquoi il est bon, quand on achète un objectif, de demander aussi sa monture diaphragmée.

Le foyer de la lentille à paysages étant à peu près deux fois plus long que celui de l'objectif à portraits; il faut avoir une chambre à double tirage ou à rallonge, sauf à n'en pouvoir faire usage pour l'objectif simple. Une lentille à paysages de 0,81 millimètres (normale), peut couvrir une glace de 30 à 35 centimètres, selon sa longueur focale. Un objectif simple, 63 millimètres (1/2 plaque), couvre très-bien 20 centimètres, et la lentille 44 millimètres (1/4 de plaque), couvre 20 centimètres.

L'objectif double, dans les mêmes dimensions, et suivant sa longueur focale, peut éclairer, plus ou moins, une surface de 0,24 + 18. — 0,13 + 18, etc. C'est ainsi qu'avec l'objectif allemand 0,81 à court foyer, on ne peut faire un portrait sur glace de grandeur normale; il faut le tenir plus petit. Il en est de même des autres diamètres.

La donnée du problème, qui reste encore à résoudre,

serait d'obtenir, au moyen d'une heureuse combinaison, avec une ouverture petite, un foyer virtuel très-long, et une extrême rapidité. Ce n'est encore là qu'un rêve pour les opticiens comme pour les opérateurs.

L'agent principal dans les opérations de la photographie étant la lumière, et l'appareil fondamental qu'elle emploie étant un appareil optique, nous terminerons cette étude des objectifs, par un aperçu sur les propriétés de ce merveilleux agent, et les phénomènes auxquels il donne naissance suivant les différentes conditions dans lesquelles on le fait agir, suivant les instruments par lesquels on le met en action, etc...

La lumière peut avoir deux origines : ou elle appartient au corps lui-même que l'on considère, ou bien celui-ci l'emprunte à d'autres corps. Dans le premier cas, le corps d'où elle émane s'appelle *lumineux*, dans le second, on le nomme corps *éclairé*.

Nous ne possédons qu'un organe, l'œil, pour juger de la lumière ; aussi, quand cet organe est malade, jugeons-nous très-imparfaitement des impressions lumineuses. Quoique tous les yeux ne soient pas constitués absolument de même, il est facile de constater que la grande majorité des hommes donne les mêmes noms aux mêmes accidents visuels. Ainsi les rayons blancs sont blancs pour le plus grand nombre, les rouges sont rouges, les verts, verts, etc., etc. Nous pouvons donc, sans crainte d'erreur, affirmer, par exemple, avec la majorité, que la lumière qui nous vient d'un nuage bien éclairé et assez élevé au-dessus de l'horizon, est blanche, que la lumière réfléchie par la neige est blanche, etc., etc.

Eh bien, si cette lumière blanche rencontre certains corps sur son passage, elle peut les traverser ou en être renvoyée. Lorsqu'un corps se laisse traverser par la lumière, on le nomme *transparent*; s'il la force à rebrousser chemin, on l'appelle *opaque*. Toutefois, les corps transparents, même les plus purs, réfléchissent une certaine quantité de lumière, mais cette quantité est si faible, par rapport à celle qui les traverse, qu'on peut la négliger dans presque tous les cas de la pratique. Les corps opaques ne sont pas non plus d'une opacité absolue. Nous ne dirons rien ici de la lumière renvoyée ou réfléchie, elle n'intéresse guère le photographe que sous le point de vue de l'éclairement du modèle, et nous traitons cette question dans une autre partie de notre livre.

Arrêtons-nous un peu sur les propriétés de la lumière transmise. La lumière *blanche* qui passe à travers les corps transparents, reste blanche, ou se colore suivant la nature du corps qui lui livre passage, et suivant la forme de ce corps. Tout le monde sait qu'une couche d'eau, pas trop épaisse, laisse passer la lumière sans la colorer, une masse d'eau de deux ou trois mètres de longueur donne au contraire de la lumière verte ; le diamant, le cristal de roche, n'altèrent pas la blancheur des rayons lumineux ; l'émeraude les teint en vert, le rubis en rouge, le saphir en bleu, l'améthyste en violet, la topaze en jaune, etc., etc.

Mais indépendamment de la nature propre du corps transparent, nous avons dit que sa forme aussi contribuait à la coloration de la lumière. Si l'on regarde en effet un nuage blanc à travers un prisme ou bâton triangulaire en cristal, on s'aperçoit que les couleurs les plus vives ont pris la place de la blancheur, et cependant le cristal n'avait par lui-même aucune coloration sensible. Cela tient à l'action de la forme du corps transparent sur les rayons de lumière. Une plaque du même cristal, polie, à faces parallèles, n'aurait pas altéré la blancheur du nuage. Le phénomène par lequel un verre prismatique tire les couleurs de la lumière blanche s'appelle *dispersion* ; il nous prouve que le *blanc* est le résultat du mélange de toutes les couleurs que le prisme sépare. Si l'on fait entrer dans une chambre bien noire un rayon de lumière blanche par un trou pratiqué dans un volet, et si l'on met un prisme de verre sur le trajet de ce rayon, on voit se produire deux effets parfaitement distincts. 1° Le rayon, au lieu de marcher en droite ligne suivant la direction qu'il avait d'abord, se brise et se replie derrière le prisme, soit vers le haut, soit vers le bas, suivant que l'arête formée par les deux faces traversées par la lumière est en bas ou en haut; 2° au lieu d'avoir sur le mur opposé au trou son image déplacée, comme nous venons de le dire, mais blanche, on y voit paraître une longue bande, colorée des plus vives nuances, disposées dans l'ordre suivant : rouge, orangé, jaune, vert, indigo, bleu, violet; le rouge d'un côté et le violet de l'autre étant fondus dans l'obscurité. Le déplacement du rayon est dû à la *réfraction*, les couleurs proviennent de la *dispersion* opérée par le *prisme*. Or, si l'on veut faire attention à la forme d'une *lentille* à bords tranchants et à centre renflé, on s'apercevra qu'elle n'est, en définitive, qu'un assemblage d'une infinité de prismes à faces courbes, disposés tout autour d'un centre; elle doit donc présenter les mêmes phénomènes que les prismes. En effet, une lentille infléchit les rayons qui la traversent, et donne un anneau teinté de couleurs magnifiques, d'autant plus étendues et plus vives, que la lentille est plus bombée à son milieu.

Si l'on place un point lumineux devant une lentille

convexe, et que l'on promène un verre dépoli derrière la lentille, on finit par trouver un endroit appelé *foyer*, où l'image du point lumineux se peint nettement sur la face dépolie du verre. En deçà et au delà du foyer, il y a bien encore une image du point, mais confuse et baveuse. Si le point est blanc et la lentille une lentille ordinaire, on ne trouve plus d'image parfaitement nette du point rayonnant; celle que l'on obtient étant toujours entourée d'auréoles ou de cercles colorés. Si le point était violet, d'une couleur violette pure, on trouverait son image plus près de la lentille que si le point était rouge. Pour des points orangés, jaunes, verts et bleus, leurs *foyers* seraient entre ceux du rouge et du violet. Il résulte de là que le point blanc étant composé de toutes ces couleurs, donne des images nettes, situées à des distances différentes, derrière la lentille, et correspondant chacune à une des nuances infinies comprises entre le violet et le rouge; mais comme une seule de ces images est nette à la fois, et que toutes cependant se peignent ensemble, il en résulte que leur mélange est toujours diffus et frangé. On peut faire disparaître ces franges par un artifice que l'on a désigné sous le nom d'*achromatisation* (1) des

---

(1) L'achromatisation est un moyen de corriger les effets de la dispersion des rayons lumineux; on achromatise en faisant passer la

lentilles, et qui consiste essentiellement dans l'emploi de deux ou de plusieurs substances différentes à la confection des verres lenticulaires. Une lentille *achromatisée* n'a qu'un seul foyer pour toutes les couleurs, et les images qu'elle donne ne présentent plus de bavures ni d'auréoles colorées.

Ce que nous venons de dire d'un point est également applicable aux corps dont la surface n'est qu'un assemblage de points engendrant ou réfléchissant de la lumière. On trouvera donc les images des objets extérieurs derrière une lentille, et ces images seront irisées dans le cas d'une lentille ordinaire, et nettes si la lentille a été rendue *achromatique*.

Pour une même lentille, la position de l'image ou du foyer varie avec l'éloignement de l'objet qui lui donne naissance. Si l'objet est tout près de la lentille, on ne trouve plus d'image; mais en l'éloignant peu à peu, il arrive un moment où cette image commence à paraître. Seulement, elle est alors à une distance presqu'infinie derrière la lentille. Peu à peu, au fur et à mesure que

---

lumière à travers des corps de forces dispersives différentes. Dollond obtint ce résultat en formant des lentilles de deux prismes de verre superposés, l'un en *crown-glass*, et l'autre en *flint-glass*, dont les pouvoirs dispersifs étaient différents. Ces objectifs, formés de *flint* et de *crown*, reçurent de Bevis le nom d'achromatiques.

l'objet s'éloigne, l'image se rapproche, d'abord très-vite, puis avec une extrême lenteur, jusqu'à ce que l'objet, étant assez éloigné, son image ne change plus de place d'une manière sensible, quoiqu'on vienne à l'éloigner davantage. Cet endroit, où l'image paraît s'arrêter derrière la lentille, où les rayons du soleil, par exemple, vont former un petit disque ardent lumineux, s'appelle le *foyer principal*; et quand on dit dans le commerce : lentille ou objectif de 18 cent. ou de 24 cent., etc., etc., de foyer, on entend parler d'une lentille qui donne une image nette des objets très-éloignés, à 18 ou à 24 cent. derrière sa surface postérieure.

La grandeur des images diminue pour une même lentille, à mesure que l'objet s'éloigne, et continue de diminuer lors même que le foyer ne paraît plus changer de place; mais alors la diminution est extrêmement peu sensible.

D'après ce que nous venons de dire, on comprendra aisément que l'image d'un corps en relief ne peut jamais être complètement nette à un seul foyer, car les diverses parties d'un corps se trouvent nécessairement à des distances différentes. Il n'y aura donc de netteté absolue que pour les images des objets situés sur un seul plan, ou qui étant sur des plans différents se trouvent placés fort loin de l'endroit occupé par la lentille. On peut toutefois parer à cet inconvénient, du moins en partie, en couvrant les bords de la lentille par des anneaux en carton noirci, que l'on appelle *diaphragmes*. Plus l'anneau est large et la partie centrale et découverte de la lentille est petite, et plus les images qu'elle donne sont nettes et bien définies ; mais elles sont alors de moins en moins éclairées, en sorte que l'avantage, qui résulte de l'emploi du diaphragme disparaît lorsqu'on veut obtenir des impressions rapides, des portraits, par exemple, qui exigent des flots de lumière intense.

Nous venons de parler du défaut assez grave attaché aux objectifs combinés ou objectifs pour portraits, même *achromatiques*, que la science n'a pas encore réussi à faire disparaître entièrement, ce défaut bien connu des photographes sous le nom de *foyer chimique*. Nous avons dit, aussi, qu'un prisme donne une image oblongue et vivement colorée d'un trou ou d'une fente livrant passage aux rayons lumineux. Cette image aux vives couleurs s'appelle le *spectre solaire* ou simplement *le spectre*. Lorsqu'on met du chlorure d'argent à l'endroit où le spectre se dessine avec beaucoup de netteté, on voit, au bout d'un certain temps, que le chlorure a été décomposé bien plus à fond aux endroits moins lumineux qu'à ceux qui nous paraissaient éblouissants. Ainsi le rouge n'aura pas laissé de traces, l'orangé ni le jaune non plus, le vert aura marqué à peine, le bleu se sera fait sentir davantage, et le violet paraîtra avoir agi avec beaucoup d'énergie; mais ce qu'il y a de plus curieux, c'est que l'on trouvera une bande noire très-marquée sur le chlorure d'argent, là où la lumière n'était plus sensible pour nous, au-delà du violet, dans l'obscurité qui paraissait absolue à notre œil. Le maximum d'action photogénique paraît donc être au milieu du violet; mais si l'on remplace le chlorure d'argent par une autre substance sensible, on n'obtient plus tout à fait les mêmes résultats. Ce *maximum* se déplace, et peut même se porter de l'autre côté du spectre. Il faut donc conclure de ce que nous venons d'exposer qu'il y a, la plupart du temps, lumière photogénique là où nous n'en voyons point, et qu'il n'y en a souvent pas là où il nous semble qu'il s'en trouve davantage. Ceci nous ramène à la question de l'*achromatisme*. Nous disions alors que le but de l'achromatisation, c'était de réunir en un seul les foyers des rayons rouges..... violets, séparés par les lentilles ordinaires; mais s'il y avait des rayons invisibles au-delà du violet, dont l'opticien achromatiseur n'eût pas tenu compte, il en résulterait que la lentille, très-achromatique pour un œil ordinaire, ne le serait plus du tout pour un organe pouvant apercevoir les rayons invisibles négligés par le constructeur de la lentille. — Or, c'est ce qui arrive précisément tous les jours dans la photographie. Les plaques, les papiers ou les collodions sensibles représentent ces yeux anormaux dont nous venons de parler : un objectif, irréprochable pour l'œil de l'homme, n'est plus achromatique pour les sels d'argent ; il donne des images frangées là où elles nous semblaient fort nettes sur le verre dépoli, et il faut chercher par des tâtonnements l'endroit convenable où la substance sensible doit être placée pour que l'image s'y imprime avec toute la netteté désirable. Cet endroit, trouvé, à peu près, pour un objet situé à une certaine distance, n'est plus le même lorsque l'objet vient à changer de place ; il serait presque impossible de corriger, par des graduations, pratiquées sur le *tube objectif*, les erreurs de *foyer* provenant de ces différences. Ajoutons à cela que l'*achromatisation* peut porter le foyer chimique tantôt au-delà, tantôt en deçà du foyer optique ou visible. Heureusement qu'on est parvenu à construire des verres n'ayant à peu près qu'un seul foyer et pour l'œil et pour les substances impressionnables usuelles. C'est celui que nous recommandons aux photographes, de préférence à tous les autres, car on sera d'autant plus sûr d'obtenir de bons résultats, qu'on laissera moins de place à l'arbitraire dans la position de la lentille relativement au corps à impressionner.

LES CHAMBRES NOIRES

La chambre noire est, comme on sait, une boîte munie d'un objectif à sa paroi antérieure, et d'une glace dépolie à sa paroi postérieure. On l'appelle chambre *noire*, non parce qu'elle est noircie à l'intérieur, car elle pourrait être blanche sans inconvénient, mais parce qu'elle doit être privée de toute lumière, ou, du moins, ne recevoir que celle de l'objectif. L'image prise par la lentille, est portée sur le verre dépoli qui la montre plus ou moins confuse, suivant qu'elle est plus ou moins loin de son foyer. La grandeur des images diminue, pour une même lentille, à mesure que l'objet s'éloigne; elle augmente à mesure que l'objet se rapproche. L'image est d'autant plus nette, d'autant mieux définie, qu'elle est plus petite; elle est d'autant plus grossière, plus confuse, exagérée, qu'elle est plus grande. L'image d'un corps en relief ne peut jamais être complétement pure à un seul foyer, car les diverses parties de ce même corps ne sont pas sur un même plan. On ne peut donc obtenir de netteté absolue que pour les images des objets situés sur un seul plan ou qui, étant sur des plans différents, se trouvent à de grandes distances de l'objectif. Il en résulte que s'il s'agit d'un portrait, il faut, lorsque que l'on met au point, placer le foyer sur l'œil du modèle, au risque de sacrifier un peu les autres détails de la personne. Si avec un objectif relativement grand, on ne veut qu'une petite image, l'ensemble sera très-satisfaisant; on pourra même dire que tout est au foyer. Il n'en sera pas de même si, avec le même objectif on désire obtenir une image de grandeur plus que normale; nul doute alors que certaines parties ne soient défectueuses ; le défaut se fera plus particulièrement sentir sur une main. Si l'objectif est *parfait* (ce qui a lieu une fois sur cent), le moindre déplacement de cette main, en avant ou en arrière, suffira pour la mettre au foyer. Si l'objectif est *bon*, il y aura seulement un peu de mollesse dans le modelé de cette main ; mais si l'objectif est mauvais, nulle précaution n'empêchera que la main ne reste indécise, sinon même déformée.

Quelques opérateurs ont cru pouvoir remédier à cet inconvénient en faisant adapter au porte-châssis, un mouvement à crémaillère qui permet de l'incliner, et de se rapprocher ainsi du foyer des mains. Ce genre d'appareil nous a été fréquemment demandé dans ces derniers temps, mais nous avons usé de toute notre influence pour détourner les opérateurs de ce système, que nous croyons tout à fait inefficace, et nous y avons généralement réussi. Il y a plus de dix ans qu'on trouvait déjà dans le commerce la chambre noire dite à mouvement, et dont le but est d'obtenir une netteté parfaite sur deux points extrêmes de l'image, la tête et les mains; mais ce but étant à peu près inaccessible, l'appareil a été complétement abandonné. Le mouvement établi sur le porte-châssis permet bien, en effet, d'incliner, en avant ou en arrière, et même de droite à gauche, la glace dépolie et le châssis, de telle sorte que, la tête du modèle étant au foyer, on puisse également y amener les mains, ou toute autre partie du corps, mais, si faible que soit le déplacement de la ligne du foyer primitif, il est toujours assez sensible pour enlever un peu de netteté à la figure, si bien que la netteté des mains ne peut s'obtenir qu'aux dépens de la partie principale du portrait. Tout au plus peut-on parvenir à une netteté relative et moyenne qui, tenant les deux points entre les deux foyers, ne remédie absolument à rien, car, encore une fois, la netteté absolue des mains ne pourrait s'obtenir qu'en sacrifiant celle de la figure.

Ce résultat négatif peut, d'ailleurs, être aussi bien obtenu par la chambre noire ordinaire, mais il n'y a là aucun progrès.

Nous avons déjà indiqué le moyen tout pratique d'arriver à ce but désiré, sans avoir recours à aucun appareil exceptionnel; il consiste tout simplement, à mettre d'abord la tête, et principalement les yeux, au foyer, puis de reculer ou d'avancer la main du modèle jusqu'à ce qu'elle se trouve elle-même au foyer. Remarquez que nous disons *la* main, c'est-à-dire, une seule main, car, pour les obtenir toutes deux avec une netteté absolue, la chose est plus difficile, sans être pour cela, tout à fait impossible. On peut éluder, en quelque sorte, cette difficulté en dissimulant, tout à fait ou en partie, l'une des deux mains, qu'on fera mettre dans le gilet ou dans la poche, ou entre les feuillets d'un livre. Il y a là un petit avantage dont il ne faut user qu'avec la plus grande réserve, mais si les précédents sont de nature à excuser l'emploi de cette espèce de stratagème, les précédents ne manquent pas. N'admire-t-on pas tous les jours les portraits de nos plus illustres contemporains dont les mains brillent par leur absence?... Et ne pourrait-on pas même trouver digne d'admiration, l'habileté avec laquelle on a su dissimuler ces mains embarrassantes, et qui pouvaient compromettre le succès des plus belles épreuves? Que de fois une poche, un manchon, une mantille ont servi de refuge aux plus grandes difficultés? Dans tous les cas, il reste toujours une grande consolation, c'est que si la figure n'est pas tout à fait satisfaisante, les mains, du moins, ne laissent rien à désirer. Ceci soit dit sans malice, et honni soit qui mal y pense!

La chambre noire binoculaire est une chambre armée de deux objectifs doubles diaphragmés. Cet appareil est indispensable pour prendre la nature vivante au stéréoscope. Ses deux lentilles d'une même ouverture et d'un même foyer, reproduisent simultanément, et sous deux points de vue différents, les deux images accouplées, ce qui dispense d'une double opération, et permet par conséquent, de prendre réellement la nature sur le fait. Cet appareil est également applicable à la carte de visite. On a, par ce moyen, deux images qui permettent un double tirage. Quoiqu'un peu exiguë, la grandeur de cette chambre peut cependant suffire, à la rigueur, si l'on opère convenablement; on peut, d'ailleurs, la tenir plus grande de deux centimètres, et, dès-lors, elle est parfaite pour les cartes de visite aussi bien que pour le stéréoscope.

Il y a bien un petit inconvénient à ce système qui a, d'ailleurs, de si grands avantages. Nous ne tenons à l'indiquer que pour mémoire, et parce qu'il établit nettement certains points de la théorie. Quand il s'agit de reproduire la nature extérieure ou des objets inanimés, la chambre stéréoscopique fonctionne parfaitement, ou, du moins, son défaut est inappréciable, puisque le travail s'opère à une distance convenable et presque toujours avec les objectifs diaphragmés, mais lorsqu'on applique cet appareil aux portraits, cartes, etc., voici ce qui se passe : Si le modèle est placé mathématiquement entre les deux objectifs (ce qui doit être), chaque objectif louchera un peu en le regardant, s'il est permis de s'exprimer ainsi, et ne le verra que du coin de l'œil, et, dès-lors, il est impossible que les deux images soient complétement saisies? Si, au contraire, le modèle n'occupe pas rigoureusement la place voulue, et qu'un seul des deux objectifs le regarde en face, le second louchera, à lui seul autant que les deux autres dans la position précédente, c'est-à-dire qu'il verra moins le principal que les accessoires, et, par conséquent, l'une des deux images sera très-inférieure à l'autre. Il y a donc une difficulté presque insurmontable d'obtenir deux images absolument identiques, même avec deux objectifs jumeaux, auxquels on ne peut d'ailleurs rien reprocher sous le rapport du foyer, de la matière et du fini des lentilles. Il est évident, à ce point de vue, que la pratique du procédé stéréoscopique restera toujours assez loin de sa théorie idéale.

Si cette critique, dont on peut facilement vérifier la justesse, est tout à fait inattaquable, que dire du *quadrilatère* (singulier nom, par parenthèse; comme si toute chambre noire n'avait pas ses quatre côtés!) que dire du quadroculaire, de l'octoculaire?... Il est évident que les difficultés grandissent et se multiplient avec le nombre des objectifs. Ce sont là des expériences toujours plus ou moins vaines, et qui donnent lieu à des dépenses sans compensation. Car combien d'opérations, en effet, ne faut-il pas passer avant d'obtenir un bon résultat? En admettant qu'on soit parvenu à trouver sur la glace dépolie, les quatre images à peu près acceptables, l'opération chimique ne viendra-t-elle pas détruire tout ce travail? La glace sera-t-elle également propre sur tous les points de sa surface? Au développement, les quatre images viendront-elles égales de ton et de finesse? Ces questions n'en sont plus pour aucun opérateur. Il faudra alors détacher de l'ensemble l'image la mieux réussie, ou bien se résoudre à manœuvrer un grand châssis et à perdre force papier.

La spéculation a, sans doute, tiré un grand profit de ce système séduisant, car les appareils qu'il exige sont vendus fort chers, et tout opérateur un peu riche, *acclienté*, s'en est passé la fantaisie, soit qu'il ait réellement partagé ces illusions, ou qu'il ait voulu jeter de la poudre aux yeux.

Moyen d'agrandir les images.
La Chambre noire Woodwards

« La chambre Woodwards a été un des grands événements de l'année dernière dans le monde photographique. Est-ce la solution complète et définitive du plus difficile problème de l'optique appliquée à la photographie? Il y a lieu d'en douter, si l'on en juge par le petit nombre d'épreuves obtenues par cet appareil, et surtout par la valeur de ces épreuves, par les difficultés d'installation de cet appareil, etc., etc. Sans compter que son prix très-élevé n'en a encore fait jusqu'ici qu'un objet de luxe ou de curiosité, qui peut faire très-bien dans le laboratoire de l'homme opulent, mais qui ne saurait convenir aux modestes officines de la très-grande majorité des opérateurs.

Nous dirons en outre qu'il ne saurait être employé avec succès grâce à la multiplicité des conditions qu'il exige et des difficultés sans nombre qu'il présente.

Cela dit, il faut reconnaître que cette invention repose sur l'idée éminemment ingénieuse de la coïncidence exacte du foyer de la lentille collective avec le centre de l'objectif composé. La glace est installée sous la face antérieure de la chambre noire, de telle sorte que l'image définie du soleil est exclusivement concentrée au centre de l'objectif, seul point qui voit réellement le soleil. Il en résulte que l'image qui se forme sur l'écran est produite uniquement par les rayons qui traversent le centre de l'objectif, à l'exclusion totale des autres, absolument étrangers à sa formation. L'objectif est ainsi réduit de fait, à une ouverture aussi petite que l'image du soleil amenée à son centre, sans emprunter aucun secours à un diaphragme, et utilise néanmoins toute la lumière du soleil condensée en un seul faisceau et en un seul point, après avoir éclairé le négatif tout entier. C'est donc là une idée vraiment heureuse, et qu'il faudrait considérer comme une des plus grandes innovations qui se soient produites dans l'art photographique, si, par suite même de l'excellence du principe sur lequel est basée la chambre de M. Woodwards, il ne fallait pas une précision absolue, une construction parfaite, une parfaite planimétrie du miroir réfléchissant, et une lentille collective entièrement achromatique. Joignez à tous ces inconvénients la nécessité d'opérer rapidement ou de faire conduire le miroir par un héliostat qui lui fera suivre le soleil dans ses déplacements. Quand on aura trouvé les moyens de remédier à toutes ces difficultés de mécanisme et d'opération, la chambre solaire de M. Woodwards touchera de bien près à la perfection, et sera le couronnement de l'art, déjà si merveilleux, des Niepce et des Daguerre.

Nous n'avons pas un mot à changer à cette appréciation, formulée depuis un an, dans notre dernier ouvrage, et contre laquelle il ne s'est élevé aucune objection. Cependant, on a cru voir dans des images agrandies une preuve de la supériorité de cette chambre. Laissons l'auteur l'expliquer à ce sujet :

« . . . . . . la perfection presque idéale des positifs nés directement de négatifs primitifs, très-faibles et par lesquels la nature est presque saisie sur le fait ; *une heure de pose,* en apparence, c'est très-effrayant; mais ainsi que nous l'avons déjà expliqué, rien n'est agréable et saisissant comme la vue des rayons solaires traçant sous vos yeux un tableau magique dans une chambre parfaitement éclairée où vous pouvez travailler, lire ou rêver. »

Si l'enthousiasme prouvait quelque chose, la cause serait gagnée. Ne dirait-on pas que l'opérateur est armé de la baguette de Josué? Malheureusement, ce bel élan lyrique n'a rien qui puisse nous faire croire que notre opinion, calme et toute scientifique, sur la chambre Woodwards soit erronée, et nous en référons purement et simplement, à ceux qui en ont fait l'expérience.

Il nous reste à parler de la chambre automatique de M. Bertch. M. Bertch qui, par les plus ingénieuses applications, a fait faire de notables progrès à la photographie est, de plus, créateur d'un appareil de si petite dimension qu'il tient à peine la place d'un nécessaire de toilette. Il a ainsi comblé les vœux des touristes opérateurs. Avec sa chambre automatique, qui épargne même le temps voulu pour la mise au point, on peut obtenir des images d'une admirable finesse et d'une régularité telle que, grossies trois cents fois, elles ne subissent presque pas de déformation. Grâce à cette charmante découverte, le bagage *complet* du photographe-voyageur est réduit à sa plus simple expression. Il peut faire de la photographie humide, en pleine campagne, sans le moindre embarras. Mais ce n'est là encore que son moindre mérite. Son appareil, par son application au pittoresque du microscope, est d'une très-haute importance pour la science, en même temps qu'un perfectionnement réel dans la pratique de notre art. Il nous suffit de dire qu'il reproduit, dans des dimensions colossales les objets presqu'invisibles, dont les sciences naturelles se préoccupent le plus aujourd'hui, pour faire comprendre quelle puissance de détails il donne aux épreuves.

La chambre monoculaire, destinée au stéréoscope, ne diffère de la chambre 1/4 ou 1/2 ordinaire, que par le charriot, que l'on substitue à la glace dépolie quand on veut faire une épreuve stéréoscopique. Toute chambre 1/4 ou 1/2, est donc susceptible de cette combinaison. Dans ce cas, cette chambre doit être posée sur une planchette de 40 à 50 centimètres de long, à angle ou équerre, qui permette, après avoir obtenu l'image de droite, de pousser la chambre à gauche, pour obtenir l'autre image. Le charriot est destiné à recevoir le châssis qui porte la glace dépolie et la glace collodionnée. Un ressort sert à arrêter l'ouverture du volet à la première station de droite. Le volet est ouvert entièrement à la station de gauche

Le premier principe de l'art, quelle que soit la

chambre dont on fasse usage, est de mettre le sujet au foyer. On y parvient en amenant sur la glace dépolie l'image produite par l'objectif. On déplace d'abord, du fond de la chambre noire, le tiroir qui est mobile, et qu'on arrête au moyen du bouton fixateur ; puis, à l'aide de la crémaillère de l'objectif, on achève de mettre au foyer.

Lorsque l'image apparaît, parfaitement dessinée, sur la glace dépolie, on retire cette glace, et l'on place l'obturateur sur l'objectif ; on introduit le châssis porte-glace sensible ; on lève d'abord le volet du châssis, puis l'obturateur, et l'image alors se produit sur la couche sensible.

THÉORIES

Il faut, avant tout, s'assurer que la glace dépolie de la chambre noire occupe exactement la place que doit prendre plus tard la glace collodionnée; car si, pour le plaqué d'argent, on peut perdre sans danger quelque peu de la netteté de l'image, il n'en est point ainsi quand on opère sur la glace, on perd bien assez dans le passage du négatif au positif.

Le châssis qui porte la glace collodionnée doit être plus épais en bois que le châssis destiné au plaqué, afin qu'on puisse isoler la glace de tous les côtés, et ne la faire porter que sur les angles; il faut, en outre, creuser, dans la traverse inférieure du châssis, une petite rainure, qui se dirige, en devenant de plus en plus profonde, vers un angle où l'on aura pratiqué, dans toute l'épaisseur du bois, un trou de 8 millimètres d'ouverture, bouché avec une éponge ou du papier buvard ; la rainure et le trou donneront issue au liquide excédant qui ne remontera plus ainsi sur la couche de collodion, entraîné par la capillarité du verre, et ne tachera pas le négatif ; on pressera de temps en temps l'éponge, ou l'on changera le papier buvard.

Le volet doit être à charnières posées en haut du châssis, et armé à son milieu d'une lame-ressort qui maintienne la glace au foyer.

Quand l'opérateur porte le châssis pour l'installer dans la chambre noire, il doit le tenir penché du côté du trou.

Les quatre angles du châssis destinés à supporter la glace, ainsi que les parties intérieures, la rainure, le trou, etc., etc., seront vernis ou enduits de gutta-percha.

En un mot, la chambre et le châssis doivent être parfaitement fermés. La plus légère fissure se traduirait sur le cliché par des taches noires de même forme que l'interstice, ou rendrait l'image impossible en couvrant le collodion d'un voile rougeâtre plus ou moins étendu.

Ce serait en vain qu'on aurait employé les meilleures substances, qu'on aurait pris les précautions les plus minutieuses, fût-on d'ailleurs le plus habile opérateur, habileté, précautions, préparations viendraient fatalement échouer contre la structure défectueuse de l'appareil.

Le châssis-presse pour positif, dont la plus grande partie des opérateurs se sert encore, ne nous paraît pas remplir les conditions voulues pour les négatifs ordinaires, et bien moins encore pour les négatifs sur collodion. Nous avons, à plusieurs reprises, essayé de donner au châssis-presse les qualités qui lui manquaient, et chacune de nos tentatives a été récompensée par quelque heureuse modification. Le modèle que nous avions fait breveter il y a quatre ans, a atteint le plus haut degré de perfection connue. Il participe des différents systèmes de perfectionnements, il les combine, avec cette différence que, dans celui-ci, les deux glaces jumelles qui maintiennent les deux épreuves dans une juxta-position parfaite, sont dépendantes des volets à charnières et à ressort, et qu'elles sont enlevées du même coup, ce qui abrége et simplifie la manœuvre. Ajoutez à cela qu'en substituant l'action mécanique à l'action manuelle, souvent compromettante pour le joint des glaces, et toujours fâcheuse pour le cliché, il donne à l'opération une précision absolue.

Voici en quels termes le journal l'*Invention*, dans son

bulletin technologique, a rendu compte de notre presse, pour laquelle nous avions pris un brevet d'invention s. g. d. g.

« ..... Ce châssis, qui diffère essentiellement de ceux dont on se sert aujourd'hui, réunit tous les avantages : facilité de manœuvre, précision, solidité. Pour mieux faire apprécier le mérite de l'invention, il n'est pas sans intérêt de constater que depuis dix ans, le châssis primitif n'avait presque pas subi de modification, et que le dernier perfectionnement laissait encore beaucoup à désirer sous le rapport de la longueur de la manœuvre, et à cause des corps élastiques employés à sa confection. Il restait donc un progrès sérieux à accomplir, dans le triple but d'abréger la manœuvre, d'éviter le bris des glaces-presses, et de conserver toujours intact de toute éraillure, le cliché le plus fragile.

» En substituant les glaces-presses à la planchette *drapée*, les ressorts aux vis, les charnières aux coulisses, M. Belloc avait rempli la moitié du programme.

» En rendant les glaces-presses dépendantes des ressorts et des volets, c'est-à-dire en substituant l'action mécanique à l'action manuelle, il a porté au plus haut degré de perfection ce petit appareil, un des plus utiles a l'opérateur, et sans la précision duquel, il ne saurait jamais avoir le vrai fac-simile des lignes de son épreuve négative. »

<u>Le seul reproche qu'on pouvait nous adresser sur notre appareil, c'était son prix plus élevé que celui du châssis-presse</u>, dit de Brébisson, et aussi son poids plus considérable, à cause des deux doubles glaces. Mais si l'on considère que pour maintenir dans une juxta-position parfaite et une pression égale, pendant un quart d'heure, le cliché et l'épreuve, à une température de + 60°, il est indispensable que le tout soit pressé entre deux corps rigides et absolument planes, et qu'on veuille bien reconnaître que notre presse seule réalise toutes ces conditions, on conviendra que le dernier reproche n'est nullement fondé. Qu'arrive-t-il, en effet, avec le châssis ordinaire?... La planchette, ne portant que sur quatre points très-peu étendus, aux extrémités des ressorts, se gondole facilement, pendant l'opération même, sous l'action de la chaleur. Il en résulte que tous les positifs, obtenus au moyen de ce châssis, ont un aspect mou et estompé, et ne peuvent fournir, par conséquent, une seule épreuve irréprochable, comme finesse et comme pureté.

Alors même que la planchette drapée ne subirait pas l'influence de la chaleur, un feutre, un tampon élastique, ne pourront jamais maintenir aussi bien qu'une glace, la feuille de papier prête à recevoir les lignes, que le moindre éloignement du cliché multipliera, en les juxta-posant.

Reste la question d'argent ; mais là encore, il est bon de ne pas oublier que les seules économies réelles sont les économies bien entendues. Par notre système, le temps de la manœuvre est tellement diminué, qu'on peut tirer par jour un bon tiers de plus que par les anciens procédés, ce qui compense bien vite, fût-elle du double, la différence du prix. C'est le cas d'appliquer l'adage britannique : *Times is money*.

Du reste, nous avons déjà depuis longtemps laissé tomber cet appareil dans le domaine public, et, bien qu'on en ait fabriqué de tous côtés, le prix s'est maintenu à cause des glaces et de la main-d'œuvre, sans même qu'il y ait un grand bénéfice pour le constructeur.

L'opinion que nous avons émise, sur la mauvaise construction et sur tous les inconvénients des vieux engins, s'est de plus en plus fortifiée par nos dernières expériences. D'un autre côté, nous avons voulu remédier, tout en le perfectionnant, aux deux seuls défauts de notre système. Légèreté, bon marché, telles étaient les données du nouveau problème que nous avions à résoudre, sans abandonner, bien entendu, l'incontestable avantage des ressorts, des doubles glaces et de la facilité de la manœuvre. Ce problème, nous pouvons affirmer que nous l'avons résolu. Nous venons, en conséquence, de faire *déposer* un nouveau modèle de notre châssis-presse, qui ne pèsera pas la moitié du poids du châssis de Brebinon, dont le prix ne sera guère plus élevé, et qui, pour la solidité, la facilité des manœuvres et la beauté des résultats qu'on devra obtenir, ne laisse absolument rien à désirer.

Des cuvettes, cuves en gutta-percha, etc.

Les cuvettes ou bassines destinées à la photographie méritent une attention toute particulière. Nous pensons qu'on doit donner la préférence aux cuvettes en gutta-percha; cette matière prend toutes les formes, ne se décompose nullement sous l'influence des substances chimiques et n'est pas sujette à la casse (1).

On doit les tenir propres et les renverser, après le service, sur les planches du laboratoire destinées à cet usage. Quand elles sont neuves, ou quand elles sont un peu trop salies par les dépôts argentifères, on doit

---

(1) Les goûts et les opinions diffèrent beaucoup au sujet des cuvettes. Ceux-ci aiment mieux celles qui sont en bois et à fonds de

les décaper avec de l'eau fortement acidulée, ou même avec l'acide nitrique pur, les laver à l'eau ordinaire, les rincer avec de l'eau distillée et les faire sécher.

Il est bien entendu que nous ne parlons ici que des cuvettes destinées aux bains d'argent et de sel ; quant à celles qui servent aux bains d'hyposulfite et au lavage des épreuves positives, leur extrême propreté n'est

verre ; ceux-là les préfèrent en porcelaine ; enfin, d'autres ne croient, à cet égard, qu'aux bonnes qualités de la gutta-percha ; et nous avouons, pour notre part, que nous sommes un peu de l'avis de ces derniers. Nous croyons utile de justifier notre préférence, d'autant plus que, depuis quelque temps, certaines personnes s'étant imaginé d'attribuer à la gutta-percha les taches qui couvraient leurs clichés, se sont avisées de recouvrir en verre l'intérieur de leurs cuvettes.

Il convient d'abord de bien distinguer deux sortes de gutta-percha, trop souvent confondues dans le commerce : l'une, comme l'a fait observer justement M. Ballard, pure et anhydre ; l'autre qui, outre les impuretés diverses qui ont pu s'y mêler, contient, en moyenne, 25 pour 100 d'eau d'hydratation, ce qui ne peut manquer de lui faire perdre toutes les précieuses qualités de son emploi dans la photographie.

Quant à nous, qui avons l'habitude d'analyser et d'apprécier cette substance, nous pouvons garantir les cuvettes que nous expédierons, et répondre que les taches du cliché ne proviendront jamais de la matière de ces cuvettes.

La cuvette en gutta-percha réunit tous les avantages qu'on peut désirer : elle est légère, plane, facile à nettoyer, inusable. Il en est de même des entonnoirs et du vase à verser l'acide pyrogallique.

La plus défectueuse des cuvettes est la cuvette composée de bois et de verre : elle est d'abord très-fragile ; et comme d'ailleurs les alcalis attaquent la gomme lacque, elle ne peut durer longtemps.

pas d'une aussi grande importance; ce qui est bien autrement important, c'est qu'elles soient exclues du laboratoire.

L'opérateur pourra, pour les lavages des épreuves positives, employer tel ou tel vase indistinctement, en bois, en terre cuite, etc., etc., mais il ne pourra se dispenser de joindre à son bagage de voyageur :

> Une cuvette pour le bain négatif (1) ;
> Une cuvette pour le bain positif ;
> Une cuvette pour le bain de sel ;
> Une cuvette pour le bain d'hyposulfite ;
> Une cuvette pour le bain de chlorure d'or acide ;
> Une cuvette pour le bain de chlorure d'or alcalin.

Une pièce entièrement fermée à la lumière est indispensable à l'opérateur. Si elle est éclairée par une fenêtre et qu'il veuille conserver ce jour, il devra le rendre d'une couleur antiphotogénique (2).

---

(1) On doit se servir d'une cuvette plate en gutta-percha ; elle doit avoir une profondeur de 0,6 cent., une largeur de 1 cent. et une longueur de 10 cent. de plus que la glace à baigner. L'un des petits côtés de cette cuvette est recouvert d'une bande de 0,2 cent. de largeur.

(2) Quelques opérateurs utilisent cette lumière en la rendant antiphotogénique au moyen d'un verre jaune, et dans le but de se dispenser des précautions à prendre contre le feu. Nous préférons l'emploi de la lampe au moment du développement de l'image.

A cet effet, il garnira l'ouverture de deux rideaux superposés, l'un jaune jonquille, l'autre rouge, et, par excès de précaution, lorsqu'il préparera ses glaces collodionnées, qui sont éminemment sensibles, il pourra couvrir les deux rideaux d'un troisième, vert ou noir.

Ceci ne saurait le dispenser d'avoir une petite lampe, dans tous les cas, indispensable, pour juger de la venue de l'image.

L'éther étant une substance très-inflammable, on ne devra jamais faire ou modifier les collodions à la lumière de la lampe.

Si le photographe opère dans un cabinet noir, éclairé par une lampe, il devra, même en collodionnant la glace, s'en tenir aussi loin que possible.

Il ne faut jamais toucher aux flacons, aux châssis, aux cuvettes, etc., sans s'être lavé soigneusement les mains.

Au moment de verser le collodion sur la glace, essuyez le goulot du flacon avec un chiffon propre, destiné à cet usage; le collodion, qui se fige au goulot, tombe par parcelles avec le collodion liquide et fait des traînées (1).

---

(1) Cette précaution devient inutile si vous ne vous servez du flacon qu'une seule fois, ainsi que nous le conseillons ailleurs.

Avant de se servir d'un châssis porte-glace, il faut frapper dessus pour en détacher les poussières, le nettoyer avec soin, essuyer l'humidité des bords.

Faites les filtres pointus, et enfoncez-les jusqu'au fond de l'entonnoir (1), par ce moyen, ils filtreront bien, ils dureront davantage, et celui qui est destiné au nitrate d'argent n'aura besoin d'être remplacé qu'au bout d'un mois.

Que chaque entonnoir reste affecté à son usage ; après qu'il a servi, renversez-le sur une planche du laboratoire à l'abri de la poussière, et couvert d'un entonnoir en carton.

L'hyposulfite de soude est une solution très-dangereuse à côté des bains d'argent et des flacons de collodion : il faut la reléguer à l'extrémité du laboratoire.

Si la disposition du local le permettait, il serait bon de fixer les épreuves négatives, mais surtout les positives, ailleurs que dans le lieu destiné aux autres manipulations, la moindre goutte des agents fixateurs pouvant tacher les images non encore terminées, ou décomposer les bains, etc.; après la fin de chaque opération,

---

(1) En tenant la douille de l'entonnoir très-courte, et en faisant dépasser le filtre de 2 centimètres, le collodion circule très-vite. Cette précaution est inutile, et même nuisible pour les solutions aqueuses.

il faut se laver les mains avec le plus grand soin avant de recommencer un autre négatif (1).

Que chaque chiffon reste affecté à son usage particulier.

Qu'il en soit de même pour les flacons et les cuvettes.

L'agent révélateur (acide pyrogallique), combiné avec l'acide acétique, s'affaiblit et se décompose assez vite ; n'en faites que pour le besoin de la journée.

Préparez toutes vos solutions à l'eau distillée, excepté celle d'hyposulfite de soude (2).

Les photographes, les amateurs surtout, redoutent, et avec raison, les taches produites par le nitrate d'argent, et cette crainte paralyse leurs mouvements et leur ôte beaucoup de leur adresse. Rappelons ici qu'un photographe habile, M. Humbert de Molard, a indiqué un *spécifique* qui doit ôter toute appréhension à cet égard.

---

(1) Nous dirions volontiers que la photographie est une sorte de cuisine dont le mérite et le succès dépendent en grande partie de l'exquise propreté du cuisinier. On comprend, en effet, combien il importe que les substances photogéniques soient à l'abri de tout contact des agents réducteurs ou désiodants.

(2) Quelques expériences nous ont convaincu que, même pour les solutions d'argent et d'acide pyrogallique, l'eau distillée n'était pas d'une nécessité absolue et pouvait être remplacée par l'eau de source. Il suffit que l'eau ne contienne pas des sels calcaires et du nitre.

Une pincée d'iode, deux pincées de cyanure de potassium, quelques gouttes d'eau pour dissoudre le tout, suffisent à nettoyer les taches des linges et des mains ; prenez-en avec le bout du doigt et humectez les parties maculées, la tache disparait instantanément, ou passe au rouge si elle est vieille ; terminez le lavage au savon et à la pierre ponce en poudre, et rincez avec soin.

N'oubliez pas que le cyanure de potassium est un poison violent ; il serait peut-être plus sage de garder les doigts noirs et d'exclure totalement du laboratoire une substance douée d'une action toxique aussi dangereuse (1).

Nous préférons le moyen suivant :

Mouillez une écaille de potasse caustique, et frottez-en la tache que vous voulez enlever aux mains, fortement si cette tache est sur une partie calleuse ou durcie, avec plus de précaution si elle se trouve sur une partie plus faible et plus délicate de l'épiderme. Râclez ensuite l'endroit attaqué, vous ferez peau neuve sans inconvénient. Au cas où la peau serait très-fine et très-sensible, il pourrait bien en résulter un certain

---

(1) On peut encore mettre à profit les solutions d'iodure et la solution alcoolique d'iode comme premier lavage, de façon à faire sur les mains, de l'iodure d'argent, qui sera soluble dans un second lavage à l'hyposulfite, solution chaude et concentrée.

sentiment de brûlure, mais la main d'un opérateur est à l'abri de ces délicatesses, et, dans tous les cas, la substance que nous indiquons est infiniment moins dangereuse que le cyanure de potassium.

De la disposition de l'atelier de pose et du mode d'éclairement.

Bien éclairer le modèle est une condition de réussite. L'éclairement venant du nord est le seul qui puisse donner un modelé convenable. En général, les opérateurs ne se rendent pas bien compte des moyens à employer pour placer le modèle dans les conditions les plus avantageuses d'ombre et de lumière; il est donc utile de faire connaître et de préciser les conditions indispensables à ce mode d'éclairement. Tout le monde ne possède pas une galerie vitrée, mais chacun peut établir facilement, improviser en quelque sorte, un atelier de pose des plus convenables. A la campagne, dans une cour, dans un jardin, quatre pieux, une toile tendue au-dessus, un fond de couleur grise, deux rideaux latéraux mobiles, peuvent suffire. Placé dans cette espèce de guérite, le modèle pourra, au gré de l'opérateur, être plus ou moins éclairé suivant son teint et le caractère de sa physionomie.

Dans tous les cas, on aura soin d'éclairer le modèle de manière à éviter les oppositions trop fortes d'ombre et de lumière, il faudra que le grand côté du trois-quarts soit éclairé, et que le petit côté soit dans la demi-teinte. Si l'on exposait le petit côté du trois-quarts à la lumière, l'ovale de la figure serait écrasé, le nez grossi, aplati, et presque confondu avec la pommette de la joue.

Le portrait sera toujours très-difficile à bien faire, et demande beaucoup de goût ; quelques notions de dessin de la part de l'opérateur ne seraient certainement pas superflues.

Nous l'avons dit, et nous ne craignons pas de le répéter : <u>Le photographe, et surtout le portraitiste, doit avoir des connaissances étendues et variées.</u> Sans être un Pic de la Mirandole, il doit n'être étranger à rien, puisqu'en effet, son art touche à tout. Il est d'autant plus nécessaire qu'il puisse au besoin parler *de omni re scibili,* qu'il est en rapport plus direct, et sur un point où l'amour-propre est le plus fortement intéressé, avec le public, c'est-à-dire avec l'être le plus *ondoyant et divers,* comme eût dit Montaigne, qu'il soit possible d'imaginer. Le même portrait provoque à peu près autant de jugements contradictoires, que de juges qui se permettent de l'apprécier, chacun selon son humeur, sa fantaisie, ou l'idée arbitraire qu'il s'est faite de la personne qu'il représente. Celui-ci le trouve trop éclairé, celui-là trop chargé d'ombre ; l'un aime les épreuves à la Rembrandt, un autre voudrait qu'il fût éclairé de face ; même diversité pour la pose : il y a les amateurs de poses théâtrales, à effet, et les partisans des poses *bonhomme,* qui se disent, modestement les amis de *la nature.* Ce sont des réalistes, sans le savoir. En somme, comme il est bien difficile, pour ne pas dire tout-à-fait impossible de contenter *tout le monde et son père,* l'opérateur doit être en mesure de répondre à toutes les objections, après avoir mis en pratique les principes d'une théorie rationnelle, qui lui permette de tirer le meilleur parti possible de toutes les figures.

Nous rappelons ici les principes généraux qui doivent présider à la pose. Il faut que le chambre noire soit un peu plus élevée que la tête du modèle, afin que l'objectif, forcément incliné, laisse aux traits leurs proportions respectives, en regardant du haut en bas. Si la tête et l'objectif étaient à la même hauteur, la tête se trouvant dans l'axe horizontal des lentilles, le nez serait à la fois plus court et plus gros, et pour peu que le modèle levât la tête, ce qui arrive presque toujours, l'ovale de la figure la plus allongée, se transformerait en pleine lune.

Il faut s'efforcer de faire prendre au modèle sa position la plus naturelle, et l'engager à tenir sa tête verticalement; mais les opérateurs savent du reste qu'il n'est pas donné à tout le monde de savoir bien poser. Si donc, malgré toute la bonne volonté du modèle, des déviations se produisent, l'opérateur devra en tenir compte, c'est-à-dire agir en conséquence, de manière que sur le verre dépoli l'image vienne se peindre avec les traits *vrais*. Sans cette précaution, sans cette espèce de rectification immédiate, la ressemblance serait plus ou moins faussée. Faites que la lumière ne vienne point d'en haut ni de côté; car alors, n'éclairant que le front et une seule moitié de la face, depuis l'arête du nez jusque derrière l'oreille, cette moitié ne serait plus qu'un placard blanc, sans la moindre intervention d'ombre ou de demi-teinte.

Posé en grand trois-quarts, le modèle peut regarder l'objectif, comme point central de vision. Dans cette position, l'œil sera droit, et semblera regarder tout le monde, résultat que le portraitiste doit se proposer. Dans un trois-quarts plus restreint, il serait peu prudent de faire regarder l'objectif par le modèle, qu'on exposerait ainsi à faire loucher. Il serait plus convenable, dans ce cas, de diriger et fixer son œil sur un point à côté, pour qu'il conserve un regard droit.

Enfin, le modèle doit toujours avoir les genoux presque de profil, et la jambe de devant un peu plus allongée que l'autre. Ce sont là, pour ainsi dire, des principes de perspective photographique, qu'il faut étudier avec le plus grand soin, perspective qui a ses lois particulières et absolues, tout aussi bien que la science de la perspective naturelle, dans les arts du dessin.

On ne doit faire poser les modèles de profil que très-rarement, et l'on n'a guère recours à cette pose que comme à un expédient, pour cacher un défaut de la figure, une balafre, la perte d'un œil, etc. Nous parlons ici au point de vue et dans l'intérêt de la ressemblance, car s'il ne s'agissait que des intérêts de l'opérateur, nul doute que la pose de profil ne fût très-préférable, par rapport à la plus grande facilité de l'exécution. Nous avons vu depuis quelque temps un grand nombre de portraits, qui justifient pleinement notre observation, et pour lesquels l'opérateur avait bien plus consulté ses aises, que les conditions d'une parfaite ressemblance.

Des couleurs des habillements comparées aux tons de la figure

L'action chimique de la lumière blanche est proportionnelle à son intensité lumineuse; mais il n'en est pas de même de la lumière colorée : les couleurs les plus lumineuses n'exercent presque aucune action photogénique ; les moins lumineuses sont extrêmement actives. Ainsi, les rayons rouges, orangés, jaunes, n'impressionnent pas la couche sensible, au lieu que les rayons bleus, indigo, violet, et la partie invisible du spectre, la décomposent instantanément. En d'autres termes, les trois couleurs les plus brillantes de la palette sont, au contraire, en photographie, les trois couleurs ternes, et réciproquement, les trois couleurs ternes de la peinture sont les couleurs les plus brillantes pour la Photographie.

Le blanc, réunion de toutes les couleurs, exerce une action très-vive ; le noir, ou l'absence de la lumière, n'agit point sur la couche sensible ; le jaune, l'orangé, etc., sont des couleurs inertes.

Si le modèle a une carnation éclatante, et qu'il soit habillé de couleurs ternes, il sera difficile, sinon impossible, d'obtenir des résultats satisfaisants, des rapports de ton convenables. La figure sera peut-être déjà solarisée, que les habits seront encore à l'état d'ébauche. Pour sauvegarder l'harmonie des tons avec une figure blanche, il faut autant que possible, des habits de couleur photogénique.

Il ne faut pas seulement tenir compte de la couleur

des étoffes, mais encore de leur nature ; telle figure, quel que soit son éclat, pourra venir à point, si le vêtement de la personne est en étoffe de soie brillante, quoique de couleur antiphotogénique.

On peut encore amoindrir les oppositions trop fortes entre la figure et les vêtements, au moyen d'un petit écran de carton noir de la forme et de la grandeur du masque. Cet écran est soutenu par une petite baguette noire, qu'on agite devant le visage pendant les derniers instants de la pose. L'action lumineuse se trouvera ainsi réduite au degré désirable, afin que les habits posent un temps plus long, dans le rapport de trois à deux.

Il y a encore une considération importante à envisager. Nous voulons parler de la longueur relative de la pose. Plus la pose est prolongée, plus l'image tend à s'affaiblir. Partant de ce principe, si un cliché est mal venu, s'il y a trop d'oppositions, on peut en conclure que le temps de la pose a été trop court. Donc à mesure que la pose se prolonge, les oppositions s'affaiblissent, à ce point que l'excès de pose aboutit à la plus insipide uniformité de ton.

Cette règle est particulièrement à observer, quand on veut obtenir une grande harmonie dans la reproduction d'un paysage, dont les contrastes tranchés pourraient faire douter de la réussite. Ainsi, des fabriques blanches dans des masses de verdure sont, pour le paysagiste, des causes d'insuccès. Dans ce cas il faut ne pas trop se préoccuper des parties blanches et donner à la pose, tout le temps voulu pour obtenir le détail du dessin des masses de verdure ; on est presque sûr alors d'éviter l'écueil que nous signalons.

Portrait, paysage, reproduction, tout est soumis à cette loi : pose relativement longue, durée proportionnelle aux oppositions tranchées.

La couleur, ou plutôt la nuance du linge blanc est très-difficile à venir dans les conditions ordinaires où elle fait partie de l'habillement, comme le surplis blanc sur le prêtre ou la robe blanche sur la femme. Pour arriver à une harmonie de ton entre la carnation du modèle et le blanc du linge, il faudrait que ce linge fût jaunâtre, comme lorsqu'il a séjourné longtemps dans une armoire, ou tel qu'on peut le nuancer, en le trempant dans une solution de thé, moyen auquel nous avons eu souvent recours, lorsqu'il y avait de trop grandes parties de linge ou des dentelles à reproduire. L'étoffe de laine blanche vient mieux ; d'abord, elle est d'un ton moins éclatant, et ensuite, par sa nature intime, elle absorbe la lumière au lieu de la refléter. Lorsqu'on a à reproduire une robe blanche, pour première communiante, mariée, parure de bal, etc., surtout s'il s'agit d'une personne brune, le seul moyen pour obtenir une belle relation de tons entre le modèle et son costume, c'est de faire poser avec une robe bleu de ciel. Cette couleur se traduit sur l'épreuve par des blancs ombrés et admirablement fouillés.

DES REPRODUCTIONS

Les reproductions de tableaux, d'objets d'art, de gravures, de statues, etc., doivent être faites avec l'objectif à paysage, c'est-à-dire le menisque ou lentille de devant de l'objectif combiné, qui sert à faire le portrait. A cet effet, on dévisse cette lentille, et on l'adapte à une monture de paysage, munie de deux ou trois diaphragmes.

Si la reproduction à faire est petite et l'objet à reproduire très-grand, comme dans la reproduction du modèle au dixième et même au vingtième, cette reproduction sera très-facile; mais si l'objet à reproduire est petit, et qu'on exige une copie de même grandeur, la difficulté commence et va en croissant si cette copie doit être plus grande que l'original. Prenons un exemple : pour copier une gravure de 21 + 27, c. de même grandeur, il faudra rapprocher à quelques centimètres l'objectif du sujet, et, par contre, allonger le soufflet ou les tiroirs de la chambre de 1 mètre 50, plus ou moins, suivant la longueur focale de l'objectif ; il faudra aussi, pour obtenir une grande finesse, adapter le plus petit diaphragme et calculer le temps de la pose, d'après les principes que nous avons énoncés à ce sujet ; ces conditions réunies, le collodion se sèche, sa sensibilité décroît et sous l'action révélatrice, la métallisation se fait moins bien. Aussi, est-il presque indispensable, pour les reproductions de tableaux, d'objets d'art, des bronzes, des bois, des marbres de couleur, de poser ces objets en pleine lumière directe. L'objectif *fouille* bien mieux les détails, et le temps de la pose en est diminué d'autant. Les plâtres, les albâtres, les marbres blancs, tous les corps à grands reflets peuvent être reproduits par une lumière diffuse et hors de l'atelier vitré. Il n'y a d'exception que pour les objets de grande dimension, qu'on veut énormément réduire, car ils peuvent être reproduits, même dans de mauvaises conditions de lumière.

Du moyen d'agrandir les reproductions

Lorsqu'on veut agrandir un dessin, un objet quelconque, c'est sur le cliché qu'on a d'abord obtenu de ce dessin, de cet objet, et qu'on a fait d'une grandeur égale, ou du moins aussi grande que possible, que l'on doit opérer. Ayez une boîte sans fond, supportée sur un pied, percée d'une rainure dans son milieu supérieur; introduisez le cliché dans cette rainure, exposez ce négatif de telle sorte qu'il soit éclairé en avant par le soleil, ou par la lumière diffuse, ce qui vaut encore mieux; approchez l'objectif afin que l'image grandisse du double ou du triple; copiez ce négatif par transparence, vous produirez un positif, aussi par transparence. Si votre boîte sans fond est faite convenablement, c'est-à-dire de manière à recevoir toutes les grandeurs, remplacez le négatif que vous venez de copier par le positif que vous en avez fait, et copiez de nouveau ce positif, toujours par transmission. Approchez encore l'objectif, allongez les tiroirs de la chambre; en un mot, amenez encore cette image à la grandeur voulue, et ce positif, copié de la même manière, vous donnera un négatif qui servira définitivement à produire vos images positives sur papier. Que cette image, ainsi agrandie successivement, possède la finesse et la pureté du premier cliché, cela est évidemment impossible; mais ce résultat sera toujours bien préférable à ces ignobles portraits, faits d'un seul coup par les objectifs-monstres que la réclame a essayé d'introduire dans les ateliers. Par le procédé de reproduction successive du cliché primitif, vous obtenez au moins des portraits d'un air plus naturel, plus gracieux et cela, à peu de frais, avec le même objectif, et sans le secours de la chambre noire, si vous voulez la remplacer par votre laboratoire, qui peut, parfois, en tenir lieu.

En effet, si votre laboratoire est parfaitement clos, et qu'il donne de plain-pied sur une terrasse, cour, etc.; si vous avez fait pratiquer un trou à la porte, si vous y avez placé la rondelle de l'objectif; si, vis-à-vis de l'objectif et dans le laboratoire, une planche, longue de deux mètres au moins, porte un châssis à rainures et à coulisse, comme dans la chambre noire ordinaire, vous pouvez opérer en toute assurance; placez alors une glace dépolie dans la rainure, disposez le cliché à copier au dehors et dans la boîte sans fond, mettez l'obturateur sur l'objectif, remplacez la glace dépolie par la glace collodionnée, etc.

Des positifs par transparence sur verre opale, blanc, bleu, violet, etc.,

POUR FORMER DES VITRAUX OU POUR ABAT-JOUR DE LAMPE, ETC.

Ce procédé, qui n'est cependant qu'une application toute simple des principes de la photographie ordinaire, est assez peu connu ; aucun auteur, que nous sachions, ne s'en est occupé. Nous espérons que l'exposé que nous allons en faire, suffira à l'opérateur le moins exercé pour pouvoir le mettre en usage.

Si, après avoir placé sur un porte-appareil quelconque une boîte sans fond, vous insérez un négatif vers le milieu de cette boîte, dans une rainure, et que vous établissiez votre objectif au foyer sur le négatif vu par transparence, l'image qui se formera dans la chambre noire sera une image positive par transparence ; or, il est évident que si, au lieu de copier ce négatif sur une glace ordinaire, vous avez étendu le collodion sur un verre bleu ou violet, etc., l'image positive pourra former une partie de votre vitrail ; cinq ou six verres de couleurs différentes, réunis avec des lames de plomb, comme cela se pratique pour la peinture sur verre, pourront former des vitraux charmants ou des abat-jour de lampes qui offriront, sous les nuances les plus variées et les plus gracieuses, les portraits ou les paysages préférés. — Il y a plus de six ans que nous avons obtenu ainsi plusieurs portraits d'une finesse, qui les rendait bien supérieurs à ceux qu'on peut avoir sur plaqué d'argent, en même temps que leur couleur était bien plus harmonieuse. — Il faut seulement ne pas oublier qu'un vernis doit protéger le collodion.

C'est encore en copiant par transparence que l'on peut reproduire un cliché, ou même encore l'agrandir en le reproduisant, ou enfin, si l'on craint de le perdre, le multiplier en vue d'un grand tirage. L'image copiée étant négative, la copie sera toujours une image positive. Si, ne s'arrêtant pas à la reproduction simple du positif sur verre, on désire agrandir ou refaire un négatif pareil, une seconde opération sur le positif par transparence, que l'on vient d'obtenir, donnera le négatif désiré, identique ou agrandi.

Ce procédé conduit à une autre application photographique que nous ne mentionnons que pour mémoire, car elle est de peu d'intérêt. Lorsque vous avez copié le négatif, et obtenu un bon positif par transmission, vous pouvez le rendre positif par réflexion, et le transporter sur papier. — En voici le moyen :

Lorsque le positif sur verre par transparence est complet, lavez-le et fixez-le par les moyens ordinaires (hyposulfite de soude), ou mieux encore, par une solution de :

    Eau distillée............ 100 gr.
    Cyanure de potassium.... 1 gr.

Mais, comme cette solution altère l'argent métallique, il faut bien surveiller l'opération, car l'image pourrait disparaître sous l'action corrosive du dissolvant.

Lorsque l'image est fixée, lavez-la avec soin pour enlever toute trace de cyanure.

Continuez l'opération en couvrant la glace d'une solution saturée de bichlorure de mercure; examinez attentivement la succession de phénomènes qui se produisent; l'image noircit un peu d'abord, puis elle se couvre d'une couleur blanchâtre, opaline bleu, et négative par réflexion; dès lors l'effet est produit; lavez toujours avec le plus grand soin, afin qu'il ne reste pas la moindre trace de bichlorure sur la glace, laissez-la égoutter un instant, puis couvrez-la de la solution suivante :

    Eau.................. 100 gr.
    Hyposulfite de soude...... 6

Si l'action de l'hyposulfite a lieu régulièrement,

l'image semblera bientôt se dépouiller de nouveau pour prendre les plus beaux tons, — lavez encore, et à grande eau ; l'épreuve est arrivée au point de pouvoir être transportée sur papier. — Nous donnons plus loin le moyen d'opérer ce transport ; il est des plus faciles.

Le papier le plus propre à cette opération, celui qui donne les plus beaux tons, est le papier porcelaine. Toutefois, il est bon de lui faire subir une immersion de quelques minutes dans de l'eau distillée, et de le poser sur le collodion également couvert d'eau. Lorsque la feuille est presque en contact avec le collodion, soulevez la glace ; l'eau qui est entre l'image et le papier s'échappera, et le papier viendra complétement adhérer au collodion ; laissez égoutter, et enlevez comme nous l'indiquons au chapitre du négatif sur papier.

DU STÉRÉOSCOPE

Quoique nous ayons deux yeux, et que nous voyions à la fois deux images différentes du même objet confondues en une seule, les peintres et les dessinateurs de perspectives n'ont jamais considéré que l'action d'un seul œil, dans la construction des images qu'ils ont voulu représenter. En effet, lorsqu'on se borne à dessiner ou à peindre des corps sur une surface plane, il n'y a guère moyen de les figurer que sous un seul aspect. Pour leur donner du relief, on emploie le clair-obscur et les principes des deux perspectives, linéaire et aérienne; c'est tout ce qu'on peut faire. Mais cela ne suffit pas à l'illusion complète, et les plus beaux tableaux n'acquièrent toutes les qualités de profondeur, que l'artiste a voulu produire, que lorsqu'on les regarde avec un seul œil, à la manière des vues d'*optique* ou des anciens *panoramas*.

Déjà, vers l'année 1500, un grand génie italien, Léonard de Vinci, avait compris et expliqué les motifs de ce manque de relief dans les corps représentés par la peinture; mais le germe déposé dans la science par l'immortel peintre de la *Cène*, y sommeilla jusqu'en 1838, époque où M. Wheatstone imagina, en Angleterre, un appareil fondé sur la vision *binoculaire*, et capable de faire voir en relief aux deux yeux des images tracées sur des surfaces planes.

L'instrument du physicien anglais se composait de deux miroirs inclinés, à angle droit l'un sur l'autre; il avait de grandes dimensions, et était très-peu portatif.

M. Brewster, un des pères de l'optique moderne, ayant dirigé son attention sur l'appareil inventé par M. Wheatstone, imagina de le modifier, de le rendre beaucoup plus simple, et par conséquent, beaucoup plus populaire : Ainsi naquit le *stéréoscope*, dont tout le monde connaît aujourd'hui et le nom et les effets prodigieux. M. Brewster n'avait fait que remplacer les glaces réfléchissantes de M. Wheatstone par deux petits prismes ou deux demi-lentilles destinées à réfracter les rayons lumineux; cette légère modification avait suffi pour donner la vie à un appareil admirable, qui serait resté, sans cela, pendant longtemps peut-être, un simple fait historique dans les cabinets des physiciens.

Le *stéréoscope* exige, pour produire ses effets, deux images d'un même objet, prises de deux points de vue différents; il faut, de plus, que ces deux images soient aussi identiques que possible, afin que la superposition des parties, commune à toutes les deux, se fasse avec une rigueur mathématique. Il n'existe pas au monde, et l'on peut dire qu'il n'existera jamais, de peintre capable de produire deux images de cette espèce; ni l'œil ni la main de l'homme ne peuvent reproduire un modèle à deux reprises et de deux points de vue différents, sans altérer plus ou moins les lignes et les formes. Aussi, M. Wheatstone se bornait-il jadis, pour son stéréoscope réflecteur, à n'employer que des figures géométriques, composées d'un petit nombre de lignes droites, tracées à la règle et au compas. Mais l'apparition de la photographie changea la face des choses. Ce que le dessinateur n'aurait jamais su faire, la lumière put le produire sans aucune difficulté; et si M. Brewster eût modifié le stéréoscope en 1839, on aurait vu probablement de belles images stéréoscopiques dès l'origine de la daguerréotypie.

Mais on ne s'avise pas tout de suite des choses les plus simples, et ce qui nous paraît facile aujourd'hui, a coûté souvent de longs et pénibles efforts aux premiers inventeurs. Aussi, M. Brewster ne construisit-il pas en 1839 son stéréoscope, et les images stéréoscopiques, obtenues par la photographie datent-elles à peine de quelques années. Mais, comme à toute chose, née à temps, il leur est arrivé d'atteindre bien vite à un très-haut degré de perfection.

Le stéréoscope se compose d'une boîte pyramidale en carton, en bois ou en métal, haute de 13 à 14 centimètres, plus large par en bas, et munie à la partie supérieure de deux tubes oculaires ou de deux prismes, éloignés l'un de l'autre de 75 millimètres environ, c'est-à-dire d'une quantité égale à l'écartement moyen des yeux. Ces deux tubes renferment les deux moitiés d'une même lentille, d'environ 20 centimètres de foyer; les demi-lentilles se regardent par les bizeaux. La boîte est percée à la base, et fermée quelquefois, en cet endroit, par un verre dépoli; une des larges faces de la pyramide est munie d'une petite porte, qui permet de faire tomber de la lumière dans l'intérieur de l'appareil, lorsqu'il s'agit de regarder par réflexion des images opaques. Quelques constructeurs pratiquent deux fentes dans les parois latérales de la boîte, près de sa partie supérieure, afin de pouvoir y glisser des lames de verre coloré, dans le but de modifier le ton des images. Voilà le plus simple et le plus commode de tous les stéréoscopes. Voici le moyen de faire les images.

Pour produire une image stéréoscopique, il est indispensable de faire deux épreuves du même objet dans le même moment, et de deux points de vue différents, de telle sorte que, pour un portrait, par exemple, la première épreuve soit faite en grand trois-quarts, et la seconde de face. Ce qui revient à dire, que le modèle doit passer devant deux appareils, éloignés à peu près l'un de l'autre de 10 à 30 centimètres.

Dans le but d'obtenir des figures stéréoscopiques, deux appareils sont principalement en usage : l'appareil binoculaire, ou chambre noire composée de deux objectifs, et l'appareil monoculaire, ou chambre noire, munie d'un objectif seulement. Le premier de ces appareils est indispensable à celui qui veut obtenir et reproduire instantanément des vues animées. Le second ne peut être employé que pour le portrait. Chacun de ces appareils a, d'ailleurs, comme toutes choses, son revers de médaille. L'appareil binoculaire produit bien deux images du même coup, mais ces deux images ne sont point stéréoscopiques, car elles sont en creux ; il faut, pour obtenir le relief, leur faire subir un déplacement, ce qui nécessite des soins et du temps, chose toujours importante, surtout quand il s'agit d'un grand tirage. Toutefois, on peut remédier jusqu'à un certain point à cet inconvénient, en faisant subir ce déplacement au cliché, que l'on colle avec de la gomme arabique sur une autre glace, après cette opération.

La chambre monoculaire a cet avantage qu'elle donne des clichés stéréoscopiques qui peuvent être reproduits plus facilement (1). Mais, comme il faut prendre les deux images à deux points de vue différents, c'est-à-dire à deux stations différentes, il n'est pas possible d'employer cet appareil à la reproduction de la nature en mouvement.

Il est bien évident que le relief donné par l'appareil monoculaire est un peu plus saisissant, mais cela ne suffit pas à compenser le défaut que nous avons signalé.

Toute image, pour devenir stéréoscopique, doit être à 6 ou 7 centimètres de l'image symétrique. C'est la distance de l'écartement moyen des yeux qui doit être l'intervalle du milieu des deux images dans le stéréoscope.

Si l'on n'observe point ces principes, l'œil se fatigue

---

(1) On l'emploie pour faire le portrait.

placée à un mètre du monoculaire. Un plus grand en vain pour chercher l'effet, il perçoit deux images distinctes et ne reçoit pas l'impression du relief.

Si vous vous servez d'un appareil binoculaire, vous devez faire usage d'un petit calibre en glace de 6 à 7 centimètres, que vous avez soin de diviser, par une ligne au crayon, en deux parties égales. Cette ligne répond à celle que vous aurez tracée sur la glace dépolie, sur laquelle vous placez le sujet à reproduire, ou le personnage principal, si c'est d'un groupe qu'il s'agit (1).

Le binoculaire peut toujours remplacer avec avantage le monoculaire, pour tout sujet et si, dans certains cas, il donne un relief moins saisissant, il ne tombe pas, du moins, dans le défaut contraire En effet, si pour reproduire un paysage lointain, vous devez donner un angle plus grand que celui de la vision naturelle, et en exagérer l'ouverture, en raison de la distance, afin d'obtenir une apparence de relief qui supplée à l'insuffisance de notre vue, à l'égard des objets hors de la portée moyenne; il faudra ne pas écarter de plus de dix centimètres les deux chambres, destinées à reproduire une statuette, par exemple,

---

(1) Voir au prix courant (art. binoculaires).

écartement pourrait rendre ovale le socle rond de la statuette; la jambe droite, fuyant du socle, paraîtrait avoir le double de sa longueur, et il en serait plus ou moins de même des autres parties du corps. Nous pouvons élever ces observations à l'état de règle, que nous formulons ainsi :

Plus l'objet à reproduire est près de l'objectif, plus la distance à parcourir par la chambre est petite, soit :

  à 1 mètre de l'objectif . . . 10 centimètres.
  à 2   idem 15   id.
  à 3 ou 4 idem 20   id.
  à 5   idem 30   id.

C'est, en effet, la longueur que doit avoir la planchette d'angle, destinée à servir à la chambre monoculaire. Cette planchette, qui ne peut servir utilement que dans un atelier de pose, doit être munie en outre de son pivot, de deux règles qui peuvent se rapprocher mutuellement pour déterminer le chemin que doit parcourir la chambre.

DU COTON-POUDRE, OU COTON AZOTIQUE

CONSIDÉRATIONS GÉNÉRALES

———∽∾∿∾∽———

Le coton-poudre n'est connu que depuis 1846. La découverte en est due à M. Schœnbein de Bâle. Presqu'en même temps, de son côté, M. Bœttger, de Francfort, faisait la même découverte, et de plus faisait connaître cette merveilleuse préparation, dont M. Schœnbein gardait le secret.

Ce n'est pas la première fois dans l'histoire des sciences, qu'on a eu l'occasion de constater la simultanéité de plusieurs inventeurs pour une même découverte. On se souvient que la sublime conception du calcul infinitésimal fut imaginée à la fois par Leibnitz et par Newton. Il semble que quand une idée est mûre, elle éclate en même temps, sur plusieurs points et dans plusieurs cerveaux.

Le coton-poudre a pris le nom de coton soluble dans la langue photographique, comme exprimant d'une manière plus précise la spécialité de son emploi. Il convient d'ajouter que le fulmi-coton, dans sa composition primitive, serait peu propre à la photographie. Il est peu soluble, ou plutôt, il ne se dissout point.

Le coton à quatre équivalents d'acide hyponitrique, constitue le vrai coton soluble, propre à la photographie. Il se dissout facilement dans l'éther faiblement alcoolisé. Versé sur une feuille de verre, il y dépose, après évaporation, une pellicule transparente, parcheminause et tenace. Il est toujours assez difficile d'obtenir le coton dans toutes les conditions voulues de solubilité et de ténacité réunies. L'acide sulfurique, employé peut être de telle nature que le coton, malgré tous les soins et toute l'habileté possibles, ne contiendra que trois équivalents d'acide hyponitrique. Dans ce cas, une même quantité de coton, ne pourra être dissoute que dans une quantité d'alcool relativement plus grande, et la couche n'aura ni la translucidité ni la ténacité convenable.

Le coton n'est pas la seule substance qui puisse devenir soluble, combinée à l'acide sulfurique et à l'azotate de potasse; le papier, le linge, et autres matières de même nature, peuvent également acquérir cette même propriété, mais ces produits sont très-inférieurs au coton dans cette circonstance, et c'est pourquoi son usage a prévalu.

Il y a même, comme en toutes choses, coton et coton. Le coton *Géorgie, longue soie*, nous semble préférable à tous les autres. Toutefois, dans cette préparation, la qualité du coton est moins importante que la nature même des acides qui doivent le dissoudre, si bien qu'avec les mêmes substances et les mêmes soins, on peut obtenir quatre ou cinq genres différents de coton azotique. Il y a ainsi des variétés et des sous-variétés à l'infini de coton soluble, tous plus ou moins propres à la photographie, selon qu'ils se rapprochent plus ou moins du coton à quatre équivalents d'acide hyponitrique.

M. Hardwich, qui a fait une étude spéciale de la nature et de la fabrication du coton azotique par le mélange des acides sulfurique et nitrique, croit pouvoir affirmer que ce mode de préparation est préférable à celui des inventeurs (Azotate de potasse et acide sulfurique).

Nous avons répété avec soin les expériences du chimiste anglais, et nous avons pu nous convaincre qu'avec l'acide azotique à 46° et l'acide sulfurique à 66°, on pouvait parvenir à d'excellents résultats.

Le coton imparfaitement lavé, donne du collodion ioduré qui rougit presqu'instantanément. Le même effet a lieu par les alcools et les éthers acides employés au mélange. Il semble qu'on pourrait parer à cet inconvénient, en mêlant quelques gouttes d'ammoniaque aux dernières eaux de lavage, ainsi que cela a été conseillé, mais le remède serait pire que le mal, qui deviendrait alors tout à fait irréparable. En effet, les alcalis ayant la propriété d'enlever au coton une certaine quantité d'acide hyponitrique, il pourrait être ainsi réduit à trois équivalents, quantité insuffisante, comme nous l'avons dit tout à l'heure, pour un former bon collodion.

Pour que ce produit soit entièrement soluble, il faut que le coton soit trempé dans le mélange au moment (1) même où l'acide sulfurique, en contact avec l'azotate de potasse, forme du sulfate de potasse, et dégage l'acide azotique, qui doit être fixé par le coton.

Le coton, en contact immédiat avec l'acide azotique, forme un nouveau composé de cellulose (coton), et d'acide azotique.

---

(1) Après avoir effectué les deux mélanges, sulfurique et nitrique, laissez tomber la température à 60° centigrades.

DU COLLODION NORMAL

CONSIDÉRATIONS GÉNÉRALES

Le collodion normal résulte de la dissolution du coton-poudre dans l'éther alcoolisé. C'est un liquide de couleur ambrée, de consistance sirupeuse, et qui acquiert, en se desséchant, une grande ténacité, en même temps qu'il devient insoluble et imperméable à l'air. C'est cette dernière propriété qui le rend d'un usage si précieux, dans l'art chirurgical, pour la cicatrisation des plaies.

La densité de cette dissolution est en raison de la quantité de coton livrée à l'éther alcoolisé. Le commerce devrait le fournir toujours dans la proportion de 3 p. 0/0, qui lui donne sa densité convenable. L'opérateur qui ne sait pas encore juger *de visu* les substances qu'il emploie, ne serait pas exposé à se servir de collodions iodurés, peu corsés, et partant, peu propres à la formation de belles images.

Aussi l'opérateur doit-il s'efforcer d'acquérir le plus tôt possible, l'habitude de juger la densité et la qualité du collodion avant de faire le mélange de la liqueur génératrice et de l'éther.

Les indices d'un bon collodion sont faciles à établir et à reconnaître : Etendu sur une feuille de verre, il devra laisser, après évaporation complète, une pellicule brillante et tenace, qui, détachée et tendue fortement, ressemble à une pellicule d'oignon.

Si la feuille de verre est recouverte d'une couche blanchâtre, c'est que le collodion est d'une mauvaise nature, et provient d'un coton mal réussi. Ce défaut se manifeste également dans les vieux collodions, quoique contenus dans des flacons bien bouchés. Cette altération est due, sans doute, à une réaction alcaline, que le collodion subit en vieillissant.

Un de nos élèves a emporté, en Chine, une bouteille de collodion, qu'il a rapportée après dix-huit mois de voyage, et dans un milieu moyen de + 24°. Ce collodion était resté dans sa pureté primitive, à cela près qu'il avait contracté le défaut bien connu des opérateurs, de *mousseliner* l'épreuve.

Ce mousselinage n'était d'ailleurs que partiel, et ne

nous a pas empêché d'obtenir de très-belles épreuves sur ce collodion qui avait conservé ses qualités principales. Son défaut de cohésion, qui avait causé ce léger retrait, a pu être facilement combattu par l'addition d'une quantité égale de collodion très-dense.

Lorsqu'on fait dissoudre le coton, il ne faut pas déterminer rigoureusement à l'avance, la quantité d'alcool à introduire ; il vaut mieux n'en ajouter à l'éther que ce qu'il faut tout juste pour la dissolution complète du coton. Le meilleur collodion est le moins alcoolisé. Il est aussi le plus durable, le moins susceptible d'altération.

Le collodion normal, dans un flacon bien rempli et bien bouché, peut conserver ses qualités premières pendant plus d'une année.

DU COLLODION PHOTOGÉNIQUE

CONSIDÉRATIONS GÉNÉRALES

Les auteurs qui se sont précipités en foule dans la voie féconde, ouverte par Archer, et les opérateurs qui sont venus à leur suite, ont indiqué et employé un très-grand nombre de procédés d'ioduration, si bien qu'il y a peut-être aujourd'hui plus de vingt formules différentes de collodion photographique, sans compter les variétés de l'espèce. Il serait difficile, et un peu téméraire, d'établir entre elles une classification par ordre de mérite. Chacune d'elles a sa valeur relative, chacune d'elles est venue à son heure dans le développement historique de la photographie, et a produit, sans nul doute, de très-beaux résultats. Ce que nous voulons et devons faire à présent, c'est dégager une formule générale de toutes les formules partielles. Il va sans dire que cette formule peut être variée à l'infini, à la condition, toutefois, de maintenir les rapports qui existent nécessairement entre les divers éléments qui la composent.

Voici, selon nous, cette formule fondamentale, et dont toutes les autres ne peuvent être que des dérivés et des subdivisions :

Coton soluble........ 1 gr. 1/2
Éther à 62.......... 100 } collodion normal.
Alcool à 40.......... 30
Iodure de zinc....... 1
Bromure de cadmium. 0.30 c. } collodion photogénique.

Mettre dans un flacon; agiter, laisser déposer, filtrer ou décanter.

Maintenant, il est bien évident que l'on obtiendra un collodion plus ou moins dense, plus ou moins sensible, selon que le coton sera plus ou moins soluble, que l'éther et l'alcool, malgré l'étiquette, seront plus ou moins purs, et que la température, enfin, sera plus ou moins élevée. Si l'on préfère un autre bromure ou un autre iodure, on peut en faire usage sans compromettre l'opération. Notre formule n'a rien d'absolu. Il est bien vrai que chaque iodure contient plus ou moins d'iode, et, doit par cela même, entrer dans la combinaison en plus ou moins grande quantité, mais on peut s'assurer, quelques heures après le mélange, du degré d'ioduration, en collodionnant une glace. Plongée dans un bain d'argent, en quelques secondes, la couche devra prendre un ton blanc-jaunâtre-opâlin, sûr indice d'un collodion ioduré *à point*.

Quel que soit, du reste, le degré de densité et le degré d'ioduration du collodion, pourvu cependant que l'iodure ne soit pas en excès, on peut obtenir une belle épreuve si l'on a su apprécier et prévoir les qualités de la couche sensible, avant de la mettre en œuvre. Un habile opérateur saura suppléer au défaut de fluidité ou d'ioduration, en versant le collodion avec adresse, en prolongeant le temps de la pose, et en se servant d'un réactif plus faible pour le développement de l'image.

A côté de cette formule générale, il en est une autre, dont le principal avantage est de permettre à l'opérateur, de fonctionner immédiatement, pourvu que les substances, qui concourent à la formation du collodion photogénique, soient toutes prêtes. Elle est ainsi conçue :

> Collodion normal.......... 30 c.
> Éther à 62................ 30
> Éther ioduré............. 30

Si les produits sont bien décantés, ce mélange peut

être employé aussitôt qu'il est fait, sans même avoir besoin d'être filtré.

Nous pouvons répéter, à propos de cette formule, ce que nous avons dit pour la formule précédente : selon son caprice, son goût et ses besoins, l'opérateur peut la modifier à l'infini.

Son collodion est-il trop fluide? il peut changer ainsi les proportions de ses divers éléments :

Collodion.............. 40.
Éther.................. 20.
Éther ioduré........... 30.

Est-il à la fois trop fluide, et pas assez ioduré? il peut avoir recours à cette autre combinaison :

Collodion.............. 40.
Éther.................. 20.
Éther ioduré........... 35.

Rien de plus simple que ces différentes modifications, qui peuvent se multiplier indéfiniment, dès lors que nous savons que le collodion normal ajoute à la densité, l'éther à la fluidité, et l'éther ioduré à l'ioduration.

L'éther ioduré peut être remplacé par l'alcool ioduré, en employant un iodure quelconque, soit :

Iodure de cadm.......... 5 gr.
Brom. d'am............. 1
dans Alcool à 40............... 100 c.

La principale, ou plutôt, la seule différence, quant à leur emploi, pour le collodion photogénique, entre l'éther et l'alcool, consiste dans leur degré de pureté. L'éther peut être absolument pur, tandis que l'alcool est parfois mélangé d'esprit de fécule, quand ce n'est point de l'alcool pur de betterave ou de fécule.

On peut voir, par ce qui précède, combien la question, si importante d'ailleurs, de *photogénie*, peut être simplifiée.

Un bon collodion photogénique, un bain d'argent maintenu dans des conditions convenables d'acidité ou de neutralité et *d'ioduration*, voilà les deux bases fondamentales de l'édifice photographique, les conditions absolues de toute réussite.

Si le collodion est dans des proportions photogéniques avec le bain d'argent, l'image viendra parfaitement, à ce premier point de vue, alors même qu'au second point de vue, l'agent révélateur serait dans des conditions de force ou d'acidité peu favorables au développement de l'image.

On nous comprendra mieux, en nous suivant pas à pas dans la formation et l'appréciation de notre cliché.

Le collodion a été bien étendu; il n'était ni trop dense ni pas assez, il était assez ou peu ioduré. Nous savons déjà, du reste, ce qu'il y aurait eu à faire dans les deux premiers cas, et même dans le troisième. Mais nous avons voulu passer outre, et alors, il eût fallu tenir compte du manque de sensibilité, prolonger le temps de la pose, et tenir notre bain révélateur un peu faible. Si donc, nous avons développé l'image avec un réactif trop fort, les lumières sont tout d'abord venues beaucoup trop noires, relativement aux parties foncées du modèle. Si pourtant, nous tenons à conserver ce même collodion et ce même bain, il nous faudra compenser l'insuffisance de sensibilité, en prolongeant la pose, et en mêlant de l'eau au bain révélateur, environ la moitié de son volume, afin que ce bain affaibli, agisse lentement, et donne aux ombres le temps de se développer avant que les lumières ne soient passées au noir complet.

Par la même raison, et en vertu des mêmes principes, si nous avons à modifier une image, venue sur un collodion un peu trop ioduré, un peu lourd, opaque, et qui, décomposé par une lumière des mois d'été, pourrait produire un cliché *gris*, c'est-à-dire uniforme de ton sur les ombres et sur les linges, en un mot, un cliché non *fouillé*, de teinte plate et molle, il est évident qu'il y aura eu excès de pose, ce qui se manifeste par la décomposition égale des blancs et des noirs du modèle; il faudra alors employer un révélateur énergique, auquel il conviendra même d'ajouter un volume égal de dissolution d'argent. L'image apparaîtra alors instantanément, et avec quelques chances d'opposition, dues exclusivement aux moyens employés pour augmenter l'énergie du révélateur.

Ce raisonnement, fondé sur l'expérience, nous amène logiquement à conseiller l'emploi de la solution de sulfate de fer *pure*, sans addition d'acide, pour commencer le développement de l'épreuve, pendant les temps sombres, ou quand on opère sous une lumière *d'éclairement* imparfaite et, pour ainsi dire, *rembranesque*, cette solution ayant la propriété de métalliser presque au même degré les ombres et les demi-teintes, et de faire des images sans relief.

Les difficultés qui peuvent être attribuées au collodion tiennent donc toujours à l'une de ces quatre causes : Le collodion est *trop* ou *trop peu* ioduré, *trop* ou *trop peu* fluide, difficultés, comme on voit, faciles à résoudre ou à tourner.

Nous n'avons pas à nous occuper ici, des écueils auxquels on doit nécessairement s'attendre, en faisant usage du collodion normal impur ou mal composé. Nous parlons dans l'hypothèse de produits employés irréprochables, et mis en œuvre par un opérateur habile et propre, qui comprend toute l'étendue du désordre que pourrait causer, dans l'action photographique, la moindre parcelle d'un réducteur ou d'un désiodant quelconque.

Le défaut, je dis le moindre défaut, de la plus exquise propreté, nous ne saurions trop insister sur ce point, peut occasionner dans la pratique de notre art, des difficultés insurmontables, fût-on d'ailleurs muni de tous les éléments matériels d'un bon opérateur.

Le collodion humide est-il aussi sensible qu'on l'a prétendu, et l'opération peut-elle réellement être instantanée? Oui, sans doute, il ne pourrait en être autrement, surtout lorsqu'il s'agit de reproduction à grande distance. Les nuages, la mer, les vaisseaux, etc. (1), doivent être reproduits instantanément, et même avec le ménisque diaphragmé; autrement, le ciel serait sans nuages, la mer sans vagues ni perspective, et l'un et l'autre seraient confondus. Mais toutes ces reproductions instantanées de la nature animée, ou des éléments en mouvement, ne sont encore qu'un jeu, même pour un élève peu avancé dans l'art de la photographie; c'est lorsqu'il s'agit de faire le

---

(1) Il en est de même en opérant avec un objectif double diaphragmé, sur un paysage vivement éclairé.

portrait ou le modèle vivant, que les difficultés surgissent en foule. Le collodion n'est plus aussi sensible, car la lumière n'est plus la même; la glace doit être d'une pureté parfaite; car l'atome de poussière est une tache à l'œil; une strie ou rayure de la glace, une balafre à la joue ou au nez du modèle; la moindre négligence dans le développement de l'image la fait trop dure ou trop uniforme, ou trop faible ou trop vigoureuse. Tantôt le modèle a bougé, tantôt il est mal éclairé, ou il a une physionomie détestable; bref le portrait est boursouflé; il est défiguré; il ne ressemble pas, etc. La reproduction de la nature morte est toujours belle. Qu'importe que le terrain de votre reproduction soit sillonné d'une longue tache, que la glace mal polie soit couverte de coups de balai, que la couche de collodion soit rocailleuse, ridée, moutonnée! l'arbre, le terrain, l'ensemble en sera-t-il moins harmonieux? Cette tache sur le monument, sur l'écorce, dans le feuillé, sur le terrain apparaît comme une ombre au tableau, qui augmente son lustre et ajoute à son originalité. Aussi, combien d'opérateurs, qui ont acquis une réputation avec leurs paysages, ont échoué dans le genre-portrait!

Cette question de collodion *instantané* préoccupe grandement les opérateurs depuis quelque temps, et nous avons eu à répondre à plusieurs lettres sur ce sujet.

En résumé, il n'y a qu'un seul bon collodion, c'est celui qui, ioduré convenablement, prend dans le bain d'argent la couleur qui annonce son maximun de sensibilité, et sur laquelle les vrais praticiens ne se trompent pas. En deçà de cette teinte, il est évident que le collodion est moins sensible, ce qui doit entraîner, comme correctif, une pose plus prolongée. Au delà de cette nuance, quand il arrive même au *blanc-jaunâtre*, il n'est pas moins évident qu'il y a excès d'iodure, ce qu'il manifeste encore plus sensiblement par des taches en formes de vermicelle ou de marbrures, en sortant du bain d'argent. La glace est alors tout à fait à rejeter, et le collodion est à modifier par addition de collodion normal et d'éther. Un excès de plus n'en produirait pas moins l'image, comme dans le cas précédent, mais cette image disparaîtrait au fixage.

Le collodion n'est pas seul à produire l'iodure d'argent. Le bain y joue également un grand rôle, et ce rôle, il ne peut le jouer convenablement qu'autant qu'il est lui-même dans toutes les conditions voulues pour atteindre son maximum d'efficacité. Le bain peut être ou trop acide, ou trop alcalin, trop ou pas assez chargé d'argent; enfin, il peut être de telle nature que, donnant des épreuves satisfaisantes avec certains collodions, il ne produise rien d'acceptable avec tel autre collodion, auquel on ne peut cependant reprocher aucun défaut.

Les belles épreuves résultent de certaines proportions, qui doivent être maintenues, entre l'iodure et l'azotate d'argent. Ces proportions constituent en quelque sorte, les équivalents photogéniques, tout à fait différents des équivalents chimiques, car les lois de ces derniers ne suffiront pas pour obtenir l'iodure d'argent photographique, il faut encore qu'il soit formé avec excès donné de nitrate d'argent. En effet, quand l'iodure générateur domine, la couche sensible est blanchâtre, tandis qu'elle est un peu jaune lorsque la double décomposition est exacte, et un peu grise quand les bases sont en excès et quand le collodion est vieux.

Si, avec un collodion fortement ioduré, on emploie un bain faible, la couche impressionnable est un peu opaque, le cliché n'est pas *limpide*, et l'épreuve est *couverte*.

Au contraire, avec un bain assez fort pour supporter un collodion fortement ioduré, la sensibilité est doublée, le cliché est translucide, les blancs sont en pleine vigueur, et les ombres sont parfaitement *fouillées*.

Enfin si le bain est trop fort, quelle que soit l'ioduration du collodion, la couche, iodurée instantanément, disparait presque aussitôt, en partie ou totalement, suivant l'excès de force de ce bain. A 12 ou 15 0/0, il commence à enlever, sur les bords, l'iodure formé : de 15 à 18, il le dissout entièrement.

Il serait facile de se maintenir dans les proportions moyennes, s'il suffisait de doser convenablement les liquides, et c'est ce qui a lieu quand on fait usage d'un collodion et d'un bain neufs. Les collodions, en vieillissant, perdent leur éther et se chargent d'iodure, les bains s'appauvrissent, se concentrent et se chargent des bases des iodures, et c'est là encore une des causes les plus actives de l'insuccès des opérations.

Il faut aussi tenir compte de la variabilité de concentration du bain et du collodion, qui fait varier également les conditions du succès. Il y a déjà cinq ans que nous avons écrit que, pendant les chaleurs, il fallait tenir les collodions moins iodurés et les bains plus faibles. Dans tous les cas, comme dans tous les temps, d'ailleurs, il faut s'appliquer à reconnaître si l'on est bien dans ces conditions moyennes, et dans ces proportions voulues que nous avons appelées *équiva-*

lents photogéniques. Cette application est d'autant plus nécessaire, qu'il est des circonstances qui exigent une proportion un peu au-dessus ou un peu au-dessous de la moyenne, et qu'un opérateur intelligent peut seul déterminer.

Le collodion photogénique que nous expédions est toujours dans les mêmes proportions, et ce collodion, dans notre bain composé et tenu dans une moyenne proportionnelle, se comporte toujours de même. Or, si les photographes qui le reçoivent ont un bain d'argent convenable, nous recevons des éloges; mais, dans le cas contraire, on s'en prend au collodion, qui *ne vaut rien.* Nous insistons sur ce point, afin que l'opérateur prenne bien toutes ses précautions avant de rejeter tous ses déboires sur le collodion, quand le plus souvent, c'est à son bain seul qu'il doit les attribuer.

Tous les auteurs de traités photographiques ont imaginé des préparations spéciales, pour obtenir des collodions d'une extrême sensibilité sans se préoccuper d'un fait aussi simple qu'important. C'est que, quelle que soit la substance iodurante dont on fasse usage, il faut tenir compte, comme proportions, des saisons dans lesquelles on se trouve et du milieu ambiant des laboratoires. Ce qui nous a toujours fait dire que nulle formule ne pouvait tenir lieu de l'œil de l'opérateur, seul juge, en fin de compte, de la sensibilité du collodion.

A quel procédé ces auteurs n'ont-ils pas eu recours pour surexciter, en quelque sorte, la sensibilité du collodion?... L'un a conseillé l'iodure d'argent dans le collodion, l'autre l'iodure d'arsenic. Celui-ci est pour le chloroforme, celui-là pour l'aldehyde et, enfin, un dernier préfère doubler la dose de l'alcool et des brômures. Ces différentes combinaisons sont-elles bien véritablement accélératrices?... Serait-il vrai que telle ou telle substance, introduite dans le collodion normal le rende plus sensible? Cette grande sensibilité, attribuée à tel agent chimique, n'est-elle pas plutôt le résultat des soins extrêmes, apportés par l'opérateur à la mise en pratique des bonnes formules, à l'obscurité complète du laboratoire, à la rapidité avec laquelle il a opéré, à son tour de main; enfin, au concours de ces petits riens qui, en tout, font les grandes réussites? Il est pourtant incontestable que, toutes choses égales d'ailleurs, on peut exalter la sensibilité, en augmentant la dose d'alcool dans le collodion, qui sera par ce fait moins parchemineux, et par contre plus perméable à la lumière et aux agents révélateurs.

L'épithète d'*instantané*, appliquée à certains collodions, nous semble donc une espèce de non-sens. Tous les collodions possibles sont naturellement *instantanés*, s'ils ont été faits dans les conditions voulues d'ioduration, s'ils sont mis en contact avec un bain d'argent *conforme*, *équivalent*, si l'on en fait usage avec habileté, et enfin, s'ils agissent sous l'influence d'une lumière convenable, et qu'ils soient impressionnés à l'aide d'objectifs purs et à court foyer. L'instantanéité est la résultante des bonnes opérations et nullement le privilége de tel ou tel collodion.

M. l'abbé Laborde a cependant recommandé une préparation spéciale, qui donne à un collodion déjà parfait, une telle sensibilité que cet excès de qualité devient presque un défaut. Il n'y a que la grammaire qui admette le *plus que parfait*. Partout ailleurs, quand le *bien* est obtenu, le *mieux* est son ennemi. Cette préparation consiste à introduire les réducteurs dans le collodion. C'est ainsi, par exemple, qu'une *trace* de tannin dans 2 ou 300 grammes de collodion ioduré, lui donne une sensibilité excessive. L'expérience que nous avons faite de ce procédé, nous autorise à déclarer que les avantages qu'il présente sont peu compensés par les défauts qu'il entraîne. Ce n'est pas là un remède, ou alors c'est un remède pire que le mal.

En 1855, M. Maxwel-Lyte nous a fait connaître un

procédé, dont il publia plus tard les formules dans le *Bulletin de la Société Française de photographie.* Ce procédé a le double avantage d'exalter la sensibilité du collodion, et de le tenir humide pendant une journée entière. — En voici la formule :

    Miel.................... 250 gr.
    Eau..................... 375
    Alcool.................. 30
    Nitrate d'argent.......... 25

La dissolution de miel se fait dans l'eau alcoolisée, puis, on filtre, et on ajoute l'azotate d'argent. La solution, exposée au soleil, devient rouge. On filtre une seconde fois, sur un filtre de noir animal, si, après le premier filtrage, la solution n'est pas parfaitement claire. On sensibilise, dans ce bain comme dans les bains ordinaires.

Dans une autre communication, le même auteur a donné la formule et la rédaction suivante :

    Miel blanc............... 500 gr.
    Eau distillée............ 500
    Nitrate d'argent.......... 20

Faites d'abord dissoudre le nitrate dans l'eau distillée ; puis, ajoutez le miel, et, quand il est dissous, filtrez au jour. La lumière donnera à cette solution une teinte rouge foncée; filtrez-la ensuite sur un filtre de noir animal, elle passera complétement décolorée; exposée à la lumière, elle se colorera peut-être encore; on l'éclaircira alors de nouveau, sur le noir. Quand ce sirop ne se colorera plus à la lumière, il sera bon à être employé.

Lorsqu'on sera pour s'en servir, il faut, après avoir passé le collodion au nitrate d'argent, faire couler le sirop à plusieurs reprises sur la surface. Cette surface étant bien lavée de cette manière, on l'expose à la chambre noire. Si le sirop a été bien fait, la pose doit être instantanée. Quant au développement, il se fait, comme à l'ordinaire, avec l'acide pyrogallique.

Ce bain au miel nous a donné un excellent résultat, non pas tant au point de vue de l'instantanéité, que comme pureté, douceur et profondeur dans les teintes. Nous pensons donc que ce procédé peut être d'une grande ressource pour l'opérateur malheureux, à qui les procédés ordinaires n'ont pas réussi.

Le grand *desideratum* de la photographie sur collodion, le besoin impérieux du photographe, c'est de posséder un collodion, qui puisse être employé, mis en œuvre en tous lieux, loin du laboratoire, tout en conservant son ioduration humide ou sèche, avec une sensibilité assez grande. On est bien parvenu à conserver l'iodure d'argent en débarrassant la couche de toute trace du nitrate d'argent libre ; mais la couche d'iodure, qui subsiste est tellement parchemineuse et cornée, qu'elle est devenue presque imperméable à la lumière et aux agents révélateurs, et que sa sensibilité est presque entièrement épuisée. Cette conservation est donc inefficace pour le but qu'on se propose.

Les sirops, les gommes, la gélatine, l'albumine, les mucilages, ont bien tous la propriété de conserver à la couche iodurée une certaine sensibilité, mais cette conservation est bien loin d'être complète ou seulement suffisante. Ce n'est donc point là encore la solution du grand problème du procédé.

Chaque opérateur en a, du reste, imaginé et *confectionné* au moins un, auquel il n'a pas manqué de donner, non-seulement un brevet de perfectionnement, mais même un brevet de perfection. Ces divers procédés, exclusivement exaltés par leurs auteurs, ont donné lieu à d'assez vives polémiques. On a très-longuement discuté les questions de savoir s'il convenait de mettre de la résine dans le collodion, de le faire dense sans alcool ou avec excès de ce liquide, lequel des deux collodions, parchemineux ou pulvérulent, méritait la préférence. Toutes ces controverses sont restées à peu près sans issue, et l'amour-propre des auteurs est venu les compliquer de manière à les embrouiller de plus en plus, sans compter que la question de priorité a dû plus d'une fois passionner et envenimer le débat. Quant à nous, notre opinion, basée sur notre expérience, est que tous les procédés, pratiqués jusqu'à ce jour, sont fort bons entre des mains habiles, et qu'ils ont dû à peu près également échouer tous, lorsqu'ils ont été mis en usage par des opérateurs novices, qui ne savaient pas remédier aux inconvénients qui pouvaient se présenter.

Le collodion sec au tannin semble devoir prédominer sur tous les autres, et tout fait présager qu'il finira par régner seul et sans partage. L'expérience que nous en avons faite, les résultats que nous en avons obtenus, nous permettent de le considérer et de le recommander comme le meilleur des collodions, par la simplicité de sa composition comme par la sûreté de ses effets.

BAIN D'ARGENT NÉGATIF

CONSIDÉRATIONS GÉNÉRALES

———∽∾∽———

Au chapitre précédent, nous avons dû parler du bain d'argent. Nous aurons, dans celui-ci, à compléter l'étude du collodion ioduré, et des deux agents chimiques les plus inséparables et des plus importants, et dont l'emploi exige au plus haut degré, l'intelligence et la parfaite propreté de l'opérateur.

On préfère généralement, pour le bain d'argent négatif, l'azotate d'argent fondu à l'azotate d'argent cristallisé, parce que l'on pense avec raison, qu'il est alors plus pur et moins acide. Cependant, il y aurait un double inconvénient à employer exclusivement le nitrate d'argent fondu ; il est mieux de mêler, à doses à peu près égales, le nitrate cristallisé et le nitrate fondu. Un bain composé de la sorte, et proprement fait, donnera, pendant plusieurs jours, des épreuves qui ne laisseront rien à désirer. Nous insistons tout particulièrement sur la propreté avec laquelle il est nécessaire de présider à cette importante opération, parce que l'altération du bain d'argent négatif, par les matières organiques, est une des causes les plus fréquentes des échecs que peuvent éprouver les photographes. Cette propreté est, en même temps, la cause et la condition du plus ou moins de durée des propriétés du bain d'argent. Rien, on le sait, n'est plus susceptible que ce bain, dont les effets varient par l'introduction de la moindre matière étrangère. Il suffit d'un grain de poussière de pyrogallique pour en changer la nature, d'une goutte d'hyposulfite ou de cyanure pour en paralyser complétement l'effet, et quand on songe que les réducteurs, les désiodants, etc., sont constamment mêlés aux collodions, aux bains et à toutes les substances photogéniques, on conçoit qu'il ne faut pas moins qu'une propreté absolue pour éviter tous ces écueils.

Les effets, toujours visibles, de la présence d'un corps étranger dans le collodion sont, avons-nous dit, très-variés : tantôt ils se manifestent par des taches transparentes, tantôt par une iridescence particulière de la couche; d'autres fois, par un trouble, une opacité, une couleur singulière du collodion, qui affecte parfois un aspect sablé, etc. Ce sont là autant d'obstacles qui font le désespoir des opérateurs peu soigneux, qui ne savent souvent pas à quoi attribuer la cause de leur insuccès.

Le bain d'argent peut agir ainsi sur le meilleur des collodions, sans qu'on puisse *a priori* accuser l'une ou l'autre de ces substances, de ces désastres si décourageants. Dans ce cas, quelle qu'en soit la cause, il faut abandonner ce bain, alors même qu'il est nouveau, car il est, par le fait, devenu vieux, en contractant successivement certaines maladies, souvent, et le plus souvent, par défaut de précautions de la part de l'opérateur.

D'un autre côté, il faut bien qu'on sache qu'avec un bain d'argent neuf, on obtient rarement un bon cliché. Ce bain, quoique neutre et pur, donne presque toujours une épreuve voilée, rougeâtre, ou couverte de nuances qui ressemblent à des coups de balai. Il est bon de mêler à cette solution quelques grammes d'iodure, ou quelques centigrammes de collodion ioduré; cette addition semble rendre plus tenace et plus sensible l'aspect huileux de la couche de collodion, mais il n'y a pas lieu de s'en alarmer. Au bout de deux minutes environ de séjour dans le bain, la glace est bonne à être mise dans le châssis, et capable de donner une épreuve excellente. Il n'y a non plus aucun inconvénient à laisser la glace collodionnée dans le bain, pendant une dizaine de minutes.

La présence de l'ammoniaque est un danger plus sérieux pour le bain d'argent. Le dégagement de ses vapeurs peut rendre ce bain alcalin, et l'altérer de telle sorte que la couche sensible noircirait au contact de l'agent révélateur.

Un bain neutre, sans produire absolument les mêmes effets, peut cependant donner des épreuves *opaques* peu satisfaisantes; c'est pourquoi nous conseillons toujours, pour un bain neuf, le mélange des deux azotates, cristallisé et fondu.

Un bain légèrement acide est donc préférable, sinon par rapport à l'instantanéité du cliché, du moins au point de vue de sa propreté et de sa limpidité. M. l'abbé Laborde a traité cette partie de la question d'une façon si remarquable, que nous lui demandons la permission de le citer textuellement :

Action de l'iode dans le bain d'argent.

« On cherche généralement à donner la plus grande sensibilité possible à la couche impressionnable, et l'un des moyens les plus efficaces pour y parvenir, consiste à employer un bain d'argent saturé d'iodure et complètement neutre. Mais cette neutralité même expose à un écueil dans lequel on tombe infailliblement si l'on dirige en même temps toutes les autres opérations vers une sensibilité extrême : un voile général couvre l'épreuve et se montre principalement sur les *réserves*. J'appelle *réserves* les parties de l'épreuve sur lesquelles la lumière n'a pas agi ; je trouve cette expression très-commode, parce qu'elle désigne sans confusion, par un même mot, les mêmes effets, qu'il faut nommer les blancs dans l'épreuve négative, et les noirs dans l'épreuve positive sur verre. Il faut alors se résigner à perdre de la sensibilité, soit en modifiant l'ensemble des procédés, soit en donnant au bain d'argent une légère réaction acide.

» J'ai trouvé un nouveau moyen très-facile à mettre en pratique, et qui, tout en conservant à la couche impressionnable la même sensibilité, donne aux réserves une grande pureté. Ce moyen consiste à introduire de l'iode dans le bain d'argent saturé d'iodure : 1 gramme environ pour 200 grammes de liquide. On agite de temps en temps, et après un contact de 24 heures, un bain d'argent qui voilait l'épreuve se trouve en quelque sorte régénéré.

» On ne peut guère appliquer à ce fait les lois ordinaires de la chimie, ou plutôt il faudrait chercher plus profondément dans ces mêmes lois, pour y trouver son explication. En effet, tout chimiste pensera que l'iode, au contact du nitrate d'argent, s'empare de l'argent et met de l'acide nitrique en liberté ; cet acide agirait ensuite comme la plupart des autres acides en s'opposant à la réduction de l'argent sur les réserves. Mais j'observerai que le contact prolongé de l'iode avec un bain d'argent bien saturé d'iodure, ne lui fait pas perdre sa neutralité; j'ai même pu chauffer jusqu'à l'ébullition naissante le bain d'argent contenant l'iode, sans y découvrir ensuite la plus légère acidité. C'est un moyen que l'on peut employer, si l'on veut obtenir en peu d'instants tout l'effet de l'iode sur le bain d'argent.

» Cependant, lorsque l'iode a séjourné 15 à 20 jours dans le bain, on remarque à sa surface une teinte jaunâtre ; le liquide alors possède quelquefois une réaction acide ; mais cela tient à une action secondaire qu'il faut attribuer à l'air dissous dans le bain d'argent. En effet la teinte jaune se manifeste par linéaments qui correspondent aux feuillets de l'iode, où l'air emprisonné a été entraîné dans le liquide; et si l'on voit une bulle d'air fixée à la surface de l'iode, on remarquera plus tard qu'elle aura disparu et sera remplacée par une tache jaune. En faisant l'expérience dans une cuvette plate, que l'on incline de manière à mettre l'iode en contact avec l'air et le liquide, de l'iodure d'argent se forme autour des fragments d'iode, et le bain perd sa neutralité. On comprend d'après cela que l'iode doit plonger entièrement dans le liquide, et qu'il est bon de l'en retirer quand il y a produit tout l'effet qu'on en attend. Il est facile de rendre au bain sa neutralité en y ajoutant du carbonate d'argent. On peut même laisser dans le liquide argentifère un excès de carbonate d'argent, sans qu'il perde aucune des propriétés qu'il doit à la présence de l'iode; ce fait prouve bien encore qu'elles ne sont pas dues à l'acide nitrique, car on ne saurait admettre au sein d'un même liquide l'existence prolongée de deux substances qui se détruisent mutuellement. On sait, d'ailleurs, que la plus faible proportion d'acide nitrique diminue de beaucoup la sensibilité, et pour peu que la dose soit un peu forte, l'épreuve devient plate, parce qu'elle refuse de monter sous l'agent révélateur.

« Les choses se passent autrement lorsque le nitrate d'argent n'est pas saturé d'iodure : l'iode s'empare de l'argent et met de l'acide nitrique en liberté ; l'iodure d'agent se dissout dans le liquide argentifère qui, en très-peu de temps, devient très-acide. On pourrait, à la rigueur, neutraliser par le carbonate d'argent; mais il vaut beaucoup mieux dissoudre d'avance l'iodure d'argent dans le nitrate, et n'ajouter l'iode qu'après saturation complète.

» L'effet de l'iode dans le bain d'argent consiste, je crois, à prévenir sur la couche sensible cette réduction spontanée qui s'accomplit souvent en dehors de l'action lumineuse. L'argent réduit d'avance appelle ensuite la réduction du nitrate sous l'agent révélateur, sans préférence bien marquée pour les parties impressionnées, quand la première réduction a été un peu forte; il en résulte un voile général, qui, dans la réalité, ne couvre pas l'image, puisqu'il préexiste, et qu'il s'est formé aussi promptement que l'image. On voit par là combien il importe de prévenir ce voile.

» J'ai remarqué qu'avec cette modification du bain d'argent, les épreuves se solarisaient difficilement; il faut, pour en venir là, dépasser de beaucoup les limites ordinaires de l'exposition. Je suis persuadé que bien souvent on attribue à la solarisation, ce qui, dans la réalité, provient du voile sous-jacent dont j'ai parlé; on diminue alors le temps de l'exposition, c'est-à-dire qu'on s'engage dans une fausse route, d'où l'on ne peut sortir qu'avec de médiocres épreuves entre les mains.

Les photographes savent depuis longtemps qu'il faut

attribuer presque toujours au bain d'argent ces imperfections, qui les contrarient si vivement par l'obstination qu'elles mettent à reparaître : ils trouveront dans l'iode un puissant auxiliaire pour éviter la plupart d'entre elles. » Une question qui revient et embarrasse souvent l'opérateur novice, c'est de savoir la durée probable d'un bon bain, et à quels signes on reconnaît qu'il est devenu vieux. Nous nous sommes amplement expliqué à ce sujet dans les chapitres précédents, et nous avons clairement indiqué les moyens de juger le bain, et de savoir quand il convient de l'abandonner définitivement; mais comme c'est là une question fondamentale dans la pratique de notre art, et dont l'importance a pu ne pas être tout d'abord saisie, nous croyons utile d'y revenir.

Chaque glace, en s'assimilant une certaine quantité d'argent, abandonne au bain quelques parcelles d'iodure d'argent, et aussi une partie de la base de l'iodure, si bien qu'après avoir sensibilisé une vingtaine de glaces normales, le bain s'est appauvri d'argent, et s'est emparé de matières hétérogènes qui ont changé complétement sa nature et ses propriétés. On peut, pendant assez longtemps, remédier à cet effet, et combler cette espèce de déficit, en ajoutant chaque jour à la solution en service une nouvelle solution à 7 %; mais aussitôt qu'un trouble général se manifeste sur la couche de l'épreuve, il vaut mieux faire un bain neuf : cela est également nécessaire quand des substances nuisibles l'ont altéré. Un auteur a conseillé de faire bouillir les bains altérés, d'y ajouter quelques gouttes d'acide nitrique, de saturer l'excès d'acide par la craie, et, enfin, par là-dessus, de répandre quelques gouttes d'acide acétique. Cet amalgame, qui peut très-bien réussir dans un laboratoire de chimie, est à peu près impraticable pour le photographe, toujours pressé dans ses opérations, ou du moins ne peut être mis en usage que dans le cas, tout à fait exceptionnel, où, ne possédant pas d'azotate d'argent, il serait dans l'impossibilité de s'en procurer immédiatement.

Vers 1854, on se préoccupait beaucoup d'un bain de nitrite de plomb, que l'inventeur vendait fort cher, et dont il gardait le secret. M. l'abbé Laborde en donna la formule; chacun put alors l'expérimenter et se convaincre qu'il ne donnait pas de meilleurs résultats que le bain à l'azotate d'argent. Si nous mentionnons cette vieillerie abandonnée, c'est qu'on a essayé de la remettre à la mode. En voici la composition :

Eau distillée.............	100 gr.
Azotate d'argent.........	20
Eau distillée.............	100
Sous-acétate de plomb.....	20

On mélange ces deux solutions en y ajoutant deux ou trois gouttes d'acide azotique, on fait bouillir pendant deux minutes, on laisse un peu refroidir et l'on filtre.

L'action du sous-acétate de plomb dans ce bain, se manifeste par quelques lamelles blanches. Le collodion, sensibilisé dans cette solution, permet le développement à l'acide gallique, additionné de quelques grammes d'acéto-nitrate d'argent. C'est même cette propriété qui a fait un instant la réputation de ce bain, que nous n'indiquons que pour mémoire. L'image se révèle lentement, avec des tons plus uniformes et moins durs; l'aspect du cliché est verdâtre, et a l'air d'un cliché obtenu sur albumine.

DES AGENTS RÉVÉLATEURS

Si l'attention de l'opérateur, en face des phénomènes chimiques et de tous les effets qui en résultent, ne s'est pas un instant relâchée; si, depuis le moment qu'il a collodionné la glace jusqu'au moment où il va développer l'image, son esprit a toujours été en éveil, le chemin est plus qu'à moitié fait; il ne lui reste plus, pour ainsi dire, qu'une encâblure à franchir pour toucher au port; mais qui ne sait que c'est là précisément où gît l'écueil, si l'on ne redouble de surveillance? En versant le collodion sur la glace, l'opérateur a dû modifier son tour-de-main, selon que ce collodion était plus ou moins fluide, afin d'éviter les *rides* et les *moutonnages*. L'aspect de la couche dans le bain lui a donné la mesure du degré d'ioduration du collodion, et, partant, celle de sa sensibilité, comme la couleur de cette couche, au sortir du bain, a pu lui apprendre ce qu'il avait à craindre ou à espérer de sa pureté ou des nuances dont elle est couverte. Si la couche de collodion ioduré est pafaitement pure, si elle est produite par un collodion *à point*, comme fluidité et ioduration, si elle a été impressionnée par une lumière blanche et bien répartie, l'opérateur n'a plus à s'occuper que du développement égal et sans solution de continuité de l'image latente; de sa dextérité, de sa promptitude et de sa propreté dépendra le succès de l'opération, qui sera d'autant plus complète que le photographe sera plus habile.

Pour les grandes dimensions comme pour le stéréoscope, il est bon de se servir d'une cuvette profonde, et de procéder au premier développement en plongeant la glace dans le réactif, comme elle l'a été d'abord dans le bain d'argent, et en agitant la cuvette de telle sorte que la couche soit complétement submergée pendant une demi-minute. Après cette opération, on peut relever la glace, laver l'image, et continuer à la main la venue *trop faible* de l'épreuve. Nous disons trop faible, parce qu'avec ce moyen, l'opérateur a dû nécessairement employer une solution très-faible.

Il demeure bien entendu, que tout ce que nous venons d'indiquer ne s'applique qu'au seul cas où toutes les substances étant irréprochables, on a pu traiter la glace normalement.

Il en serait tout autrement si le modèle était mal éclairé, ou manquait de lumière dans le petit troisquarts ; si la lumière elle-même était jaune ou trop faible, et si le temps de la pose eut été insuffisant. Il en serait tout autrement aussi si la couche du collodion, dans le bain, était plus près du bleu que de la couleur opale. Dans ces conditions-là, il est évident que l'image ne se compléterait pas par une solution forte, sulfate de fer ou acide pyrogallique; ce dernier, fût-il faible, pourrait bien ne pas développer les ombres. Il faut alors employer plutôt le sulfate de fer et ne se servir de l'acide pyrogallique aidé d'argent, pour renforcer l'image, que lorsque les détails dans les ombres sont déjà assez sensibles pour laisser entrevoir le complet développement de l'image à l'aide de ce réactif.

Pour mieux faire saisir la logique de ce raisonnement, faisons des suppositions inverses aux précédentes :

Le modèle était bien éclairé, le grand côté était brillant, le petit trois-quarts légèrement ombré, l'ensemble se trouvait sous un rayon blanc et harmonieux, et le temps de la pose a été relativement long. De plus, la couche de collodion dans le bain se présentait sous une belle et franche teinte opale, indice de son maximum de sensibilité. Dans tous ces cas-là, l'emploi du sulfate de fer ne conviendrait pas, puisque sa propriété bien connue est de révéler l'image avec une désespérante uniformité de ton, si le mode d'éclairement ne touche pas au clair obscur, ou si l'on veut, à la lumière rembranesque. Puisque, dans cette hypothèse, la lumière s'est, pour ainsi dire, chargée elle-même de l'impression dans les moindres replis des noirs les plus intenses, il faut absolument un révélateur énergique sans lequel le cliché aurait un ton uniformément grisâtre, où les blancs et les noirs n'offriraient aucune opposition. Les solutions d'azotate d'argent et d'acide pyrogallique doivent alors être employées dès le premier arrosage de la glace; c'est le seul moyen d'obtenir un cliché parfait comme finesse, limpidité, vigueur et oppositions.

La conséquence de tout ce qui vient d'être dit, c'est que pendant les mauvais jours, alors que la lumière est si faible qu'elle ne peut ni fouiller les ombres ni impressionner certaines couleurs, le sulfate de fer est un excellent remède à cet état de choses. Il est aussi d'une grande ressource quand, opérant dans un mauvais atelier de pose, on est obligé d'éclairer son modèle à la Rembrandt.

Par la même raison, c'est à l'acide pyrogallique, additionné de solution d'argent, qu'il faudra avoir recours si l'on veut obtenir un cliché supérieur d'un paysage ou d'une reproduction, pendant les beaux jours, à la lumière blanche et vive.

Nous n'avons tant insisté sur le mode d'emploi de ces deux agents, que parce qu'ils ont été, tour à tour, le sujet des dénigrements les plus excessifs et des engouements les plus aveugles. On a poussé cet engouement jusqu'à mettre sur des épreuves exposées : *Négatif au sulfate de fer*. Cette mauvaise plaisanterie n'est que la répétition de cette naïveté imprimée dans un journal spécial : « J'ai toujours pensé qu'on arriverait à produire des négatifs avec le sulfate de fer. » (*Lumière* du 6 mai 1854.) Cette *découverte*, qui rappelle un peu celle de la Méditerranée par le plus fécond de nos romanciers, dut faire sourire le monde des opérateurs photographes, alors que cet agent *nouveau* était déjà en usage depuis 1852. Le sulfate de fer, ainsi prôné, a eu ses détracteurs et ses enthousiastes, il a été l'objet de beaucoup de controverses et encore aujourd'hui : « Hippocrate dit *oui*, et Gallien dit *non*. » Nous avons tâché de dégager la vérité des ténèbres de la chicane et de la réclame, en mettant le sulfate de fer à sa place, c'est-à-dire en disant dans quelles circonstances il convient de l'employer, et dans quel cas il faut rigoureusement s'en abstenir.

Appréciation

Le manque absolu de règles générales d'appréciation en photographie, est souvent cause du manque de précautions, et plus souvent encore du manque de réussite. Savoir apprécier, c'est pouvoir réussir ; apprécier toujours avec justesse, c'est obtenir toujours un résultat parfait.

Que manque-t-il donc à l'opérateur initié aux manipulations, à celui surtout qui, à une bonne pratique, joint une saine théorie, une grande habileté et une adresse peu communes? Il lui manque ordinairement le sens appréciatif.

Une longue habitude de l'enseignement nous a appris qu'une personne, à laquelle une bonne éducation photographique n'a pas manqué, doit encore compléter cette éducation par l'habitude d'apprécier ; le défaut de cette habitude nous explique comment celui qui, sous les yeux du maître, a pu obtenir de superbes épreuves, n'arrive le plus souvent qu'à des résultats fort médiocres, lorsqu'il est entièrement livré à lui-même.

Nous allons essayer de porter remède à ce défaut par un résumé clair et précis des diverses opérations et des phénomènes qui ont lieu avant, pendant et après la formation des images photographiques :

Il n'y a point d'effet sans cause ; en détruisant la cause, on empêche l'effet. Nous sommes donc maîtres, dans une certaine mesure, du résultat de nos opérations ; qu'on se pénètre bien de cette vérité, et l'on sera convaincu, plus que jamais, que la photographie peut avoir sa place dans les rangs des connaissances exactes.

Les notions que l'opérateur photographe doit posséder, en chimie et en physique, ne sont pas absolument celles du chimiste et du physicien. Nous avons surtout besoin de connaître les substances dans leurs rapports avec la pratique de notre art. Il serait peut-être plus nuisible qu'utile, de se livrer à des analyses minutieuses à propos des bains, des solutions, des sels et des liqueurs dont nous avons à faire usage. Chacun sait, par son expérience ou par ses lectures, les changements qui s'opèrent dans les produits, par leur passage successif au neutre, à l'alcalin, à l'acide, etc. Chacun sait également discerner les phénomènes anormaux qui en signalent les altérations plus ou moins graves. Tout cela est un fait d'observation journalière, et ce champ d'observation est assez vaste à parcourir. Les solutions d'argent pour négatif et positif, sont certainement les plus délicates, et les plus difficiles à bien connaître. Chaque immersion d'une glace ou d'une feuille de papier, en change, ou, du moins, en modifie la constitution chimique, si bien que l'opérateur doit constamment surveiller, interroger, contrôler chaque épreuve, afin, pour ainsi dire, d'apporter le remède aussitôt que la maladie se déclare. C'est là la véritable chimie du photographe. A quoi lui serviraient les analyses?... A constater *ex professo* qu'il a un bain mauvais qu'il faut mettre aux résidus? ou que tel autre est bon, mais que le collodion ne l'est pas? Ce serait là des spéculations oiseuses et un temps fort mal employé. Mieux vaut, pour lui, d'étudier de très près les vicissitudes des bains d'argent, qui s'appauvrissent par l'usage, et contractent, en outre, des maladies plus ou moins graves, et parfois incurables, tantôt par l'effet naturel de leur durée, d'autres fois par le peu de soin qu'on a mis à les entretenir en bon état, ou par les mélanges impurs que l'inadvertance ou la malpropreté a pu leur faire subir. Les autres produits sont plus faciles à surveiller et à entretenir en bon état; cependant, la plupart s'affaiblissent par l'effet même de leur emploi, d'autres deviennent acides ou alcalins, quelques-uns doivent être rejetés aussitôt après avoir servi.

On a répété, sur la foi de quelques hommes spéciaux, qu'il y avait intérêt à pouvoir connaître, par un procédé d'analyse, la richesse ou la pauvreté, les qualités positives ou négatives des divers bains employés en photographie. Encore une fois, nous ne partageons point cette opinion. L'étude analytique, si rapide qu'elle puisse être, si simple qu'elle paraisse à ceux qui en ont donné la formule, n'en est pas moins du temps perdu, sans compter toutes les chances d'erreur dans les appréciations. Pourquoi, par exemple, s'efforcer, s'évertuer de ramener au titre *nécessaire* les solutions d'argent? Ce *nécessaire* est parfaitement superflu. N'est-il pas bien démontré que le bain négatif fonctionne on ne peut mieux entre 5 et 10 p. 0/0, et qu'on ne peut attribuer qu'à des causes étrangères les insuccès dont on l'accuse ?... Ne sait-on pas que le bain d'argent positif a une latitude de 15 à 30, pour que sa solution donne les mêmes résultats, et qu'en outre, il est à peu près *incorruptible*, et n'exige presque aucun des soins minutieux qu'il faut avoir pour le bain négatif ? Ainsi que nous l'avons dit et que l'a si bien établi M. l'abbé Laborde, la réussite parfaite du négatif est due surtout au rapport qui se trouve entre tel bain et tel collodion, que ce rapport soit accidentel ou le résultat d'une habile combinaison.

Ces appréciations sont plutôt du ressort de l'opérateur, de la justesse de sa vue, de la finesse de son tact, et surtout de son expérience, que du domaine de l'analyse chimique, toujours délicate et difficile, féconde en déboires, en déceptions, en erreurs même quand elle est mal faite, exigeant, d'ailleurs, un matériel considérable : éprouvette, burette et pipette graduées, verre à précipité, flacon *ad hoc*, etc., sans compter les calculs, que vous connaissez, sans doute, mais qui n'en demandent pas moins un temps qui peut être beaucoup mieux employé.

La méthode naturelle de l'observation constante, personnelle et immédiate, nous paraît infiniment plus sûre pour juger le mérite des bains. L'analyse chimique des bains nous paraît tout juste aussi utile, que l'emploi du régulateur à secondes fixes, pour mesurer le temps de la pose, ou l'usage du sablier pour chlorurer une feuille à point. Ce sont là des complications superflues, apportées dans un travail déjà assez compliqué par sa nature même. Encore une fois, l'œil exercé de l'observateur doit suffire; il faut lui faire, en quelque sorte, son éducation photographique, par l'habitude constante d'une observation sévère.

Quelle que soit la méthode employée pour obtenir le pyroxile, ce produit doit se dissoudre dans l'éther à 62°, faiblement alcoolisé. S'il exige une forte quantité d'alcool pour former un collodion dense, c'est qu'il est trop azotique, ce qui nuit à la ténacité et à la durée sans altération, des collodions iodurés.

Le collodion normal, provenant d'un coton soluble à quatre équivalents, est fait avec une très-petite quantité d'alcool. La pellicule qu'il forme sur la glace est parchemineuse et cohésive, d'un aspect corné, ou tout à fait incolore.

Le collodion normal, provenant d'un coton soluble à deux équivalents, fournit une couche blanchâtre, qui s'attache au verre, à l'état de poudre grisâtre.

Le collodion ioduré, qui laisse sur le cliché un *trouaillé* rendant toute épreuve impossible, provient d'un coton mal lavé, qui a retenu du sulfate de potasse.

Ce coton n'eût pas eu peut-être de si grands inconvénients, si l'opérateur, avant de le plonger dans l'éther, avait eu le soin de l'étirer, de le secouer, et d'enlever cette poussière.

Le collodion normal, qui rougit aussitôt qu'il est mélangé avec l'éther ou l'alcool ioduré, est un collodion acide, ou qui prend cette acidité des autres substances. Le collodion ioduré qui en résulte, peut cependant donner de belles épreuves, s'il n'a pas, d'ailleurs, d'autres défauts. Vouloir le corriger, ce serait, sans doute, le rendre pire. On pourrait remédier à la couleur sans remédier à sa qualité. On a conseillé, dans ce cas, l'intervention de l'ammoniaque, du cadmium ou du zinc, mais sans réfléchir que ce collodion, qui blanchit en effet, ne peut donner, par suite de la réaction inverse qui se produit, que des épreuves voilées. Il eût donc mieux valu garder le collodion acide, sauf à ne l'employer que pour le paysage ou la reproduction, qui permettent des poses plus prolongées.

Le collodion ioduré qui ne forme pas sur la glace une couche d'iodure d'argent d'une couleur parfaitement identique sur toute la superficie, et qui trace sur la lisière de la glace et près du doigt qui la soutient, une sorte de ruban de nuance plus claire, presque moirée, est un collodion qui contient un peu d'eau.

Le collodion qui se détache de la glace en pellicule, pêche par excès de densité. Cet effet peut également résulter de ce qu'il est étendu sur un verre non rodé, à arêtes vives et ondulé.

Le collodion qui, en sortant du bain d'argent, laisse voir par transparence des taches, en forme de coups de balai ou des jaspures, est un collodion qui n'a pas été fait proprement, à moins qu'il ne doive ces nuances à un bain neuf. Dans ce dernier cas, le bain doit être modifié par un iodure ou par quelques grammes de collodion ioduré.

Un bain vieux se manifeste par les tons lourds du cliché, par une couche cendrée presque noirâtre. Une solution nouvelle, à peu près de même volume que l'ancienne, suffit pour le rajeunir. Le cliché suivant devra être d'une belle transparence.

La couche du cliché, par transmission comme par réflexion, doit offrir l'aspect d'une corne mince et brillante. Mais si la lumière est mauvaise, si le temps de la pose n'a pas été suffisant, ce résultat ne saurait être obtenu. La lumière n'ayant pas eu la force de décomposer la couche d'iodure, les révélateurs n'ont pû, par leur propre énergie, amener à point les parties sombres de l'image.

Par l'addition de la solution d'argent, l'opérateur a réduit à l'état d'argent divisé, à l'état de poudre grise, cette couche qui, décomposée par une lumière blanche, fût restée nette et limpide.

Quelquefois, l'image venue péniblement à grand renfort de réactifs, disparaît au séchage ou complétement, avec la couche entière de collodion, qui se détache sous l'aspect d'une feuille de papier brûlé, ou partiellement, en se déchirant, ou encore, se découpant selon les lignes du dessin. Cet accident peut être dû à la mauvaise qualité du coton soluble, mais il résulte le plus souvent de l'action corrosive du pyrogallique uni à la solution d'argent, surtout si cet argent est acide ou provient de bains vieux. Ce qui prouve que là est véritablement la principale cause de cet effet, c'est que ce phénomène ne se produit que sur des collodions mal impressionnés ou peu sensibles, amenant des images qu'il a fallu renforcer à outrance, et jamais sur des images venues en pleine lumière directe.

Nous avons parlé ailleurs de collodions iodurés qui offraient une couche *mousselinée*, générale ou partielle, et nous en avons attribué la cause à l'imperfection du coton ou à l'emploi d'un collodion vieux. Le seul moyen de ne pas perdre de pareils collodions, est de les mêler à un collodion très-dense et tout nouveau.

Quel que soit l'iodure employé avec ou sans bromure, si la quantité est suffisante, le collodion, indépendamment de la force du bain d'argent, doit prendre en deux minutes au plus, une couleur blanche opale parfaitement franche, vu par transparence, à la lueur d'une bougie. Si cette transparence est imparfaite, c'est que l'iodure est en trop grande quantité. Un degré de plus et l'on verra, vers une des extrémités de la glace, des taches en forme de vermicelle ou des marbrures; un degré de plus encore et l'image, toute formée et développée, disparaîtra au désiodage.

Dans le cas du défaut contraire, c'est-à-dire d'un collodion blanchissant peu, bleuâtre, et laissant tamiser la lumière, il suffira pour y remédier, de prolonger la pose d'un tiers ou d'un quart, lors de la reproduction de la gravure et du paysage; on pourra ainsi arriver à de très-beaux résultats, et faire de ce défaut même une sorte de qualité.

Comme on le voit, si l'on nous a suivi attentivement, les appréciations sont très-faciles, et n'exigent aucune analyse chimique. Or, le remède ici, n'est pas plus difficile que la constatation du mal. Au collodion trop dense, ajoutez un peu d'éther; à celui qui circule trop aisément sur la glace, au collodion trop liquide, dont la pellicule n'est pas assez cohésive, ajoutez du collodion normal dense. Usez du même moyen pour celui qui vous paraît contenir de l'eau. Au collodion trop chargé d'iodure, mêlez un peu de collodion normal et d'éther. A celui, au contraire, qui est trop peu ioduré, mêlez une liqueur génératrice, quelle qu'elle soit.

Nous avons dit qu'un iodure quelconque, sans le secours d'une bromure suffisait, et que l'iodure d'argent se formait dans le bain d'après cette quantité. Un collodion préparé sans bromure peut n'en pas être moins sensible, mais il est probable que les clichés qu'il produira seront durs, et c'est pourquoi nous préférons un collodion préparé seulement à l'iodure de potassium, quand on dispose d'une grande lumière blanche, et qu'on peut craindre de *solariser*, ce qui est assez fréquent pendant les grandes chaleurs. Ce collodion est excellent pour la reproduction de la gravure, qui demande presque toujours de la vigueur, sinon même une certaine dureté.

Le bromure entrant pour à peu près un quart dans le collodion par rapport à l'iodure, désagrége un peu la couche et la rend plus perméable à la lumière et aux agents révélateurs. Une addition de bromure aux collodions les rend particulièrement propres à recevoir des impressions lumineuses, moins heurtées et plus aptes, par conséquent, à reproduire dans une fort belle harmonie de tons, les modèles rembranesques ou trop peu éclairés. Si, à ce premier moyen, vous ajoutez celui de l'emploi du sulfate de fer ou de la solution pyrogallique faible, vous pourrez amener à bonne fin telle image qui, obtenue sur un collodion sans bromure, et révélée par l'acide pyrogallique eût été inacceptable. Quel que soit le collodion, avec ou sans bromure, les agents révélateurs jouent toujours un très-grand rôle dans le développement de l'image, et sont certainement pour une bonne moitié dans la réussite. L'opérateur intelligent s'appliquera donc à les choisir selon les conditions extérieures, dans lesquelles il agit, et ne manquera pas de préférer le pyrogallique quand il possédera une belle lumière un peu trop uniforme.

Nous avions préconisé, dans notre *Traité des quatre branches de la Photographie,* un procédé qui consistait dans le mélange à grande dose de l'acide acétique au pyrogallique, dont nous n'avions pas encore reconnu tous les inconvénients. Ce procédé séduisit un auteur italien qui le copia tout au long; ce que nous avons appris par la traduction française de l'ouvrage italien. Un ouvrage tout récent exalte encore ce procédé, que l'expérience et les progrès de l'art nous ont fait depuis longtemps abandonner. L'acide acétique, comme tout acide végétal, n'agit utilement que dans de très-faibles proportions. Si pour 100 gr. d'eau et 1 gr. d'acide pyrogallique, vous mettiez un gramme d'acide citrique, l'image se développerait si lentement et avec des tons si faibles et si plats, qu'il faudrait l'abandonner. Il en serait de même si vous mettiez des doses d'acide acétique plus fortes que 3 et 4 p. 0/0; l'image viendrait sans doute mais avec lenteur, plate, grise et sans oppositions.

La solution de sulfate de fer toute pure nous a toujours donné de meilleurs résultats, que lorsqu'elle était additionnée d'acides ou d'alcool.

RÉSUMÉ

Le collodion de bonne qualité est dense et sirupeux, de couleur légèrement ambrée ; si de plus, il ne laisse pas une couche blanchâtre au verre gradué, s'il s'y attache et forme une pellicule cornée, on peut le considérer comme *très-bon*. C'est dire que lorsqu'il est trop fluide et blanchâtre, il est au moins médiocre, sinon tout à fait mauvais. Un collodion ioduré qui rougit vite, doit cette coloration rapide, soit à un coton mal lavé, soit à l'acidité de l'éther alcoolisé. Il n'y a pas de remède alors, c'est un collodion qu'il faut abandonner. On a prétendu que la vraie couleur d'un collodion parfait, était celle de l'huile d'olive; il n'en est rien. Un collodion blanc peut être à son maximum de sensibilité, alors même que cette décoloration s'est produite après la fabrication. Nous avons eu des collodions jaunes d'abord, qui, en quelques jours, prenaient la nuance de l'éther, et qui n'en donnaient pas moins de très-belles épreuves. Nous ne savons si l'on ne pourrait pas attribuer cette décoloration à l'iodure d'ammonium.

Du reste, que le collodion soit d'une couleur ambrée, rougeâtre ou incolore, il sera plus ou moins sensible, mais cette sensibilité, provoquée par le bain d'argent, indiquera à l'opérateur s'il y a lieu d'augmenter, et au besoin de doubler le temps de la pose. Le point essentiel, c'est qu'au sortir du bain, il offre une couche homogène et sans tache.

Un cliché dont la couche prend un aspect de dentelle moirée quand l'épreuve est désiodée, provient d'un collodion vieux ou peu cohésif. On peut y remédier en l'additionnant d'une moitié de collodion dense normal. Une couche *trouaillée* est l'indice d'un coton retenant une partie de la poussière du sulfate de potasse.

RÉSUMÉ

Le collodion, par lui-même, ne *fait* ni *dur*, ni *mou*, ni *plat*, ni *saillant*. Ces qualités et ces défauts sont du ressort de la *lumière*, de l'*ombre*, de la *pose*, de l'*objectif* ou de l'*agent révélateur*.

Un cliché dur peut être le fait isolé d'un collodion *peu sensible*, d'un mode d'*éclairement défectueux*, d'une *pose trop courte*, ou d'un *manque de lumière*; il résulte quelquefois de toutes ces causes réunies. C'est à l'opérateur à démêler la cause principale de ce fâcheux effet, et à choisir le révélateur le plus propre à y porter remède. Le plus sûr moyen, dans cette circonstance, c'est de développer le cliché par un réactif très-faible, pyrogallique ou mieux sulfate de fer, puis de le renforcer avec le pyrogallique additionné d'argent.

Un cliché gris, d'un ton uniforme, dont les blancs du modèle, quel que soit le révélateur employé, ne peuvent se traduire par des noirs, peut provenir d'un mauvais état du bain d'argent (voir p. 156), ou d'une lumière trop grande, ou d'une chaleur intense, ou d'un excès de pose. En pareil cas, il faut avoir recours à un réactif énergique, soit l'acide pyrogallique, 1 p. 0/0 au moins, additionné de solution d'argent.

Un cliché faible qui, sous l'influence des révélateurs ne laisse voir, par transmission, que des détails peu fouillés dans les ombres, ne peut guère être renforcé.

Le mieux serait de ne pas le désioder, et après un lavage convenable, de promener sur la couche une solution faible d'hyposulfite 6 p. 0/0, qui le fixera sans enlever l'iodure.

Une glace qui vient d'être iodurée doit être mise en œuvre avant que l'eau du bain ne soit évaporée. Autrement, et surtout en été, après quelques minutes, la partie supérieure de cette glace serait sèche, le nitrate se cristalliserait sur la couche, détruirait l'iodure et cette partie désiodurée ne serait pas impressionnée. Cet inconvénient est moins à redouter en hiver, on peut procéder plus lentement dans la mise en œuvre de la glace. On peut d'ailleurs, avoir recours à un bain au miel ou au sucre. (Voir p. 148.)

Le bain d'argent est parfois bien innocent des insuccès qu'on lui attribue. De 5 à 10 p. 0/0, le bain ne change presque rien au mode de formation de l'iodure d'argent. Jusqu'à cette limite, il se combine dans les proportions voulues par la quantité d'iodure, mais au-delà de 10, il donne lieu à divers phénomènes que nous allons examiner.

En été, lorsque sans pouvoir en expliquer la raison que par l'effet même d'une température élevée, la couche de collodion est *lourde* et *opaque*, il faut renforcer le bain, vraisemblablement faible.

A 12 ⁰/₀, après avoir produit immédiatement sur la couche une ioduration riche, d'un blanc safrané, cet iodure disparaîtrait sur les lisières de la glace; à 15 %, les lisières désiodurées se développeraient; à 20 % l'iodure d'argent disparaîtrait complétement, ne laissant sur la glace que la pellicule de collodion normal.

Après avoir ainsi donné les indications nécessaires pour faciliter l'analyse, l'appréciation et même la réalisation d'un *beau* cliché, il nous reste à faire connaître les signes caractéristiques d'un cliché *parfait*.

Un cliché parfait est celui qui réunit à une couche sans tache, à un collodion fin et diaphane, une image vigoureuse, sans dureté, avec des noirs légers un peu translucides, et non pas intenses. Quelle que soit l'étoffe dont se compose le vêtement du modèle, cette étoffe doit marquer, dans ses moindres détails de clair, de demi-teinte et d'ombre. — Nous en dirons autant de la figure. — Une opposition trop tranchée ou un excès d'uniformité, des tons crus, secs ou monotones, déparent la plus belle épreuve et doivent en faire rejeter le cliché.

Vus par transparence, et détachés sur le ciel, les blancs du modèle, noirs dans le cliché, doivent, malgré cette teinte, laisser tamiser un peu la lumière. Les grandes parties éclairées de la figure doivent paraître *presque* noires, c'est-à-dire un peu plus translucides que le noir du linge. Les noirs *parfaits*, les noirs *superbes*, comme disent quelques personnes, et qui ne laissent tamiser aucune lumière, donnent au positif une partie blanche, *crue*, dure, inadmissible, contraire à toutes les lois du dessin et de la perspective.

Si l'image n'est pas arrivée *à point*, la lumière ayant d'ailleurs assez décomposé la couche, l'opérateur peut renforcer le cliché faible, même après qu'il est désiodé et qu'il a fourni des épreuves.

Il nous est arrivé, pendant des temps de fortes chaleurs, où, malgré les plus grandes précautions, nous ne pouvions obtenir que des clichés mous, gris, d'une teinte uniforme, d'avoir recours à un moyen assez étrange, en contradiction apparente avec la théorie, et qui nous a réussi au delà de nos espérances, puisque nous en avons, par ces temps défavorables, obtenu des tons vigoureux que nous avions demandés en vain à l'agent révélateur, alors qu'il agissait sur la couche encore iodurée. Ce moyen mérite d'être connu, et nous croyons utile de l'indiquer et de l'expliquer aux opérateurs.

Il consiste à soumettre de nouveau le cliché à l'action de l'agent continuateur, alors même qu'il aurait tiré un grand nombre d'épreuves, pourvu, toutefois, que ce cliché ait été *débarrassé* complétement de toute trace d'hyposulfite, car alors il se macule de taches jaunes au renforçage. A ce sujet, nous insistons de nouveau sur cette recommandation, qu'il vaut beaucoup mieux laisser l'épreuve en deçà que de la pousser au-delà de sa *venue*. Avec un cliché trop vigoureux, il est déjà difficile d'obtenir un positif satisfaisant; mais, si le cliché est poussé trop loin, le positif sera impossible. Dans le cas, au contraire, où votre cliché est un peu faible, ce dont vous vous êtes assuré par un positif, vous pouvez aisément le renforcer par ce moyen : Mettez la glace sous un robinet de fontaine, et mouillez la couche de collodion; laissez égoutter un instant; arrosez avec un mélange égal d'acide pyrogallique et de solution d'argent, surveillez attentivement en regardant la glace par transparence et à chaque arrosage, vous verrez l'image noircir de plus en plus; vous arrêterez l'effet quand il vous conviendra, en couvrant la couche d'eau. Du reste, vous pouvez recommencer cette manœuvre indéfiniment et sans danger, jusqu'à ce que vous jugiez la force du négatif tout à fait suffisante. Mais, nous le répétons, l'action est presque instantanée, à moins que le liquide révélateur ne soit extrêmement faible; il vaut même mieux le faire un peu faible, surtout lorsque le cliché est si facile à renforcer. Ce procédé a encore cet avantage, qu'aucune tache ne se produit ni pendant ni après l'opération ; il suffit de rincer un peu la glace pour débarrasser la couche du réactif; puis on fait sécher comme à l'ordinaire. — Nous sommes heureux (1) de pouvoir indiquer ce procédé aux opérateurs car, quelles que soient l'expérience et l'habileté d'un artiste, il ne peut apprécier toujours exactement la valeur des tons à la lumière tamisée par les verres jaunes ou rouges du laboratoire, comme il pourrait le faire à la lumière artificielle. A la lumière naturelle, le cliché peut apparaître sous un jour bien différent et produire des résultats tout autres qu'on ne l'avait supposé.

L'action de l'hyposulfite à l'état concentré est aussi rapide que celle du cyanure, et elle a de plus, le très-sérieux avantage de n'être pas un poison, et de n'agir que sur l'iodure libre du cliché ; tandis que le cyanure quelque faible, d'ailleurs, que soit sa solution, peut toujours priver l'épreuve de ses demi-teintes, ou même la détruire (2).

---

(1) Nous avons publié ce procédé en 1855.

(2) Nous ne croyons pas qu'il soit bon de se servir du cyanure pour les négatifs. Nous l'employons, bien qu'à contre-cœur, pour les positifs directs, qu'il perfectionne réellement. Aussitôt après le fixage à l'hyposulfite, un lavage prolongé doit débarrasser la couche de cette

Par une température ardente, le cliché sèche assez vite. En hiver, on peut hâter cette opération en présentant le cliché devant un feu de braise. On peut le compléter en mettant sur la couche un vernis qu'on étend de la même manière que le collodion. Lorsque le vernis s'applique sur une couche froide, il *grisaille*, et gâte le négatif. Il faut pour vernir, faire chauffer la

dangereuse solution. Quand le cliché est sec, la moindre trace de ce sel produit une légère cristallisation, et si ce dépôt est plus considérable par suite d'un lavage plus incomplet, il dépose une sorte d'arborisation assez semblable aux festons de givre qui couvrent les vitres dans les temps de gelée. Quand le cliché en est là, il est perdu. Le sel est fixé de telle sorte qu'il ne peut être expulsé. A ce propos, nous n'avons pas lu sans quelqu'étonnement, l'assertion suivante dans *la Chimie photographique* :

« L'hyposulfite de soude, employé comme agent fixateur du collodion, présente un léger inconvénient ; c'est d'obliger l'opérateur à se laver les mains avec soin après chaque fixage, car il suffirait d'avoir sur les doigts quelques traces de ce réactif, pour tacher toutes les glaces que l'on préparerait ensuite. »

Nous voudrions bien savoir pourquoi l'hyposulfite de soude a eu seul les honneurs de cette dénonciation à l'attention des opérateurs, et, si le cyanure ne les méritait pas mieux que lui ? Est-ce que le cyanure est sans inconvénients ? Est-ce qu'il n'a, lui, aucune action, aucune influence sur *les glaces qu'on peut préparer ensuite?* Le cyanure est tout simplement un poison, et l'on peut alors se figurer aisément ce qui arriverait, si l'opérateur, ne se croyant pas dans l'obligation de *se laver les mains avec soin après chaque fixage*, se frottait, par hasard, les yeux ou les lèvres, ou une muqueuse quelconque, après s'en être servi. Cette fois, ce ne serait pas l'opération, mais l'opérateur, lui-même, qui serait compromis dans sa santé, sinon dans son existence.

glace à 30 ou 40°, et la main tenir près du feu pendant quelques minutes.

Si, après avoir fait chauffer un vieux cliché humide, il se produit une buée, et qu'on s'avise de vernir en ce moment, ce cliché est perdu (1).

Le vernis est la condition *sine quâ non* de la conservation du cliché, dont la couche trop fragile ne résisterait pas longtemps à la pression fréquente du châssis, et encore moins au contact du papier albuminé, sans cet enduit protecteur. C'est cependant, comme malgré nous que nous recommandons l'emploi du vernis, dont nous reconnaissons bien aussi tous les inconvénients. Il serait bien désirable qu'on trouvât le moyen de s'en affranchir. Il agit d'une façon déplorable sur les noirs du cliché, auxquels il donne cette uniformité qui caractérise les épreuves obtenues au moyen du sulfate de fer, déjà si pauvres en lumières.

Quelques auteurs ont conseillé l'emploi de l'albumine, de la gomme ou de la gélatine, et même de la dextrine, sans prendre garde que ces diverses solutions avaient les mêmes inconvénients que le vernis, mais non les mêmes qualités de conserva-

---

(1) Quelques opérateurs peu prudents font sécher leurs clichés à la flamme d'une lampe : ce moyen est parfait pour casser la glace.

tion. Toutes ces substances donnent de la translucidité aux noirs de l'épreuve autant que le vernis, et changent ainsi en demi-teintes les lumières vives. De plus, leur nature hygrométrique les dispose le plus souvent à faire corps avec le positif, en enlevant la couche, ou en la cassant sous l'influence d'une chaleur de 60°. Le vernis, au contraire, reste inaltérable par une chaleur intense comme par les plus mauvais temps d'humidité. Si le vernis a l'inconvénient de rendre plate une belle épreuve négative, venue à point et pleine de relief, il a, par cela même, l'avantage d'améliorer un cliché trop dur et trop vigoureux, en rendant translucides et perméables à la lumière, des parties opaques qui se seraient traduites par un *blanc pur* et qui, grâce à lui, viendront en demi-teintes plus harmonieuses. Il serait même prudent de faire les clichés un peu durs, dans la prévision des effets photogéniques du vernis.

COTON AZOTIQUE OU COTON SOLUBLE

(PYROXILE)

Préparation pour le Collodion (1)

Sous le manteau d'une cheminée de laboratoire, ou en plein air, mettez dans un vase en porcelaine ou de verre :

    Acide sulfurique pur à 66° Bé. 3 parties.
    Azotate de potasse desséché... 1 —

(1) La formule que nous donnons ci-après doit donner toujours un excellent résultat, et nous en obtenons constamment du coton azotique parfaitement soluble. Nous croyons cependant devoir prévenir le préparateur que le succès dépend le plus souvent de l'acide sulfurique ; un acide impur donnera toujours de mauvais résultats. Malheureusement, les caractères d'un acide impur sont difficiles à constater ; l'aspect, la densité, peuvent ne différer en rien de l'aspect et de la densité de l'acide pur. Ce qu'il y a de mieux à faire, c'est de rejeter celui qui a donné des résultats négatifs et de s'en procurer d'une autre provenance. Il est probable que la mauvaise qualité de l'acide tient à un vice de préparation, car certaines fabriques fournissent ce produit constamment mauvais.

Remuez avec un agitateur en verre, de manière à bien mélanger; laissez tomber la température à 60° et plongez par pincées, dans ce mélange, du coton *en cardes* pur et sec, autant que le liquide pourra en mouiller, plutôt moins que plus, complétez l'immersion avec l'agitateur, et laissez en repos pendant dix minutes (1).

Lavez alors, en vous servant de l'agitateur, avec de l'eau distillée, souvent renouvelée, laissez même tremper le coton, pendant douze heures, dans l'eau pure, lavez enfin jusqu'à ce que le liquide ne présente plus de réaction sur le tournesol, et terminez en pressant le coton dans du papier buvard; faites sécher à l'abri de la poussière.

Pour obtenir ce produit entièrement soluble, il est indispensable que le coton soit trempé dans le mélange au moment même où l'acide sulfurique, en contact avec l'azotate de potasse, forme du sulfate de potasse,

---

(1) On peut aussi employer la formule suivante :

Acide nitrique à 45° Bé	150
Acide sulfurique à 66° Bé	300
Eau	100

Ou bien encore :

Acide sulfurique	500
Acide nitrique	200

et laisse libre l'acide azotique, puisque c'est ce dernier acide qui doit être fixé par le coton.

En effet :

Acide sulfurique....	SO^3, HO
Azotate de potasse...	KO, AzO^5
donnent $KO, SO^3, HO.$	$+ \quad AzO^5$
Sulfate de potasse.	Acide azotique.

Alors le coton se trouve en contact immédiat avec l'acide azotique libre, et forme un nouveau composé de cellulose *coton* ($C^{12}H^{10}O^{10}$) et d'acide azotique (AzO^5), qui peut être représenté par la formule suivante :

$$C^{24}H^{17}O^{17}, 5AzO^5.$$

Manière de faire le Collodion normal

Mettez dans un flacon :

Ether à 62.............	100 gr.
Coton soluble	3 gr.

Agitez, et attendez que l'éther ait pénétré les fibrines. Ajoutez, peu à peu, de l'alcool à 40°, toujours en agitant et jusqu'à ce que la dissolution soit complète. Si le coton est bien *réussi*, il suffira d'une légère addition d'alcool; dans le cas contraire, elle devra être plus considérable, et pourra donner une qualité acide au collodion. La quantité de 3 grammes de coton soluble n'est utile qu'autant que l'on veut faire provision de collodion normal, sauf à l'additionner d'éther, et à l'iodurer, quand on voudra en faire usage; mais si l'on fait du collodion ioduré avec le coton soluble et les substances génératrices, 1 1/2 p. 0/0 de coton suffit pour obtenir un collodion parchemineux propre à être transporté sur toile ou sur papier.

Préparation des liqueurs génératrices

Première formule.

Broyez avec soin dans un mortier en verre ou en porcelaine :

Iodure de potassium...... 5 gr.
Alcool à 36°............ 100

Agitez à plusieurs reprises, pendant quelques heures; puis, laissez déposer, et filtrez en décantant.

Deuxième formule.

Broyez également, comme dans la formule précédente :

   Iodure de potassium......   4 gr.
   Iodure d'ammoniaque.....   1
   Brômure de cadmium.....   2
   Alcool à 36°............. 100

Agitez, filtrez, etc., comme ci-dessus.

Troisième formule.

   Iodure de cadmium.......   4 gr.
   id.   d'ammoniaque.....   3
   Brômure de   id.........   2
   Alcool à 36°............ 100
   Éther..................   50

Opérez comme précédemment.

Liqueurs conservatrices pour les générateurs

COLLODION SEC — HYDROMÉLITE

Faites dissoudre, à chaud, dans un vase neuf :

   Miel blanc............... 100 gr.
   Eau distillée............ 300

Enlevez l'écume et ajoutez à cette solution, quand elle est bien faite :

   Alcool de vin.......... 25 gr.

Et filtrez.

Elle peut se conserver pendant des mois entiers.

Préparation de l'Albumine

POUR LE PROCÉDÉ TAUPENOT

Mettez dans un vase profond :

Glaire d'œufs frais soigneusement séparée du germe et du jaune, soit, de 4 œufs pour. 100 gr. (1)
Eau distillée......................... 25
Iodure d'ammoniaque.................. 1   25

Battez cette glaire comme pour faire des *œufs à la neige*, c'est-à-dire jusqu'à ce qu'elle ait acquis un certain degré de consistance. Laissez déposer pendant 24 heures, puis filtrez ou décantez avec soin.

Solution de tannin.

Eau distillée............ 1,000 gr.
Tannin   30

Laissez déposer et filtrez. Cette solution se conserve; mais il ne faut pas mêler à la quantité dont vous n'avez pas encore fait usage, celle qui a déjà servi.

(1) Chaque blanc pèse, en moyenne, 25 ou 30 gr. On peut donc se dispenser de peser. — L'ioduration n'est pas rigoureusement nécessaire.

Préparation du collodion ioduré

Nous pourrions multiplier indéfiniment les formules des liqueurs génératrices. Nous n'aurions que l'embarras du choix. Tous les iodures et tous les brômures, sans distinction, aboutissant aux mêmes résultats, il ne s'agit, quelle que soit la composition de la liqueur génératrice, que de la mêler, dans des proportions plus ou moins grandes, au collodion, pour obtenir une ioduration très-efficace.

COLLODION IODURÉ, D'APRÈS LA PREMIÈRE FORMULE :

Collodion normal.........	40 c. cubes (1)
Ether...................	40
Alcool ioduré...........	20

Agitez ce mélange, le collodion aura bientôt une

---

(1) Pour abréger les opérations on se sert d'éprouvettes ou verres gradués dont chaque division correspond à un centimètre cube. Ce procédé est fort commode pour les liquides, car il est beaucoup plus facile de les mesurer que de les peser.

L'on doit avoir trois verres gradués : l'un destiné à l'eau distillée, l'autre pour mesurer l'alcool ioduré, l'éther et le collodion ; le dernier, plus petit, est réservé à l'acide acétique.

En remplaçant la pesée des liquides par des déterminations en volume, nous avons tenu compte de la différence qui existe entre les poids des divers liquides.

Le gramme d'eau distillée correspond seul exactement à un centi-

belle couleur d'huile d'olive, indice de son excellente qualité. Quelques heures après, il y aura combinaison et dépôt ; filtrez alors, en décantant.

Ce collodion, ayant particulièrement la propriété de donner des épreuves un peu dures, est excellent pour les jours lumineux, ou lorsqu'il s'agit de reproduire des objets dont les tons sont uniformes, tels que gravures, lithographies, dessins, ou paysages sans verdure.

Ce collodion rougissant assez vite, et perdant de sa sensibilité, il convient de le préparer par petites quantités.

Encore une fois, nous n'avons pas la prétention de tracer, en pareille matière, des lois rigoureuses. Tel opérateur réussit bien avec un collodion très-dense, tel autre le préfère très-fluide. Les divers travaux auxquels ces collodions sont destinés doivent, d'ailleurs, motiver ces préférences. Quant à l'ioduration, elle doit être moindre si le collodion est destiné au paysage, et plus forte, s'il doit être appliqué au portrait.

---

mètre cube, et nous pouvons dire indistinctement : un gramme ou un centimètre cube d'eau. On ne peut pas dire la même chose de l'éther, du mercure, etc., dont les poids spécifiques diffèrent énormément du poids de l'eau distillée.

COLLODION IODURÉ, SUIVANT LA DEUXIÈME FORMULE :

Collodion normal........ 40 c. cubes.
Ether à 62°............. 40
Alcool ioduré........... 20

Même prescription que pour la formule précédente.

Au moment du mélange, ce collodion prend un aspect laiteux. On ne doit filtrer qu'après avoir laissé reposer pendant 24 heures. Il est excellent pour le portrait, et se conserve très-longtemps.

COLLODION IODURÉ, SUIVANT LA TROISIÈME FORMULE :

Collodion normal dense ... 30 c. cubes.
Ether à 62°............. 30
Alcool ioduré........... 30

Mêmes indications que ci-dessus.

Ce collodion se maintient très-limpide au moment du mélange, et peut être employé quelques minutes après, même sans être filtré, si, toutefois, les matières premières étaient pures ; mais il est toujours mieux de laisser déposer et filtrer.

COLLODION A L'ÉTHER IODURÉ, SUIVANT NOTRE FORMULE RÉSERVÉE.

Le collodion à l'éther ioduré est, sans contredit, le plus stable dans ses excellents résultats. Des expériences comparatives nous ont prouvé la supériorité de l'éther ioduré sur tous les alcoolats, quel que soit, d'ailleurs, l'iodure employé. Aujourd'hui surtout que l'alcool de betterave a pris la place de l'esprit de vin, le collodion préparé à l'alcool ne peut rester neutre; il rougit bientôt, et se décompose sous l'action des acides sorbique, malique, etc., que renferment les alcools de fécules.

	Centim. cubes.
Collodion normal	30
Éther à 62°	30
Éther ioduré	30

Il y a lieu de faire ici les mêmes remarques que pour les précédentes formules.

La température influant sur les liqueurs génératrices, ce dosage ne peut être considéré comme rigoureux. On pourra, si l'on destine le collodion à des positifs directs, diminuer la quantité d'éther ioduré, afin que le collodion, moins sensible, soit dans les conditions voulues pour ce genre d'épreuves.

Le bain d'argent n'a pas à redouter la différence des bases des iodures divers qui sont entrés dans la composition des collodions qu'il a sensibilisés.

L'opérateur peut donc passer impunément d'un collodion à un autre, sans être obligé de changer son bain d'argent.

On peut également faire du collodion ioduré sans avoir recours aux solutions déjà faites en introduisant dans un flacon les substances suivantes :

    Coton soluble............ 1 gr. ou 1 1/2
    Ether.................. 60 c. cubes.
    Alcool à 40°............ 40 —
    Iodure de cadmium....... 1 gr.
    Brômure de id.......... 1/2

Agitez, et laissez déposer. Filtrez seulement 24 heures après.

Quant aux moyens d'obtenir une fluidité convenable et une ioduration à point, comme il est impossible de déterminer au juste le titre plus ou moins élevé de l'alcool et de l'éther, et la qualité plus ou moins soluble du coton, il faut, plus encore que lorsqu'il procède par les solutions, que l'opérateur agisse avec intelligence, en tenant compte de toutes ces particularités.

En réponse à ceux qui s'imaginent que la qualité du collodion dépend du nombre des iodures employés à son ioduration, nous présentons une cinquième formule, que nous avons souvent employée, et qui, si elle ne surpasse point les précédentes, leur est au moins égale, et mérite, à tous égards, d'avoir sa place dans une nomenclature sérieuse et complète de tous les procédés utiles.

Ether à 62°...............	100 c. cubes.
Alcool à 40°..............	100
Coton soluble.............	2 gr. 1/2
Iodure d'ammoniaque.....	2
id. de cadmium.......	1
id. de zinc...........	1
Brômure de cadmium.... id. d'ammoniaque..	1

Agitez ce mélange, et laissez reposer 2 ou 3 jours; puis, filtrez. Ce collodion se conserve en bon état pendant plusieurs mois.

Les collodions provenant des diverses formules que nous venons de donner, sont également propres à la photographie paysagère, c'est-à-dire à celle qui, ayant lieu loin du laboratoire, demande une mise en œuvre toute particulière, et une modification spéciale dans l'état de l'iodure. Les divers procédés employés pour obtenir de bons résultats dans ces conditions, sont appelés photographie au collodion sec, quoique, dans le nombre, il y en ait quelques-uns qui ne justifient pas cette appellation.

Les trois procédés de ce genre qui nous semblent jusqu'ici mériter la préférence, sont : l'hydromélite, le procédé Taupenot et le tannin. Les autres ne sont que des modifications plus ou moins malheureuses, qui, au lieu de perfectionner la grande question du collodion sec, ne sont que des embarras nouveaux pour l'opérateur.

Certains auteurs ont proposé jusqu'à dix variantes du procédé Taupenot seulement, croyant sans doute par là, exciter l'émulation des opérateurs, et les engager dans cette voie.

Nous croyons fermement qu'il n'y a rien à ajouter ni à retrancher au procédé de ce savant photographe. C'est bien en pure perte que nous avons essayé, pour en avoir le cœur net, les modifications qui pleuvaient à une certaine époque, et qu'on a eu le grand tort de recueillir, et le tort plus grand de publier et même de ecommander. La plus singulière de toutes est celle-ci, que nous donnons comme échantillon de ses concurrentes :

Gélatine dissoute au bain-marie, iodurée, brômurée, *filtrée, maintenue* chaude, et servant à laver une glace recouverte de collodion non ioduré. Après avoir laissé sécher cette glace, à l'abri de la poussière, et nettoyé l'envers, la sensibiliser, laver, sécher, etc..... Suivent les indications données pour le développement de l'image. On a seulement négligé de dire si l'épreuve avait réussi. C'est un détail.

Quand un collodion est dans toutes les conditions et selon toutes les lois de la photogénie, il donne d'aussi bons résultats à l'état sec qu'à l'état humide. Il n'y a donc pas lieu, pour nous, à cet article des collodions iodurés, de donner la formule d'un collodion spécial. Le manuel opératoire fera connaître *in extenso* la méthode à suivre pour les procédés Taupenot, à l'hydromélite et au tannin.

Bain d'argent négatif

Eau distillée............ 100 gr.
Nitrate d'argent.......... 6

Laissez dissoudre, et ajoutez ensuite, 5 grammes à peu près de collodion ioduré (1).

Chaque fois que vous aurez sensibilisé une dizaine de glaces normales, ajoutez à ce bain environ :

50 grammes d'eau
Et 3 1/2 d'azotate d'argent.

de telle sorte que vous ayez toujours dans votre cu-

---

(1) L'addition du collodion dans le bain d'argent a pour but de lui donner immédiatement les qualités qu'il ne pourrait acquérir qu'après la sensibilisation de sept à huit glaces. Un bain neuf, un bain neutre, donnent quelquefois un cliché voilé, noirâtre; mais, quelquefois aussi, le bain neuf donne un résultat superbe. On peut donc se dispenser d'abord de l'addition du collodion, on y aura recours si le bain ne fonctionne pas régulièrement.

vette une assez grande quantité de liquide pour couvrir constamment la glace, alors même que vous ne l'agiteriez pas. On peut tout aussi bien employer le nitrate cristallisé que le nitrate fondu.

Bain pour le positif direct

Eau distillée............	100 gr.
Azotate d'argent..........	10
Iodure d'ammoniaque.....	1

L'eau de source ordinaire peut être employée à défaut d'eau distillée, pourvu, toutefois, que cette eau soit pure et non calcaire. Si elle contient quelques chlorures, et que la solution blanchisse, on filtre de nouveau. Avec cette précaution, on n'a rien à craindre pour les opérations ultérieures; on en est quitte pour la perte d'un gramme environ de nitrate d'argent précipité à l'état de chlorure d'argent.

Agents révélateurs

Sulfate de protoxide de fer.	5 gr.
Eau distillée............	100

Cette solution ne varie pas dans ses résultats entre 3 et 10 p. % nous regardons comme un progrès l'emploi de ce réactif sans acide végétal ou minéral. L'addition des acides et de l'alcool donne presque toujours quelques taches, que la solution simple ne produit jamais.

Le sel ferrugineux de Curmer, réduit en poudre impalpable, remplace avantageusement le sulfate de fer. Il doit aussi être employé sans mélange d'acides. La solution se trouble d'abord, mais en moins d'un quart d'heure elle devient claire, et peut servir sans être filtrée.

La proportion est de :

Eau .... 1,000 gr.
Sel ferrugineux......... 40

Il est inutile d'ajouter une solution d'argent à ces réactifs; ils amènent très-rarement l'épreuve à point; il vaut mieux continuer le développement à l'acide pyrogallique et au nitrate d'argent. Lorsqu'on opère dans les jours sombres ou dans de mauvaises conditions de lumière, ces solutions sont préférables à l'acide pyrogallique.

SOLUTION D'ACIDE PYROGALLIQUE

Eau..................... 100 gr. ⎫
Acide pyrogallique........ 1 gr. ⎬ 1re solution.
Acide acétique .... 3 c. c. ⎭

Ce dosage constitue une solution véritablement normale, puisqu'il convient également pour les jours chauds et pour les jours tempérés; pendant l'hiver, il suffit de l'addition d'eau, en quantité égale, au moment de l'employer.

SOLUTION FAIBLE D'AZOTATE D'ARGENT

Eau distillée............ 100 gr. ⎫ 2ᵉ solution.
Azotate d'argent......... 3 ⎭

Cette seconde solution sert à faire un mélange avec la première, soit que l'on ait commencé à développer l'image au sulfate de fer, ou, qu'ayant rejeté le premier liquide, on reprenne une seconde dose de ce réactif. L'image ne se révélant pas sans le secours du nitrate d'argent, il est indispensable d'en ajouter à cette seconde reprise.

AGENTS DÉSIODANTS, FIXATEURS

Hyposulfite de soude...... 50 gr.
Eau ordinaire 100

Cette solution, à l'état de saturation, enlève l'iodure libre de l'épreuve d'une manière aussi complète et aussi vivement que la solution de cyanure; elle a, de plus, l'avantage de ne faire courir aucun danger ni au cliché ni à l'opérateur.

AUTRE DÉSIODANT

Cyanure de potassium .... 4 gr.
Eau ordinaire........... 100

Nous ne mentionnons cette solution que pour la signaler comme très-pernicieuse à la santé des opérateurs qui en font usage pour désiodurer. Nous aimerions à la voir proscrite des laboratoires, comme étant un toxique des plus dangereux. Elle n'est préférable à l'hyposulfite, que dans le procédé positif sur verre : son énergie dépouille plus vivement et donne plus de transparence en donnant plus d'éclat aux lumières; mais on fera bien de s'efforcer d'obtenir les mêmes résultats par d'autres procédés, et de s'abstenir d'une substance qui, par la moindre négligence, peut mettre la vie en danger.

DES VERNIS

Il n'y a qu'un vernis pour les clichés, c'est celui que fournit la maison Sœhnée. Tous les autres, au copal, à la benzine, etc., sont des vernis trop gras ou trop secs, qui se fendillent ou se collent aux papiers, si bien qu'on pourrait les appeler, par antithèse, des *vernis destructeurs.*

Les vernis au benjoin et les vernis à l'ambre sont, évidemment, les meilleurs. Quelques-uns de ces vernis sont connus sous le nom de *vernis à froid,* parce qu'il en est, en effet, parmi eux, qui peuvent être employés à la température ordinaire ; mais, depuis longtemps déjà, les vernis qui se trouvent dans le commerce demandent à être étendus sur un cliché un peu chaud.

Si l'opérateur ne peut parvenir à se procurer du bon vernis blanc pour négatif, il pourra tenter d'en fabriquer lui-même, dans les conditions suivantes :

Benjoin.................... 12 gr.
Alcool à 40°.............. 100

Ce dosage, qui n'a rien d'absolument rigoureux, donne de bons résultats.

Voici encore une autre formule de vernis :

Alcool à 40°.............. 100 gr.
Gomme-laque blanche..... 15
Essence de lavande....... 15

Filtrez.

Bitume pulvérisé......... 30 gr.
Cire..................... 4
Benzine.................. 100
Noir de fumée............ 1

Faire dissoudre.

Ce dernier vernis peut être employé pour les positifs

directs sur verre; mais le vernis blanc vaut mieux, d'abord pour protéger l'épreuve, et, ensuite, pour la rendre apte à recevoir du papier, ou toute autre substance de couleur noire. Il verdit moins l'épreuve et permet de la colorier.

NÉGATIF

MANUEL OPÉRATOIRE

GÉNÉRALITÉS.

La glace peut être décapée de plusieurs manières. Si elle n'a point encore servi, l'ammoniaque pure est le liquide le plus convenable au décapage : si c'est une glace en service et qu'il s'agit de nettoyer, l'acide azotique pur ou faiblement mouillé sera préférable.

Dans le premier cas, un tampon de linge propre, imbibé d'ammoniaque, et promené sur la surface de la glace jusqu'à ce que tout aspect graisseux ait disparu, doit suffire ; on termine l'opération en frottant avec un nouveau tampon sec et propre, exclusivement destiné à cet usage ; la vapeur de l'haleine condensée sur la glace devra offrir une couche homogène d'un gris perle, sans taches ni rayures. L'opération est la même dans le second cas, si ce n'est qu'il faut d'abord que la glace ait subi un premier lavage à l'acide, et un second à l'eau, avant d'être traitée à l'ammoniaque.

Si la glace est mal décapée, et qu'elle accuse quelques taches produites par la buée, il devient inutile de continuer le séchage ; il faut reprendre le tampon mouillé d'ammoniaque, et décaper de nouveau.

Les glaces parfaitement décapées et séchées, enfermées dans une boîte, se conservent pendant plusieurs jours sans altération. Elles finissent, cependant, par se charger d'un limon atmosphérique, d'une espèce de corps gras ; il faut alors les décaper de nouveau. On peut aussi employer le blanc de craie Lévigé, et la peau de daim, — la peau de daim surtout, qui, après le décapage, donne un poli parfait à la glace. On peut employer le verre blanc, et c'est une grande économie, mais le polissage devient alors fort difficile, et si ce verre n'est pas rodé, le collodion abandonne souvent son support, parce qu'il a rencontré un angle vif et n'a pu se replier, pour ainsi dire, sur l'épaisseur.

PREMIÈRE OPÉRATION.

DÉCAPER LA GLACE.

La glace neuve ou en service doit être lavée d'abord à grande eau, puis posée de champ sur une feuille de papier buvard. Lorsqu'elle est sèche, prenez un chiffon propre imbibé d'alcool ou d'ammoniaque et frottez-en également les deux côtés, puis essuyez fortement les épaisseurs de la glace, mettez-la sur la planchette. Tamisez un peu de craie sur la glace, mouillez un autre chiffon avec de l'alcool, et promenez-le pendant une minute sur cette face ; laissez sécher. Lorsque la craie étendue sur la glace est sèche, prenez le tampon n° 1, frottez la glace assez vivement; prenez le tampon n° 2, et frottez de nouveau. Puis, enfin, avec un chiffon sec et propre, frottez légèrement afin d'enlever les dernières poussières produites par la craie; quatre ou cinq minutes suffisent pour rendre parfaitement propre la glace la plus difficile. — On peut se dispenser d'ammoniaque, et nous pensons qu'on peut, avec de l'alcool, de l'eau pure même, à défaut d'autre substance, obtenir une pureté complète.

Lorsque le tampon n° 1 manque de craie, il faut en tamiser sur la glace et la tamponner, afin que le blanc puisse sécher la glace; le tampon n° 2 doit être à peu près sans blanc; on doit terminer avec la peau.

L'opération du polissage de la glace, quoique secondaire, a cependant son importance, puisque la sécheresse et la pureté de la glace sont une des conditions essentielles du succès.

Les clichés vernis doivent, avant tout, être débarrassés avec quelques gouttes d'ammoniaque pure. Il suffit d'appliquer deux glaces l'une sur l'autre, pendant quelques minutes, pour que l'ammoniaque produise tout son effet.

Le laboratoire doit être entièrement privé de lumière, ou éclairé seulement par un verre anti-photogénique ou par une bougie (1).

Objets et substances qui doivent garnir la planche du laboratoire, en commençant par la droite :

La boîte à glaces, sur une grande étagère, à 0,95 du sol;

---

(1) Nous avons dit pourquoi nous préférons la lumière artificielle. La flamme d'une bougie ne nuit pas à l'opération, et l'opérateur la dirige, à son gré, sur tous les points particuliers qu'il veut surveiller; cela vaut beaucoup mieux que la lumière naturelle modifiée et rendue fauve et fausse, pour ainsi dire, en passant à travers les vitres jaunes qui plongent tous les objets dans la même couleur. Seulement, en se servant d'une bougie, l'opérateur doit être prudent, et se tenir loin de la lumière, en collodionnant.

Le collodion, ⎫ sur une planche étagère à 1 50
Le crochet et le pinceau, ⎭ du sol.

Un peu à gauche, *la cuvette à bain,* sur la planche étagère à 0 95 du sol ;

A gauche de la cuvette, *le chassis porte-glaces ;*

A gauche du chassis, *la fontaine à laver*, dans l'angle formé par la rencontre des deux murs ;

Sous la fontaine, *un baquet*, plus bas que la planche ;

Dans ce baquet, *un pot en gutta-percha* pour l'hyposulfite ;

A gauche, et en retour d'équerre, *une planche-égouttoir*, pour recevoir les clichés à sécher.

Le vase à pyrogallique se met dans un endroit réservé, à côté de la fontaine, et au-dessus du châssis, avec les réactifs, sur une étagère étroite, à 30 centimètres environ au-dessus de celle qui supporte la cuvette. Celle-ci peut contenir aussi les flacons de bains, les entonnoirs, du papier buvard et du papier Joseph.

Cette disposition matérielle n'a rien d'arbitraire ; elle résulte des besoins successifs de l'opérateur, et l'expérience seule peut la déterminer.

Avant de procéder à la deuxième opération, disposez tous les objets nécessaires à la production du négatif.

Filtrez le bain d'argent dans la cuvette; préparez le papier buvard ; décapez le vase à bec avec de l'acide nitrique, ou, au moins, lavez-le très-proprement ; en un mot, ayez sous la main tout ce qui doit concourir à la prompte et facile exécution du cliché.

Donnez la première direction à la chambre; agencez les rideaux, disposez les ombres et placez le modèle.

DEUXIÈME OPÉRATION

COLLODIONNER LA GLACE ET LA SENSIBILISER

Prenez horizontalement l'angle gauche de la glace avec la main gauche (1); enlevez la poussière avec le pinceau, versez le collodion, en petit filet continu, sur l'angle opposé et à 3 centimètres des bords; faites, en même temps, un léger mouvement de la main gauche, pour attirer le collodion, d'abord, vers le corps, puis, vers le pouce, mais sans qu'il vienne le toucher, et, enfin, vers la tranche gauche de la glace jusqu'à l'angle opposé, pour le rejeter vers l'angle droit. Présentez le flacon sous cet angle et recevez le collodion en excès. La main gauche ne doit point précipiter le collodion, mais seulement lui imprimer régulièrement la pente nécessaire, sous peine d'avoir une couche moutonnée.

(1) Il arrive assez souvent que l'opérateur a la main moite, si bien que ses doigts produisent une sorte de buée sur la glace, ce qui ne manque pas d'y faire une tache; il faut alors qu'il la saisisse avec le pince-glace que nous avons fait établir en vue de remédier à cet inconvénient. Cet instrument est surtout utile, sinon indispensable, quand il s'agit de collodionner les 1/4, et, plus particulièrement encore, les stéréoscopes, dont on ne peut négliger les angles.

Pour éviter les rides, il suffit, aussitôt que le collodion a cessé de couler, de changer la position de la glace ; si, par exemple, le collodion prenait son issue par l'angle droit, et que, pendant que tombe la dernière goutte, la main qui tient la glace ne l'inclinât pas sur la tranche gauche, vous auriez des rides diagonales, de gauche à droite ; si vous avez posé cette tranche sur du papier buvard, qu'elle mouille d'abord, vous pourrez la plonger dans le bain lorsqu'elle ne fera plus de tache sur ce papier. En été, cette opération doit être faite rapidement, afin que la couche de collodion n'arrive point trop sèche dans le bain ; mais en hiver, il ne faut pas trop se presser : l'air saturé d'humidité ne permettant pas au collodion de sécher aussi vite, le côté de la glace par lequel le collodion a pris son issue étant plus humide, il y aurait alors une formation d'iodure d'argent anormal, et une tache s'étendrait jusqu'au quart de la glace.

La glace doit être plongée dans le bain, de telle sorte que le collodion soit en dessus. Pour obtenir cet effet, soulevez la cuvette avec la main gauche, posez la glace sur le haut, en la soutenant du doigt près du liquide, et laissez-la tomber en amenant le bain dans une situation horizontale, et assez vivement pour que le collodion soit couvert instantanément. Le liquide doit submerger entièrement la glace ; autrement, tous les points laissés à nu par le bain seraient couverts de taches qu'on peut appeler *truitées*.

Imprimez un léger mouvement à la cuvette, afin que la nappe liquide, passant et repassant sur le collodion, lui enlève son aspect huileux. Le bain doit être au moins de une à deux minutes ; on peut le prolonger sans inconvénient, mais, dans tous les cas, la solution d'argent doit adhérer complétement à la couche, qui doit perdre entièrement son aspect huileux.

Soulevez la glace avec un crochet, appliquez un petit carré de papier buvard sur l'angle qui est sans collodion, prenez-la par cet angle, laissez tomber les premières gouttes ; mettez la glace, humide encore, dans le châssis, couvrez-la d'une feuille de papier buvard, et apportez-la dans la chambre noire ; mettez l'obturateur, enlevez le volet, puis l'obturateur ; faites poser quelques minutes.

TROISIÈME OPÉRATION

EXPOSITION DANS LA CHAMBRE NOIRE

PRESCRIPTION

L'on ne pourrait déterminer que très-arbitrairement le temps de la pose ; nous devons donc nous borner, à cet égard, à quelques indications au moyen desquelles l'opérateur intelligent parviendra bientôt à discerner la durée relative qu'il convient de donner à ses différentes opérations. Qu'on se rappelle seulement que l'image négative sur collodion se solarise difficilement et que, par conséquent, il vaut mieux prolonger le temps de la pose que de trop l'abréger.

Essayons pourtant de préciser et de résumer nos observations à ce sujet, observations qu'une longue expérience nous a permis de poser à l'état de règles pratiques. En pleine lumière directe, avec un objectif à portrait, on peut obtenir instantanément tous les objets à grande distance : mer houleuse, vaisseaux agités, troupes en marche, processions, etc.; avec l'objectif à paysage et diaphragmé, l'on doit, pour saisir les ciels nuageux, opérer instantanément.

En rapprochant les distances, mais toujours en pleine lumière, on peut aussi obtenir instantanément un portrait de quelques centimètres de hauteur, tandis qu'il ne faut pas moins de 2 à 4 secondes pour un portrait sur grande plaque normale, dans les mêmes conditions de lumière. Un monument blanc ou de couleur claire se reproduit en 25 ou 30 secondes avec l'objectif simple; le paysage vert en demande 50 ou 90; la gravure et les reproductions exigent de

5 à 10 minutes de pose, et parfois davantage, suivant la distance de l'objectif au sujet. Du reste, la couche sensible est d'autant plus rapidement impressionnée, que l'on opère à une plus grande distance du sujet, et elle l'est d'autant plus fortement, que le sujet est plus lumineux.

Essayons de mieux préciser encore et de déterminer les lois qui régissent l'art photographique appliqué à la reproduction des monuments, des paysages, des gravures et des tableaux.

Lorsqu'il s'agit de reproduire un paysage, le foyer doit être mis sur le point le plus intéressant de ce paysage, de façon à en faire, en quelque sorte, le point central, autour duquel tous les autres détails viendront se grouper, comme dans une œuvre d'art. La direction du foyer peut ainsi modifier les plans naturels, qui ne sont pas toujours les plus avantageux : une tour, une église, un monument historique, pourraient être éclipsés, ou, du moins, relégués dans les plans secondaires par un fouillis d'arbres ou de toitures qui doivent faire partie de la reproduction. La direction bien entendue du foyer devra remettre, pour ainsi dire, chaque chose à sa place, suivant son degré réel d'importance et de beauté. C'est pourquoi, il est bon qu'il y ait toujours un peu de l'artiste dans le photographe, qui n'est pas du tout, comme on le croit vulgairement, un reproducteur mécanique et servile.

Sans préciser absolument les heures du jour auxquelles il convient de se livrer aux reproductions, d'autant plus qu'on n'est pas toujours libre de les choisir, nous dirons pourtant qu'on fera bien, si la chose est possible, de prendre un jour blanc sans soleil; ou bien, si la position le permet, l'heure à laquelle le soleil éclairera de face ou obliquement le paysage à reproduire.

Pour la reproduction d'un tableau ou d'un dessin, il faut avoir le soin de placer le cadre parallèle à la chambre, sous peine de voir, sur le verre dépoli, un trapézoïde au lieu d'un parallélogramme. Ce défaut de parallélisme peut provenir aussi ou de l'opérateur, qui a voulu grandir outre mesure, ou de l'objectif, s'il est à trop court foyer. Du reste, toute reproduction exige un objectif simple et une chambre à long tirage ou à rallonge. Ce tirage doit être d'autant plus long que l'objet à reproduire est plus petit, et qu'on en veut avoir une reproduction plus grande.

Par la même raison, la durée de la pose doit être en raison directe de la longueur du foyer, et d'autant plus courte que, le sujet étant plus grand, on veut obtenir une plus petite copie. Au moyen de ces sortes d'axiomes, on peut déterminer *à priori* le temps que demande telle ou telle reproduction, la durée étant proportionnelle à la quantité de lumière émise et réfléchie.

Autant ces principes nous semblent incontestables et de grand secours dans la pratique, autant il nous paraît puéril d'avoir recours à un *compteur à secondes pour la régularité des opérations*, comme un auteur l'a recommandé. Chacun a bien suffisamment le sentiment de la durée pour, en comptant jusqu'à 100 plus ou moins vite, obtenir un calcul à peu près exact du temps écoulé; et comme cette durée varie selon les besoins particuliers de chaque pose, il n'est pas du tout nécessaire que ce calcul soit d'une précision mathématique; sans compter que pour le portrait, et même pour tous les genres possibles, il n'y a nul inconvénient à faire poser un peu plus que moins; au contraire.

En hiver surtout, il vaut mieux doubler le temps de la pose que de le diminuer de quelques secondes. L'attention de l'opérateur, pendant la pose, est beaucoup mieux employée à surveiller les moindres détails de l'opération, qu'à consulter naïvement un chronomètre comme s'il n'avait aucun tact qui l'avertisse du temps qui s'écoule. Il a plutôt besoin de regarder au ciel si un nuage malencontreux ne vient pas déjouer ses calculs, et le contraindre à les modifier, qu'à rester les yeux fixés sur un compteur.

Ainsi, par exemple, pour la reproduction d'un tableau moderne bien léché et verni, à couleurs photogéniques, toile de 60 à 80 c., et réduit à la grandeur normale de 18-24, deux ou trois minutes de pose suffiront, si le tableau est éclairé par une bonne lumière diffuse; dans les mêmes conditions, il ne faudra qu'une minute à peine pour une gravure; cependant, une minute de pose de plus, pour chacune de ces reproductions, eût donné un cliché aussi parfait, sinon supérieur.

Il est inutile de multiplier les exemples. L'opérateur intelligent saura tirer toutes les conséquences pratiques de ce qui vient d'être dit.

Vous avez dû placer le modèle très-exactement au foyer (1), sur la glace dépolie. Si c'est une femme, et qu'elle porte une robe rayée, à carreaux, faites en sorte que, le corps étant de profil, l'ensemble de la robe soit également au foyer. Faute de prendre cette pré-

---

(1) C'est toujours sur la ligne de paupière que doit être le foyer, ou bien encore sur la moustache ou la barbe.

caution, une grande partie de cette robe semblera composée de carreaux de toutes dimensions, ce qui donnera à ce vêtement l'aspect le plus bizarre et le plus disgracieux. Nous ne partageons pas l'opinion de certains *amateurs*, qui s'imaginent qu'il faut faire des sacrifices, et qui veulent obtenir du *flou* à tout prix et à peu près partout; une seule partie nette du visage leur suffit. Ils confondent la peinture avec la gravure et la photographie, dont les conditions ne sont nullement identiques. Le flou du peintre ne peut être le flou du *photographe;* personne ne devrait ignorer cela. Dans les premiers temps, l'optique ne répondait pas toujours à ces exigences; c'est pourquoi les objetifs de Vienne, malgré leur défaut bien connu et leur prix excessif, ont fait faire une si belle fortune à Voigtlander, mais aujourd'hui!...

Disposez tous les détails avec soin, avec intelligence; agencez bien les rideaux, distribuez la lumière de façon à ce qu'elle s'étende partout à peu près également; on pèche le plus souvent par des oppositions trop fortes; évitez de placer les mains du modèle en avant; veillez à ce que la moindre lumière ne pénètre dans le châssis ou dans la chambre, ce qui peut arriver en ajustant le châssis ou en ouvrant le volet. Si ce volet est à coulisse, faites-le glisser lentement, doucement, afin que les grains de poussière qui, malgré toutes vos précautions, pourraient s'y trouver, ne tombent pas sur la couche sensible, — ce qui amènerait, sous l'agent révélateur, autant de petites taches noires de toutes formes. Craignez moins les poses trop longues que les poses trop rapides.

Retirez le châssis de la chambre avec les mêmes précautions, rentrez dans le laboratoire, et développez l'image.

QUATRIÈME OPÉRATION

DÉVELOPPEMENT DE L'IMAGE

Pour une glace normale, mettez environ 25 centimètres cubes de la première solution dans le verre à arroser, tenez la glace horizontalement, comme pour la collodionner (1); répandez le liquide sur la couche impressionnée, de telle sorte que la surface en soit entiè-

---

(1) On pourrait placer la glace sur un support à niveau pour la soumettre à l'action de l'agent révélateur; c'est le mode suivi par quelques photographes, qui redoutent les taches aux mains, sans songer à celles qui, par ce moyen, se produisent infailliblement sur le cliché. — Notre manière d'opérer a pour but d'empêcher ces taches de se former, et de juger à chaque arrosage le point juste du développement de l'image, afin de pouvoir arrêter à temps l'action de l'agent révélateur.

rement couverte, sans solution de continuité (1); maintenez la glace ainsi horizontale pendant une minute à peu près, l'image doit commencer à paraître : faites rentrer le liquide dans le verre, et versez-le de nouveau *immédiatement* (2) sur le collodion ; renouvelez cette

---

(1) Pour les glaces de grande dimension, alors qu'il est difficile de répandre le liquide révélateur sans solution de continuité, on peut commencer le développement dans une cuvette, et procéder de la même manière que pour plonger la glace dans le bain d'argent; à cet effet, on prépare un bain d'acide pyrogallique faible :

Eau . . . . 600 grammes.
Acide pyrogallique . . . . 1 —
Acide acétique . . . . 6 c. c.

ce qui ne dispense pas de la solution ordinaire pyrogallique.

Lorsque la glace est restée immergée dans ce bain, pendant une minute, on la retire, et, comme elle n'est pas assez faite, on active sa venue par la solution d'acide pyrogallique ordinaire, additionnée de quelques gouttes de solution d'argent.

(2) Quand on fait entrer, pour la première fois, le mélange dans le vase à bec, la glace, mise à nu, prend un aspect huileux, le liquide se retire, et l'on voit se dessiner aussitôt des ramifications à la surface de la couche. Ces ramifications feraient autant de taches; il faut donc se presser et ne pas verser d'abord tout le liquide dans le verre. Après quelques lavages, l'agent révélateur a remplacé l'eau ; il n'y a plus alors aucun danger. Pour mieux s'assurer si l'image est entièrement développée, posez l'angle droit de la glace sur le verre, approchez le cliché de la lampe, à 10 cent. de distance et observez attentivement. Lorsque l'image se développe vite, comme en été, il vaut mieux laver d'abord l'épreuve, afin d'éliminer l'agent révélateur; sans cette précaution, l'image passerait au noir et serait perdue.— L'opérateur peut alors, sans inconvénient, regarder l'épreuve et s'assurer si elle est à

manœuvre jusqu'à ce que l'image soit entièrement développée. Si vous avez au-dessous, mais un peu plus loin, votre petite lampe, vous pourrez juger de la venue de l'image; vous la verrez se développer peu à peu, ou très-rapidement. Si l'image est longue à paraître (1), mais que, cependant, elle donne quelque espoir, il faut jeter le liquide, qui se décompose et devient boueux, nettoyer le verre, faire un mélange à peu près égal des solutions n° 1 et n° 2; (voir p. 106, 107) arroser de rechef l'image et continuer cette espèce de lavage jusqu'à ce que l'épreuve soit entièrement développée; vous reconnaîtrez que le développement est complet lorsque les linges seront devenus noirs et les autres parties éclairées du modèle relativement sombres. Quand l'image vient très-vite, ce qui arrive presque toujours en été, ou lorsque la pose a été assez longue, il faut se hâter, et, sitôt qu'on voit le blanc des linges passer au noir, jeter promptement la solution d'acide pyrogallique et arroser la couche avec de l'eau pour arrêter

point; dans le cas contraire, il faut la soumettre de nouveau à l'agent révélateur. Répétons encore qu'un cliché dépassé ne saurait être affaibli, tandis que nous avons le moyen de renforcer un cliché faible.

(1) Il est des cas où l'image se produit si lentement, que l'opérateur voit sur le champ qu'il n'en peut guère tirer parti comme négatif; s'il ne veut donc pas en faire un positif direct, qu'il la mette au rebut.

l'action; sans cela, le cliché deviendrait trop noir; il serait perdu (1).

Cependant, il vaut mieux qu'il soit vigoureux que trop faible, pourvu que les tons aient leur rapport naturel, c'est-à-dire, les linges noirs, le front, la pommette éclairée, la côte du nez, etc., presque noirs (surtout si le modèle est très-blanc); enfin, que les habits soient venus avec tous les détails possibles. Un cliché vigoureux donnera toujours de bons résultats positifs; seulement, ces positifs seront plus longs à se produire sous l'action des rayons lumineux; un cliché gris, faible, peu venu, donnera des positifs se produisant trop vite et toujours ternes, sans finesse, ni demi-tons, en un mot, très-mauvais.

CINQUIÈME OPÉRATION

FIXER L'ÉPREUVE NÉGATIVE

Posez la glace sur un pied de niveau, ou bien tenez-la par un angle, et couvrez-la d'une solution d'hyposulfite de soude (2).

---

(1) Aussitôt que la couche est débarrassée de l'agent révélateur, on peut à loisir regarder le cliché, et s'assurer s'il est assez venu. — On peut alors le soumettre à l'agent désiodant ou remonter le ton en continuant l'arrosage avec l'agent révélateur.

(2) L'on ne comprend pas l'engouement de certains opérateurs pour

La couche, d'un blanc opalin (1), qui montre encore une image négative, ne tarde pas à se dépouiller, et, à mesure que l'iodure non modifié disparait, l'image (2), vue par réflexion, passe au positif. Lorsque l'iodure libre a complétement disparu, ce qui est facile à reconnaître en regardant la glace par transparence, lavez-la à l'eau ordinaire, comme précédemment, mais bien plus longtemps. Il s'agit ici de faire disparaître à son tour la solution d'hyposulfite, qui, en séchant, ne

---

le cyanure de potassium, engouement qui leur fait donner la préférence à ce poison, sur l'hyposulfite de soude qui est un sel inoffensif. L'hyposulfite de soude n'a aucune action sur l'argent réduit ; celle du cyanure, au contraire, est telle, que l'image peut en être affaiblie et même entièrement effacée ; ce n'est qu'une question de force ou de temps.

(1) La couche n'a pas toujours cet aspect ; le cliché est d'autant plus *limpide* que la lumière a été plus belle et qu'il a fallu moins de temps à l'agent révélateur pour le produire. Mais si, en raison d'une lumière insuffisante, l'agent continuateur a dû agir plus longtemps sur cette couche, la couleur opaline disparaît, la couche prend un aspect gris-cendré, terne, qui ne change presque pas au fixage.

(2) Quelques auteurs et bon nombre d'opérateurs pensent qu'un bain d'hyposulfite concentré peut affaiblir l'épreuve, ou même la détruire entièrement ; rien n'est moins à craindre : l'hyposulfite concentré n'a aucune action sur l'iodure décomposé, sur l'argent réduit ; il n'enlève que l'iodure libre, mais rapidement. Avec un bain d'hyposulfite faible, il ne faut pas moins d'un quart d'heure pour dépouiller l'épreuve ; le négatif n'ayant donc rien à craindre de l'action plus ou moins prolongée d'un bain concentré, l'opérateur fera sagement de le laisser agir plutôt plus que moins.

manquerait pas de cristalliser sur l'épreuve et de la perdre.

Le cliché étant bien lavé, prenez la glace avec la main droite, l'index du côté du collodion par l'angle que l'on avait saisi d'abord avec la main gauche en collodionnant, et levez-la perpendiculairement, de telle sorte que le collodion se trouve du côté opposé au corps; dans cette position, votre main étant en bas, l'hyposulfite dont elle est mouillée ne pourra pas tacher le cliché, ce qui arriverait infailliblement, si vous opériez d'une autre manière; posez la glace debout sur ce même angle, appuyée contre un mur et sur un carré de papier buvard, laissez-la sécher naturellement ou bien posez-la sur un égouttoir.

Si vous êtes pressé de faire un positif, tenez le cliché à une certaine distance devant un feu de braise (1).

Il faut, dans tous les cas, que le négatif et le positif soient parfaitement secs, lorsqu'ils seront mis en contact; sans cette précaution, vous perdriez l'un et l'autre.

Lorsque le cliché est sec, enlevez le collodion des deux autres angles et aussi celui des bords de la glace

---

(1) Il y a des auteurs qui recommandent la lampe à alcool pour sécher les épreuves. C'est un bon moyen pour casser la glace et perdre le cliché.

sur une largeur d'environ 5 millimètres ; cette précaution est indispensable, si vous voulez prendre le cliché impunément avec des doigts presque toujours imprégnés d'hyposulfite.

SIXIÈME OPÉRATION

VERNIR LE CLICHÉ

Le collodion est une substance moins tenace que l'albumine, aussi doit-on prendre quelques précautions en faisant les positifs ; quelques collodions, surtout ceux qui contiennent beaucoup d'alcool, ceux qui ont été trempés presque secs dans le bain d'argent, ou qui sont venus difficilement sous l'action des agents révélateurs, n'adhèrent pas plus que la poussière des ailes du papillon ; pour ceux-ci, quand on veut tirer un grand nombre d'épreuves, nous conseillerions l'emploi du vernis.

Etendez ce vernis sur l'image négative de la même manière que le collodion, mais en agissant plus rapidement pour éviter les poussières et en ayant soin de retourner le collodion en dessous, pendant que le vernis coule encore ; appuyez l'angle par lequel s'écoule le liquide, sur un carré de papier buvard. Si, quelques instants après, on voyait le vernis se couvrir d'un voile blanchâtre, voile qui ne paraît qu'à une basse température, on l'approcherait d'un bon feu de braise, et il reprendrait sa limpidité. Il est toujours plus prudent de faire chauffer le cliché avant et après l'opération.

Lorsque le collodion est de bonne nature, qu'il s'argente sous le frottement, qu'il est tenace enfin, on peut se dispenser du vernis, surtout si le cliché n'est pas destiné à tirer un grand nombre d'épreuves, ou à subir le papier albuminé. Nous avons des clichés non vernis qui ont tiré des centaines d'épreuves sans altération, car, il faut bien l'avouer, si le cliché verni gagne en solidité, il perd toujours un peu en pureté. Une autre propriété du vernis, c'est de donner une trop grande translucidité au collodion, de telle sorte, qu'un cliché venu à *point*, perdra infailliblement, pendant qu'un cliché heurté (blanc et noir) gagnera au vernissage. En effet, ce dernier étant couvert d'une réduction métallique trop complète, la transmission lumineuse eût été à peu près nulle; dans ce cas, le vernis lui donnera la translucidité qui lui manque dans les parties noires et n'ajoutera rien à la transparence de celles où la réduction métallique n'est pas trop avancée. Nous pourrions dire en concluant : Ne mettez jamais de vernis sur un cliché parfait.

PHOTOGRAPHIE MONUMENTALE

Du moyen de conserver la sensibilité à la couche de collodion

HYDROMÉLITE

Reprenons la glace au sortir du bain d'argent (page 218), ruisselante encore, et prête à être mise dans le châssis de la chambre noire.

Le collodion, qui a puisé chimiquement dans le bain d'argent son principe sensible, a aussi enlevé mécaniquement une assez grande quantité de solution argentifère, qui, comme nous l'avons déjà dit, détruirait, en séchant, l'iodure d'argent de la couche.

Plongeons donc la glace dans l'eau distillée, agitons la cuvette, changeons cette eau, et recommençons ainsi quatre ou cinq fois; finissons en rinçant la glace.

La couche débarrassée ainsi, par le lavage, de la solution argentifère superficielle, couvrons-la d'une couche d'hydromélite, en suivant la même marche que pour la couvrir de collodion; seulement, laissons séjourner plus longtemps la nappe liquide sur la glace; après quoi rejetons l'hydromélite, et posons la plaque debout sur un de ses angles et sur du papier buvard; ayant laissé égoutter un instant, remettons une seconde couche d'hydromélite, et laissons égoutter de nouveau. Cela fait, si l'on met à l'abri de toute lumière la glace ainsi préparée, elle pourra être conservée pendant plusieurs jours.

Rappelons cependant ici que, plus longtemps la glace sera conservée, moins l'iodure sera sensible, et plus il faudra de soins pour débarrasser la couche de collodion du sirop préservateur qui la recouvre. Ainsi, après vingt-quatre heures de préparation, par exemple, le temps de la pose pour un paysage ne dépassera guère cinq minutes; il en faudra dix si la glace n'est exposée à la lumière de la chambre noire qu'après quatre ou cinq jours.

Plus on la conserve, et plus la couche sacchareuse se dessèche ; il faut, par conséquent, au moment du lavage, prolonger de plus en plus son séjour dans l'eau tiède ou dans l'eau froide, sous peine de manquer l'épreuve et de perdre le cliché.

Après avoir impressionné la glace dans la chambre noire, prenons les précautions suivantes, avant de faire apparaître l'image : plongeons la glace dans un bain d'eau chaude ou froide, selon la température extérieure et selon l'état de la dessication de la couche saccharine, et débarrassons-la entièrement du sirop qui la couvre ; baignons-la ensuite pendant deux minutes dans un bain faible d'argent (4 pour 100) (1), puis couvrons-la de la solution d'acide pyrogallique, etc.

Procédé Taupenot

Après avoir exposé cette méthode de conservation, qui peut rigoureusement suffire à tous les besoins, nous devons expliquer la méthode Taupenot, procédé

---

(1) Ou bien encore, en l'absence de ce bain, composons l'agent révélateur de parties égales d'acide pyrogallique et de solution faible d'argent (n° 1 et n° 2), en procédant aux autres opérations comme s'il s'agissait du collodion humide.

qui a paru préférable sous certains rapports, quoiqu'il offre un peu plus de difficultés et qu'il demande un peu plus de temps pour se réaliser complétement. Ce procédé consiste en deux opérations bien distinctes, entre lesquelles un intervalle doit s'écouler. La première opération a pour but de sensibiliser la glace collodionnée, puis de lui faire subir plusieurs lavages, comme pour le procédé à l'hydromélite, et enfin de couvrir la couche de collodion d'une couche d'albumine iodurée, de la laisser séjourner quelques secondes sur le collodion, puis de la rejeter, puis de remettre une seconde couche d'albumine. Il faut ensuite poser la glace sur un angle et la laisser sécher à l'abri de la poussière. Après environ dix heures, plus ou moins, selon la température, la couche sera sèche et pourra subir l'immersion dans un nouveau bain (1); plongez alors la glace de la même manière que dans le bain d'argent pour le collodion, lavez-la ensuite dans une cuvette et dans plusieurs eaux, et enfin rincez-la avec soin, puis faites-la sécher à l'abri de toute lumière.

Cette couche se maintiendra sensible pendant long-

---

(1) Ce bain se compose de :

100 gr. eau distillée,
10 gr. nitrate d'argent,

auxquels vous ajoutez 8 gr. acide acétique lorsque l'azotate est dissous.

temps, et aura, sur toutes les autres, l'avantage d'être très-impressionnable à la lumière, tout en conservant la plupart des propriétés du collodion humide.

Le procédé Taupenot a l'avantage sur le procédé hydromélite, de ne pas retenir les poussières, seule cause de quelques insuccès lorsque l'on fait subir un transport aux glaces, quelque court qu'il puisse être.

Pour faire venir l'image, il suffit de mouiller la glace avec de l'eau avant de la soumettre aux agents révélateurs, soit qu'on fasse agir l'acide gallique, ou le pyrogallique.

L'acide gallique doit être employé à raison de 4 p. 0/0. — Cette solution doit être faite d'avance; quelques centigrammes de cette solution, mêlés à quelques gouttes de solution d'argent, suffiront au développement complet de l'image. Si vous préférez le pyrogallique, procédez comme avec le collodion ordinaire; seulement, ajoutez quelques gouttes de la solution faible d'azotate d'argent.

Procédé au tannin

Ce procédé est le même que celui à l'hydromélite, sauf la substance, qui est changée. La solution de tannin doit être répandue, à deux ou trois reprises, sur la glace préalablement lavée, puis enfermée avec soin, à l'abri de toute lumière.

Le développement n'a rien de particulier. On procède comme pour le procédé Taupenot.

Lorsque les glaces sont prêtes et sèches, on vernit, avec un pinceau fin, les épaisseurs, et même cinq millimètres en retour sur la couche, pour qu'elle puisse mieux résister aux différents lavages auxquels elle sera soumise. C'est une précaution essentielle lorsqu'il est fait emploi de collodion sensible conservé. Pour les numéros 2 et 3, il n'est pas nécessaire de faire sécher les glaces à la chaleur artificielle, il suffit d'avoir soin qu'elles ne restent pas longtemps humides.

Nous terminerons l'exposé des procédés dits *collodion sec*, par le procédé primitif, celui que, le premier, nous avons employé et décrit, et qui ne nous avait donné d'abord que d'assez médiocres résultats. Il diffère peu du procédé ordinaire du collodion humide; on pourrait même, à la rigueur, l'employer tout à fait de la même manière. Il vaut mieux, cependant, ajouter au bain quelques c. c. d'acide acétique, 5 p. 0/0 à peu près; laver avec soin la glace iodurée au sortir du bain d'argent, et terminer ce lavage par un rinçage à grande eau, puis laisser sécher dans une obscurité absolue. Le moyen à employer pour faire apparaître l'image est le même que pour le procédé Taupenot ; l'acide gallique avec l'acéto-nitrate, et l'acide pyrogallique, additionné d'argent, nous ont aussi également bien réussi (1).

DES IMAGES POSITIVES PAR RÉFLEXION

Quoique, à nos yeux, ce procédé soit sans valeur réelle, l'importance qu'y attachent certains opérateurs, nous oblige au moins à le mentionner. L'engouement du public pour les portraits positifs directs, s'explique par le prix auquel on peut les livrer. D'un autre côté, on conçoit parfaitement que les photographes vulgaires s'y livrent de préférence, par cela seul que ce procédé ne demande ni les soins, ni les connaissances exigés par le procédé *négatif*. Quelques minutes suffisent pour la fabrication et la livraison d'un portrait qui peut être cependant d'une grande finesse et d'une grande res-

(1) Au moment de faire paraître l'image, il sera mieux de faire prendre à la glace un bain d'argent faible (2 pour 100), pendant deux minutes. Une belle lumière directe est de rigueur pour les trois premiers procédés, et, pour le dernier, le temps de la pose doit être encore plus long : dix minutes, au minimum. Le temps de la pose peut être abrégé par le lavage préalable de la glace dans un bain chaud d'azotate, et par l'action du révélateur chaud. Ce dernier moyen donne d'excellents résultats.

semblance ; qu'importent alors les autres qualités, on en a toujours bien pour son argent.

Lorsque la glace sensibilisée reçoit dans la chambre obscure l'action de la lumière, si cette lumière est assez vive, les sels d'argent sont décomposés partout avec la même énergie et, sous l'influence des agents révélateurs, l'image latente se développe avec des rapports de tons propres à une belle épreuve négative. Dans le cas d'une exposition insuffisante, le sel d'argent n'est décomposé qu'aux endroits lumineux : or, comme ces endroits altérés correspondent justement aux endroits éclairés du modèle, l'image n'est d'abord visible qu'à ces endroits; ce qui constitue ces parties apparentes, c'est une couche insoluble d'argent, une réduction métallique ; les parties noires de l'image, les habits, par exemple, sont à peine indiqués; soumis à l'action dissolvante de l'hyposulfite de soude concentré, le collodion, en perdant l'iodure d'argent libre, deviendra d'une transparence extrême dans les parties peu impressionnées par la lumière, pendant qu'il restera opaque dans les parties fortement modifiées, etc. Si l'on place alors la glace sur un objet noir, on y verra paraître une image positive par réflexion : en effet, les parties métalliques de l'image ne laisseront pas voir le fond sombre sur lequel l'image est posée, tandis que les noirs, qui ont conservé une grande transparence, le laisseront à découvert.

Il résulte de ce fait que si, pour obtenir un bon négatif, l'opérateur a dû faire subir au modèle une pose de 10 secondes, l'image positive directe pourra être formée en moins de 5, — et que si, pour compléter l'image négative, l'action de l'agent continuateur a dû être prolongée, le contraire doit avoir lieu dans le procédé positif direct. Une multitude de petits moyens ont été imaginés pour obtenir de bons portraits positifs directs sur verre ou sur toile, — tels que : addition dans l'acide pyrogallique de deux ou trois gouttes d'acide nitrique et d'argent ; — addition, dans le même bain révélateur, d'hyposulfite de soude, etc. — Tous ces moyens ont leur valeur relative, assurément ; mais, quel que soit le procédé employé, il faut toujours que l'exposition soit relativement courte. Nous n'indiquerons donc pas de formule de collodion pour positifs directs, celles que nous avons données étant très-bonnes, à la condition d'être modifiées, en ce sens que le collodion doit être moins chargé d'iodure.

Nous dirions volontiers, au risque d'avoir l'air de lancer un paradoxe photographique, que, dans ce procédé, ce sont les plus mauvais collodions qui donnent les meilleurs résultats. Collodions vieux, acides peu iodurés, deviennent excellents dans l'espèce. C'est même pour obtenir cet effet qu'on introduit, dans un collodion destiné à cet usage, quelques centigrammes de liqueur alcoolique d'iode, ou quelques centigrammes d'éther ou d'alcool brômé.

Tout collodion, quel qu'il soit, produit, nécessairement, une image amphitype (1) : négative par transmission, et positive par réflexion. Mais cette image est bien rarement également bonne sous ses deux aspects. Si cette image, vue par transmission, donne un négatif parfait, vue par réflexion, elle sera trop blanche comme positif. Si, au contraire, l'image est très-belle par réflexion, elle donnera bien rarement un négatif dont on puisse attendre de bons positifs sur papier.

Il y a plusieurs moyens pour révéler l'image, nous les avons tous expérimentés, et nous n'avons pas, jusqu'ici, de raison péremptoire pour conseiller l'emploi d'un de ces moyens, à l'exclusion des autres.

En résumé, pour obtenir un positif direct parfait,

---

(1) Cette qualification d'*amphitype* a été donnée à l'image dès le début de la découverte; elle est parfaitement motivée, non pas par le phénomène d'un positif direct, comme le dit un auteur, mais par le double aspect de la glace, qui donne toujours *deux types*, l'un positif par réflexion et l'autre négatif par transmission. Quant au phénomène du positif double, il se produit à volonté. Il y avait déjà, à l'exposition de 1855, plus de cinquante portraits dus à ce procédé.

il faut : 1° éclairer le modèle d'une façon un peu rembranesque ; 2° disposer d'une lumière vive ; 3° réduire de moitié le temps de la pose ; 4° employer comme révélateur le sulfate de fer additionné de quelques gouttes d'acide sulfurique ; 5° fixer au cyanure de potassium.

Pour produire volontairement le phénomène des images positives directes par réflexion et par transmission, qui se produit parfois accidentellement, ou par la présence de l'hyposulfite dans le révélateur, ou par une réaction alcaline quelconque, il faut composer un bain d'argent selon la formule suivante :

Eau .... 100 gr.
Azotate d'argent. 8

Puis, le saturer d'iodure de cadmium, et sensibiliser, dans ce bain, un collodion ioduré à l'iodure de cadmium, faire subir à la couche une exposition double du temps ordinaire, et développer à l'acide pyrogallique.

Lorsque l'image positive par réflexion est fixée et lavée, vous pouvez, à votre gré et sans inconvénient, la conserver sur verre ou la transporter sur toile cirée. Dans le premier cas, il faut faire sécher le collodion, et, lorsqu'il est sec, le couvrir d'un vernis noir, ou, mieux, d'un vernis blanc, et mettre le tout sur un papier noir, un drap, etc.; l'image sera ainsi préservée, d'un côté, par le vernis, et de l'autre par la glace.

Si vous désirez transporter, sur-toile cirée, cette image si fragile, coupez un carré de toile cirée noire, très-belle, plus petit de quelques millimètres que la glace; échauffez-le par le frottement ou devant le feu; posez la glace à plat sur une main de papier buvard, et appliquez la toile cirée sur le collodion, en commençant par un des côtés et avançant peu à peu vers l'autre; posez sur la toile une feuille de papier buvard, passez votre main dessus pour faire bien également adhérer la toile, enlevez le papier et retroussez le collodion sur la toile cirée; relevez légèrement et avec précaution un des angles, et essayez de soulever la couche de collodion; aidez-y même, au besoin, en introduisant un filet d'eau entre la glace et la couche; si le collodion est de nature tenace (ce que vous êtes toujours le maître d'obtenir en le faisant plus dense), il se détachera très-facilement et sans solution de continuité; suspendez alors la toile par un angle; lorsqu'elle sera sèche, vous aurez une image tellement à l'abri de toute injure, qu'il ne sera même pas besoin de la vernir.

Le collodion n'est cohérent et ne saurait être détaché facilement de la glace qu'à la condition d'être traité par l'acide pyrogallique; avec le sulfate de fer, l'opération est difficile, sinon impossible. Quelques opérateurs mettent la glace dans une cuvette et couvrent la couche d'une solution aqueuse acidulée par l'acide chlorhydrique ou sulfurique. Ce liquide fait sentir son action sur la couche, en la détachant du premier support, et en la disposant à s'attacher au second.

TRANSPORT, SUR PAPIER ALBUMINÉ,

DE L'IMAGE NÉGATIVE

Le transport, sur papier, du négatif collodion, n'est pas plus difficile à exécuter que son transport sur toile cirée; l'opération est à peu près la même; elle réussit toujours, et donne d'excellents résultats. Deux conditions, cependant, sont indispensables pour réussir : un collodion tenace, c'est-à-dire fait avec très-peu d'alcool, et une feuille de papier albuminé.

Lorsque le négatif est fixé, lavé, terminé, mettez la glace à plat sur un cahier de papier buvard, le collodion en dessus; prenez une feuille de papier albuminé un peu plus petite que la glace, appliquez cette feuille, l'albumine en dessous, sur le collodion, en commençant par un des bords de la glace, et avançant peu à peu vers l'autre bord, afin d'éviter les bulles d'air; appliquez dessus une feuille de papier buvard, et pressez avec votre main, ou mieux avec un tampon de linge, pour faire adhérer l'albumine au collodion ; enlevez la feuille de papier buvard, et roulez avec le doigt la pellicule de collodion sur la feuille albuminée . à ce moment, le collodion aura fait corps avec elle ; relevez un peu l'angle du papier, et, avec l'ongle, détachez le collodion de la glace, pour faciliter la séparation ; introduisez un petit filet d'eau sous la couche, et, saisissant cet angle que vous avez relevé, pendant que l'eau coule, enlevez le tout diagonalement et assez vite, le collodion adhérera parfaitement à la couche albuminée; suspendez la feuille et laissez-la sécher. Lorsque le collodion transporté est sec, il est si bien incorporé au papier, que le frottement le plus prolongé, le froissement le plus brusque, ne sauraient l'en détacher; il est, en un mot, bien plus solide qu'un négatif ordinaire sur papier.

Mais, cette épreuve négative a été redressée par le fait du transport, et, si on l'employait au tirage d'un positif, par la méthode ordinaire, on obtiendrait une image renversée. Il faut donc opérer autrement : pour que l'épreuve positive soit redressée, il faut mettre le cliché renversé sur la glace de fond du châssis, en sorte que la partie blanche du papier se trouve du côté de l'opérateur. Dans cet état, l'image négative n'étant pas en contact immédiat avec le côté préparé du papier positif, on peut croire que la transmission lumineuse, se faisant à travers la pâte du papier, il doit en résulter moins de finesse et de netteté ; cela se passe ainsi, en effet, si l'épreuve est collée sur un papier ordinaire ; mais, l'image positive produite sera tout aussi belle que si la pellicule de collodion fût restée sur la glace qui l'avait d'abord supportée, si l'on prend la précaution de cirer le papier, ou si on transporte la pellicule sur du papier dioptrique albuminé.

C'est ainsi que nous avons opéré avec M. Humbert de Molard, il y a déjà sept ans ; nous possédons, par ce procédé, des clichés inaltérables et qui donnent une finesse excessive aux positifs.

L'on a déjà, depuis cette époque, essayé bien des procédés pour le transport du collodion sur papier, et quelques auteurs, en France et en Angleterre, ont formulé leur méthode ; nous les avons expérimentées toutes, et nous pouvons dire hardiment que pas une seule ne nous paraît susceptible d'être mise en pratique, pas plus celle qui consiste à enlever le collodion par les quatre coins, comme un linge, que celle où il est question de faire un double transport pour remettre l'épreuve dans sa situation primitive.

Ceux qui ont décrit de tels procédés ont-ils réussi une seule fois sur cent? Nous croyons pouvoir en douter; notre méthode, au contraire, est tellement sûre, que nous ne pensons pas qu'on puisse gâter une seule épreuve en suivant nos indications.

Deuxième partie

POSITIFS

DU PAPIER

Nous avons fait connaître, dans *les quatre branches de la Photographie*, publié en 1854, les expériences de M. Stéphane Geoffray, qui a fait une étude toute particulière du papier, et nous croyons qu'il n'est pas moins utile qu'alors d'attirer l'attention des opérateurs sur cette partie intéressante de notre travail.

Quand on emploiera moins de papier albuminé, on s'occupera sérieusement d'améliorer le papier du commerce qui, si parfaitement fabriqué qu'il soit, laisse encore beaucoup à désirer, au double point de vue de l'encollage, et de la finesse de la pâte.

Le mode de fabrication du papier, indique suffisamment ce qui lui manque, pour remplir convenablement l'emploi auquel il est destiné dans la photographie. Son rôle, on le sait, est de la plus haute importance. On a dit que de la fonte du verre dépendait le progrès de l'astronomie; on peut dire avec autant de vérité, que de la fabrication du papier, dépend le progrès de la photographie.

Les défauts des papiers peuvent résulter soit de leur constitution physique, soit de leur composition chimique. Il sont si variés et les moyens de correction sont si relatifs, que le photographe doit toujours, s'il veut opérer sûrement et sans des frais exagérés, se donner la tâche de remédier lui-même au mal qu'il a reconnu.

Le papier est un véritable feutre végétal, c'est une feuille composée de fibres plus ou moins ténues, enchevêtrées de manière à former une étoffe plus ou moins consistante et solide. Il est donc criblé d'interstices capillaires qui le rendent perméable aux liquides et aux gaz.

Si le feutrage n'est pas très-uniforme dans toutes ses parties, il n'y aura pas alors égalité de profondeur sur toute l'étendue de la couche sensible; l'harmonie de l'image deviendra impossible; les valeurs des demi-teintes seront faussées.

Cette condition d'un bon papier, d'être très-également perméable et d'absorber les enduits sensibilisateurs uniformément dans toute sa masse, est difficile à obtenir; car, en supposant que les fabricants veuillent bien un jour employer pour le même papier des chiffons de même nature et de même condition, les machines pourront-elles jamais triturer ceux-ci d'une manière assez parfaite? la pâte sera-t-elle étendue par les rouleaux assez convenablement? le feutrage enfin pourra-t-il être jamais assez serré et régulier pour dispenser le photographe de l'emploi de moyens améliorateurs?

Ces moyens ne doivent-ils pas consister d'abord en un encollage nouveau à base de composition chimique identique à celle du papier?

Cet encollage doit former sur la feuille préparée un second papier hérissé, pour ainsi dire, de pointes rentrantes pour tous les interstices de celle-ci.

Il doit encore augmenter la consistance de l'étoffe du papier, pour que celle-ci puisse supporter plus facilement l'action désagrégeante des bains.

Enfin, il doit glacer la feuille de telle sorte qu'elle puisse recevoir une image d'une finesse satisfaisante.

Les fabricants et les marchands ont pris l'habitude bien fâcheuse pour nous, de faire passer sous des cylindres en fer les papiers, afin d'écraser leurs grains et de donner ainsi à des papiers peu fins une très-belle apparence. Il résulte de ce glaçage un étirage du papier et un aplatissement de ses grains, très-pernicieux à notre point de vue. L'agrégation naturelle de la texture est dérangée, d'une part; par suite, l'extension du papier dans les différents bains est fâcheusement irrégulière. D'un autre côté, les grains se trouvent tassés, comprimés de manière à ne pas offrir d'aspérités, il est vrai, mais à faire des papiers qui contractent des défauts plus sensibles, et que ne compensent pas toujours les qualités que lui donne le cylindre.

Les papiers ainsi traités ont surtout besoin d'un second encollage bien composé.

Le collage à la cuve ou dans les piles, qui se fait dans le plus grand nombre des fabriques aujourd'hui, a un inconvénient auquel un nouveau collage peut seul encore remédier.

Quand le papier est fabriqué, il est gratté, épeluché. etc., et à chaque place où cette opération est pratiquée, son pouvoir absorbant est augmenté, au point que les dessinateurs au lavis prennent toujours la précaution, quand ils ont acheté un papier, de l'encoller de nouveau avant de l'employer.

Le collage à la cuve a un autre inconvénient; il exige des colles compliquées de réactifs très-énergiques, et s'il a l'avantage de mêler à la pâte du papier dans toute sa masse la même composition, il a le désagrément d'y introduire des corps souvent désastreux.

Dans le collage à la main, la colle ordinairement est simple, c'est de la gélatine faiblement alunée que des fabricants bien attentifs à nos besoins pourraient employer très-pure et très-belle. Après ce collage non plus, le papier ne boit par aucun de ses points (1).

Le nombre des substances qui, en dehors de la cellulose, de l'amidon qui a une réaction presque identique, photographiquement parlant, de la gélatine dont la présence n'a rien de trop fâcheux, est très-grand, ainsi que celui des autres substances qui peuvent rester dans le papier par accidents ou faute de soins de la part du fabricant ou par nécessité de fabrication, voyons les moyens de les reconnaître pour ensuite les extraire ou les neutraliser, voir même les occuper avantageusement.

Les taches métalliques peuvent s'être introduites dans la pâte du papier pendant le triturage sous l'ac-

---

(1) Ce n'est pas sans raison qu'on a remarqué que les anciens papiers avaient des qualités supérieures à celles des papiers actuels. Les anciens papiers étaient le plus souvent collés après fabrication, et n'avaient pas subi la pression des cylindres à glacer.

tion des clous des maillets ou des tranchants des cylindres, par suite de la malpropreté des cuves et des diverses boîtes employées à la manœuvre ; elles peuvent s'être formées sur les toiles métalliques, sous les cylindres presseurs ou satineurs; elles peuvent avoir été produites par le dépôt de la poussière des ateliers, etc., etc.

On les reconnaîtra le plus souvent à leur éclat. Quelques-unes cependant sont si bien dissimulées par le glaçage qu'on ne peut pas les reconnaître à l'œil. En effet, elles ne forment pas seulement des points brillants ou de rouille, mais encore de véritables graissages. Il est donc toujours prudent de traiter les papiers, quels qu'ils soient, par un acide bien choisi; des sels se produiront qui pourront être lavés facilement. De plus, l'emploi d'un acide, en nécessitant le bain subséquent d'ammoniaque, permet d'épurer en même temps la feuille de tous les corps gras qui la souillent peut-être, soit à l'intérieur, soit à la surface. La présence des corps gras dans le papier s'explique facilement par le toucher qu'il subit tant de fois et par le contact des machines (1).

---

(1) Les taches de fer sont désespérantes sur les positifs ; elles constituent des points noirs, isolés, quelquefois aussi des étincelles noires,

Composition des enduits améliorateurs

Ce qui précède sur la composition, la fabrication, le collage et les derniers apprêts des papiers du commerce, explique assez la nécessité d'enduire, par des préparations différentes et préalables, les papiers destinés aux travaux photographiques (1).

Nous donnons ci-dessous plusieurs formules *normales*, qui pourront être modifiées, soit dans la proportion, soit dans le nombre de leurs éléments, ou être

qu'on ne peut enlever sans détruire, soit la teinte, soit la ligne, sur toute la place avoisinante.

Les taches de cuivre sont moins fâcheuses, parce que leur couleur est toujours plus faible ; on les dissout d'ailleurs plus facilement ; le bain de chlorure d'or acide les atténue souvent au point de les rendre supportables.

Le zinc ne fait pas tache par pointillé, il dérange seulement un peu la vigueur des noirs, et grise quelquefois l'épreuve par places.

Les corps gras dérangent la perméabilité du papier et empêchent l'homogénéité du second collage et l'uniformité de la couche sensible, ils peuvent même influencer chimiquement celle-ci à leur place.

(1) En effet, on comprend que si le papier, avant de recevoir la couche sensible, n'est pas complétement amélioré de manière à remplir toutes les conditions d'un papier photographiquement parfait, l'enduit sensibilisateur le pénétrant subira les conséquences de tous ses défauts : la capillarité de ses interstices, l'irrégularité de ses grains, l'influence des réactifs qu'il contiendra, la force de réduction qui lui est propre, etc., etc. D'une part, l'enduit moulera, en répétant sa forme, le papier, si l'on peut parler ainsi ; d'un autre côté, les substances sensibles seront en contact immédiat avec la matière même de ce papier.

combinées ensemble dans leur emploi, suivant le but et l'expérience de l'opérateur.

D'une part. Dans un vase en verre ou en terre vernissée, contenant 200 grammes d'eau distillée, introduisez 25 grammes d'amidon soluble et 15 grammes de sucre ordinaire; faites bouillir, en remplaçant l'eau vaporisée, jusqu'à limpidité complète du mélange, laissez refroidir et filtrez.

Ou mieux, dans 200 grammes d'eau distillée, introduisez 25 grammes d'iodure d'amidon soluble et 10 grammes de sucre, faites bouillir, comme il est dit précédemment, laissez refroidir et filtrez.

Ou encore, dans 100 grammes d'eau distillée, mêlez à froid 100 grammes du sirop d'iodure d'amidon du docteur Quesneville, et filtrez.

D'autre part. Dans un vase contenant 200 grammes d'eau distillée, faites dissoudre 30 grammes de sucre de lait *modifié*.

Enfin, *d'un autre côté*, battez ensemble 200 grammes d'eau distillée et quatre blancs d'œufs; laissez reposer au frais pendant quelques heures et décantez.

Mêlez ensemble les trois dissolutions et filtrez avec soin. La liqueur, ainsi préparée, sera conservée dans des flacons bien bouchés. Elle peut servir jusqu'à épuisement.

Faites dissoudre à chaud ou à froid 100 grammes de sucre de lait *modifié* dans 400 grammes d'eau distillée. Filtrez avec soin la dissolution quand vous la voyez complète, et conservez-la dans des flacons bien bouchés au liége.

Il peut être avantageux dans certains cas d'avoir un encollage très-chargé ; alors, si on emploie la poudre d'iodure d'amidon soluble ou le sirop d'iodure d'amidon soluble en forte proportion (1), il est bon de remplacer l'albumine par de la gélatine comme liant ; ce dernier corps supporte plus facilement, sans se coaguler, la présence de l'iode. Si cet emploi est fait, il faudra tenir son bain sur un feu doux pendant l'imprégnation des papiers (2).

On pourrait aussi aider à la dissolution complète de l'iodure d'amidon, par du sous-carbonate de soude (2 pour 10) au lieu de sucre. Cette composition est favorable au solutum d'albumine.

Il ne serait pas sans avantage de remplacer l'eau distillée employée comme véhicule, dans cette formule et

---

(1) On sait que l'iode est un coagulant énergique de l'albumine.

(2) Nous croyons devoir rappeler ici une propriété de la gélatine, importante pour son application en photographie. Ce corps, s'il a bouilli longtemps, n'est plus capable de se prendre en gelée, si concentrée que soit sa dissolution.

la précédente, par du sérum en mêmes proportions. Les propriétés *conservatrices* de ce corps ajouteraient aux qualités des deux enduits.

Emploi des enduits améliorateurs

Quand vous avez examiné votre papier par transparence, que vous l'avez choisi d'une texture régulière autant que possible, et que vous le jugez propre à recevoir des images positives, suivant sa transparence et la pureté de sa pâte à l'intérieur, la nature de son collage et le genre de son tissu, vous lui faites subir, selon vos besoins, les améliorations nécessitées par son état.

Les bains indiqués sont destinés aux papiers insuffisamment collés, à grains forts, à texture irrégulière, etc., à tous papiers ordinaires enfin.

Employés comme enduit sensibilisateur, ioduré ou chloruré, par conséquent, ils donnent des positifs d'une grande beauté.

Les feuilles qu'on veut améliorer doivent y être plongées une à une et y rester immergées pendant trois ou quatre minutes, puis suspendues et séchées librement. Comme enduit sensibilisateur pour positifs, on doit enduire le papier d'un côté seulement. Cet encollage a toutes les qualités signalées aux pages précédentes.

Il donne aux épreuves des noirs d'une très-grande intensité et de la richesse au dessin ; l'image a toujours l'air d'être venue sans peine.

Les papiers qui se trouvent dans de bonnes conditions, gagneront encore de grands avantages à être immergés dans des bains d'huile de houille.

Cette opération peut être répétée deux ou trois fois pour rendre le papier bien imperméable ; alors il est capable de recevoir une couche de collodion photogénique et de produire ainsi des négatifs très-beaux.

Les épreuves positives, obtenues à la surface de papiers imprégnés d'huile de houille, puis revêtues d'un enduit quelconque, sont remarquables par la vigueur et la fraîcheur de leurs teintes.

Il est très-important de sécher parfaitement les feuilles passées dans les bains améliorateurs, avant de les enduire des préparations sensibilisatrices.

Nous n'avons que peu de mots à ajouter aux appréciations si justes et aux conseils si bien motivés de M. Geoffray. Le commerce, spéculant toujours sur la paresse des opérateurs, livre des papiers salés qui ne possèdent souvent ni la quantité de sel, ni la propriété désirables ; ils sont si mal collés, si faibles, qu'ils ne peuvent supporter les bains et s'y désagrègent. Nous avons, dans le but d'obvier à ce défaut, interdit un trop fort satinage, ce qui laisse au papier deux qualités importantes, texture ferme et capacité de relief.

DU PAPIER POSITIF ET DES ÉPREUVES

MÉTHODES DIVERSES POUR LES POSITIFS SUR PAPIER

CONSIDÉRATIONS GÉNÉRALES

La préparation du papier positif est très-facile, le tirage de l'épreuve ne présente aucune difficulté sérieuse, et avec quelques précautions, on peut toujours et à coup sûr, arriver à un bon résultat.

Il est bon, toutefois, que le photographe soit suffisamment au fait des propriétés des agents chimiques qu'il emploie, afin qu'il puisse à volonté, les changer, les modifier, les supprimer.

Le sel ordinaire, le chlorure de sodium pur, le sel ammoniac, en un mot, tous les chlorures, ont pour propriété fondamentale de précipiter les solutions des sels d'argent. Quelque faible que soit le bain de sel, quelque faible que soit la proportion de sel dont le papier s'est imprégné, quelque faibles que puissent être la solution de nitrate d'argent et la couche de chlorure d'argent qui se formera sur la feuille, le papier, ainsi préparé, mis en contact avec le négatif, donnera toujours une épreuve positive ; mais, cette épreuve sera-t-elle dans les conditions voulues de force, de profondeur, de durée ? Bien certainement, non. Quelques auteurs ont conseillé, cependant, des bains de sel d'argent faibles, en recommandant de ne laisser la feuille *sur* ces bains que deux ou trois minutes. Il nous semble que c'est là une erreur, surtout si le papier est fort et bien satiné. Le dépôt de sel est, dans ce cas, trop superficiel, et le chlorure d'argent formé se présente lui-même en couche trop faible. Il faut donc *immerger* la feuille dans le bain de sel, et la laisser assez longtemps pour qu'elle en soit pénétrée, afin que le chlorure d'argent se forme dans la pâte ; ce n'est qu'à cette condition que l'on peut obtenir une bonne impression, des tons riches, et une image durable.

Si le chlorure d'argent est trop superficiel, on a des épreuves faibles, supportant à peine le fixage et s'affaiblissant avec le temps ; si, au contraire, le chlorure d'argent a pénétré profondément dans le papier, les épreuves que l'on obtient sont fortes et indélébiles. En résumé :

Plus il y aura de sel dans le papier (1), dans la proportion établie, plus il se formera de chlorure d'argent; plus il y aura de chlorure décomposé sous l'influence des rayons lumineux, et plus la résistance dans le fixage sera grande. Les bains de chlorure d'or donneront des tons plus beaux, et rendront indéfinie, la durée de l'épreuve.

On peut se convaincre, par l'expérience suivante, qu'une image est d'autant plus belle que la feuille contient plus d'argent. Mouillez plusieurs endroits d'une même feuille avec des solutions de nitrate d'argent, à différents titres, et vous verrez que les parties qui auront été humectées avec les solutions faibles, même lorsqu'elles auraient été longuement et complétement exposées à la lumière directe, conserveront un ton rougeâtre, tandis que les parties baignées des solutions fortes prendront rapidement, d'abord un ton bleu-noir, puis une belle teinte bronze métallique.

C'est principalement sur le papier albuminé que ces divers degrés de sel et d'argent (chlorure d'argent organique) se font plus vivement sentir. Ce beau ton

---

(1) Il ne faudrait pas exagérer la quantité de sel dans le bain, car un excès se traduirait, dans le bain d'argent, par un petit précipité blanc (chlorure d'argent), et, sur l'image, par des petites taches blanches comme des éraillures faites à coups d'épingle.

bleu-noir, condition indispensable d'une belle image, est très-facile à obtenir par les procédés que nous indiquons ; il est très-difficile, et presque impossible, d'y arriver avec un papier albuminé peu salé.

Cela nous rejette bien loin de ces procédés prétendus économiques, si vainement préconisés, et qui font encore trop souvent le sujet de ces *communications* que les journaux accueillent avec tant de faveur.

Les économies mal entendues sont une des plus grandes causes de la non-réussite de certaines opérations, mais ce n'est pourtant pas, tant s'en faut, la seule et unique cause des insuccès. Certains opérateurs malheureux ne s'expliquent pas leur défaite, dont ils recherchent en vain la cause ; ils sont très-sûrs de leur manière d'opérer, ils ont pesé leur bain avec le plus grand soin. Il n'y a pourtant pas d'effet sans cause ; à quoi donc cela tient-il ?... Nous avons démontré, à propos du bain d'argent négatif, combien le système d'analyse et de pesage nous semblait défectueux ; nous avons la même opinion à l'égard du bain positif. Le pèse-sel, quel qu'il soit, employé pour connaître la quantité de nitrate d'argent contenue dans le bain, n'est applicable qu'aux solutions neuves. Chaque feuille absorbe une certaine quantité d'argent, et dégage une certaine quantité de soude ; or, comme ce sel exerce son influence sur la densité générale du bain, il agit sur le pèse-sel lui-même, qui accuse ainsi une quantité de nitrate d'argent double de celle qui est réellement contenue dans le liquide. De plus, le papier albuminé abandonne toujours quelques parcelles d'albumine dans le bain, qui le rougissent, et qui obligent l'opérateur à le clarifier au moyen du kaolin. Cette opération est plus ou moins nécessaire, et doit être plus ou moins répétée, selon la nature du papier albuminé. Dans certains cas, l'albumine est si fortement coagulée, que le bain reste pur pendant fort longtemps. Il en est ainsi, également, quand elle est en cet état dans les conditions d'un bain à 25 ou 30 p. 0/0.

Chaque fois qu'on a clarifié le liquide, il faut ajouter, à cette solution affaiblie, une quantité d'argent équivalente à la perte qu'elle a subie par la préparation du papier. Chaque feuille, 21+27, absorbant environ un quart de gramme, on pourra enrichir à temps le bain de 200 grammes d'eau et de 40 à 50 grammes de nitrate d'argent. Le titre du bain n'étant pas strictement déterminé, on n'a pas à se préoccuper de savoir s'il est à 15, 20, 25 ou 30 p. 0/0; il suffit de se rendre bien compte de son degré d'acidité ou d'alcalinité.

Les feuilles sensibilisées sur un bain alcalin prennent une couleur jaune presque aussitôt après leur préparation ; il faut modifier ce bain par deux ou trois gouttes d'acide azotique; les feuilles alors conserveront leur blancheur normale, et acquerront, au virage, un ton bleu-noir des plus harmonieux. Il n'en serait pas ainsi si l'on clarifiait le bain avec la solution concentrée d'acide citrique, qu'on a eu tort de conseiller. Quelques gouttes de cette solution suffiront en effet, pour coaguler et précipiter les parcelles d'albumine en suspension dans le liquide, mais elles produiront des tons rouges que le virage le plus énergique ne pourra modifier. Ces effets se produisent également sous l'influence d'un papier albuminé par une albumine battue avec quelques gouttes d'acide citrique. Cette addition d'acide citrique a la propriété de donner à l'albumine une telle liquidité, que la feuille de papier peut être mise sur la solution sans plus de danger que si elle fût restée sur un bain d'eau simple, et de laisser à la feuille toute sa blancheur, qu'elle conserve bien plus longtemps que par tout autre procédé ; ce sont là de véritables avantages, mais qui, pourtant, ne compensent point le défaut de donner aux épreuves un ton rouge très choquant.

Nous résumons toutes ces observations, en disant que si la feuille ne prend pas, dans le châssis, un ton rouge-violet, ou violet-bleu, et que, malgré une exposition prolongée, elle persiste dans un ton rouge-brun, l'épreuve virera difficilement dans le bain d'or, on n'atteindra même jamais le ton voulu.

Ce ton, qui fait le plus grand mérite de l'épreuve, ne peut résulter que du concours des conditions suivantes : Cliché bien fait, papier albuminé convenablement salé et bain d'argent légèrement acide, au titre de 15 à 25 p. 0/0.

Un cliché opaque, une albumine salée à 2 p. 0/0, ou un bain d'argent faible, contenant un excès de nitrate de soude, sont autant d'obstacles pour obtenir un ton bleu-noir.

Aujourd'hui, que la préparation du papier albuminé est devenue une véritable industrie, et que le commerce fournit du papier albuminé *parfait*, il ne serait pas dans les intérêts des opérateurs de leur conseiller de se livrer à cette fabrication ; mais, il n'est pas inutile de leur faire connaître la meilleure méthode pour obtenir ce produit, afin qu'ils puissent être en mesure de bien apprécier les fournitures qui leur en sont faites, ou que, dans un cas de force majeure, ils soient capables de procéder eux-mêmes à l'albuminage.

La grande quantité de ce genre de papier que nous avons expédiée, l'année dernière, à nos clients, nous a naturellement donné l'occasion de faire, à ce sujet, des expériences multipliées, si bien que nous pouvons présenter les indications suivantes comme le résultat d'études approfondies.

L'emploi d'une glaire plus ou moins fraîche, ne nous a pas paru exercer une grande influence sur la qualité de l'albumine. Chaque blanc pesant, en moyenne, 30 grammes, nous avons toujours mis un gramme de sel par œuf. Si la plupart des œufs sont gros, il vaut mieux peser et mettre 5 p. 0/0 de sel. Tous les chlorures nous ont donné de bons résultats. Il va sans dire, toutefois, que les plus purs sont les meilleurs. Il est important de ne pas laisser de jaune. Cette matière se traduit, sur l'épreuve, par des taches ayant des couleurs vert bronze mordoré. Quelques germes échappés ne sauraient nuire, absorbés qu'ils seraient dans la mousse.

L'albumine doit être employée vieille, et être filtrée au papier, puis, laissée dans la cuvette destinée à cet usage, pendant plusieurs heures, afin de permettre au liquide de déposer un peu.

Le liquide doit être abondant, afin que la feuille ne vienne pas agiter le fond en laissant retomber le superflu.

L'opérateur, après avoir fait deux cornes au papier, le pose sur la surface du liquide, en commençant de son côté, suivant des yeux la ligne qu'il trace au mouillage, et continuant ainsi, sans précipitation ni lenteur, afin d'éviter les *cloches*. S'il s'aperçoit qu'une bulle d'air s'est produite, qu'il se garde de relever la feuille pour la faire disparaître; car, pour éviter ce léger inconvénient, il tomberait dans un défaut irréparable, l'albumine laissant alors des traces, des ondulations d'une double couche. La feuille ne doit rester sur cette solution que tout juste le temps nécessaire pour s'emparer également, sur tous les points de sa surface, du liquide visqueux, c'est l'affaire d'une demi-minute. Un plus long séjour permettrait au liquide de pénétrer le papier, qui serait alors peu brillant, et donnerait des épreuves ternes.

La feuille se relève par les deux cornes. L'opérateur la tend, le plus possible, en écartant les mains, et en soulevant sans précipitation et sans temps d'arrêt. Une fois sortie du bain, il l'accroche par les cornes, restées sèches, à deux épingles, recourbées, espacées, et destinées à cet usage. Le liquide qui découle des feuilles pendant le séchage, pouvant encore servir, on dispose des récipients pour le recueillir.

La température du laboratoire doit être, au moins, de 25 degrés, et si même, on a fait chauffer les feuilles avant l'albuminage, l'opération n'en vaut que mieux.

Nous insistons sur ces deux points, et plus particulièrement encore sur la durée du temps que doit rester la feuille sur le bain. Ceux qui ont parlé de *deux* et même *trois* minutes, n'ont jamais fait du papier albuminé, et les albuministes qui auraient le malheur de prendre au sérieux de pareils conseils, se prépareraient d'amers déboires.

Les *ficelles tendues*, les *liéges minces*, ne sont que des engins incommodes, qui aboutissent au *coulage*. Pour *enlever* et *suspendre* la feuille, l'adresse, si nécessaire d'ailleurs, ne suffit pas; il faut encore un agencement et un matériel convenables. Quant à la quantité d'eau à introduire dans l'albumine, un quart (et non *une quantité égale*, comme l'ont dit certains auteurs), suffit à annihiler le lustre, qui est un des mérites attribués à ce genre de préparations.

En résumé, la main la plus habile et la mieux exercée ne peut guère éviter de gâcher et de faire un rebut assez considérable. Cela explique, du reste, la cherté relative de ce produit, surtout quand le vendeur se fait un devoir de ne livrer que des feuilles parfaites, sans lignes, sans cloches, ni coulage.

Avant de nous livrer en grand à cette fabrication, il nous semblait très-facile, en consultant tout ce qu'on avait écrit et tout ce que nous avions dit, nous-mêmes, à ce sujet, d'arriver à un bon résultat. Nous savons une fois de plus la différence de la théorie à la pratique, en voyant ce que cette école nous a coûté.

Nous avons essayé, dans le but de faciliter et de simplifier cette opération, d'obtenir un liquide aussi peu visqueux que l'eau et aussi facile à employer, en introduisant quelques substances dans les blancs d'œufs. L'acide citrique donne bien ce résultat et produit un papier d'un blanc et d'un vernis superbes, mais comme nous l'avons dit également, il a le très-grave inconvénient que les épreuves qui en proviennent, sont d'un ton rouge, que nul virage ne peut modifier. Ce n'était donc pas encore là une véritable solution du problème. Enfin, notre dernière tentative nous a pleinement réussi, et nous sommes heureux de pouvoir l'offrir comme un procédé excellent :

Sur un cent de blanc d'œufs, versez une cuillerée à café de fiel, ajoutez un chlorure quelconque, et battez comme à l'ordinaire. L'aspect de l'albumine n'est plus le même; au lieu d'une mousse blanche et résistante, il se produit seulement une légère mousse de couleur, qui ne *monte* pas. Dix heures après cette préparation, il arrive que des grumeaux de glaire réduite se trouvent mêlés au liquide légèrement coloré. On a recours alors à un filtre de papier.

CONSIDÉRATIONS GÉNÉRALES

Malgré sa coloration et sa limpidité excessive, cette albumine laisse à la feuille toute sa blancheur, et lui donne un vernis admirable.

Il peut arriver, quel que soit d'ailleurs le mode de préparation de l'albumine et le procédé d'albuminage, que sur l'épreuve, dans l'hyposulfite ou dans l'eau, il se produise une quantité plus ou moins grande de petites cloches, dont la grosseur varie de 2 à 5 millimètres ; il ne faut pas s'en inquiéter. Elles tomberont quand l'épreuve sera sèche, et s'attacheront de nouveau au papier qui n'en conservera aucune trace.

Pendant l'opération du virage, il faut, s'abstenir, rigoureusement, de toucher à l'hyposulfite, dont la moindre parcelle suffit pour produire sur l'épreuve des taches jaunes, sulfureuses, impossibles à détruire.

Nous résumons tout ce qui vient d'être dit, en cette formule :

Blancs d'œufs frais, ou un peu vieux ; (*ad libitum*).
Sel...................... 4 à 5 p. 0/0.
Albumine filtrée au papier.
Déposée dans la cuvette.
Papier sec et chaud ;
Laboratoire à + 25° au moins ;
Bain légèrement acide (nitrique) à 15 ou 25 0/0 d'argent.

La qualité du papier a également son importance.

Il est évident que toutes les conditions précédemment indiquées étant réunies, on obtiendra toujours un albuminage parfait avec certains papiers, tandis qu'avec d'autres, la surface sera teintée, ou peu brillante.

Le papier-saxe, et quelques autres papiers belges et français, quoique de bonne qualité, à un autre point de vue, se teintent et restent peu brillants. Le meilleur papier pour l'albuminage, depuis un an du moins, est le papier Blanchet et Kleber, de Rives.

Après un mois ou deux, le papier albuminé perd un peu de sa blancheur et de sa qualité. Cela tient, sans doute à ce que le sel abandonne peu à peu l'albumine pour se combiner à la pâte du papier. L'albumine, n'étant plus assez riche en sel, forme sur le bain d'argent un albuminate trop abondant, qui, au virage, donne des tons noirs durs, moins beaux.

Du tirage des épreuves positives

Le procédé du tirage des épreuves positives est si connu et a été si souvent exposé, que nous aurions pu nous dispenser de revenir sur ce sujet, si nous n'avions sur ce point, comme sur tant d'autres, à signaler de graves erreurs. Il n'y a pas de petites questions pour un photographe qui a souci de ses œuvres. On a conseillé, tour à tour, l'exposition du cliché au soleil ou à l'ombre, selon que ce cliché est trop dur ou trop uniforme. Nous serions tenté de donner un conseil inverse. C'est, en effet, le cliché *trop uniforme* qui aurait besoin d'être *surpris*, pour ainsi dire, par les rayons directes du soleil, tandis que le cliché heurté demanderait une lumière diffuse, et même tamisée à travers un verre dépoli. Du reste, ce sont là des suppositions purement gratuites et des conseils stériles. Ce que l'expérience nous apprend, c'est que l'effet est homogène à la cause qui l'engendre, ce que le vulgaire entend fort bien quand il dit : « tel père, tel fils ! » Donc à cliché dur, dure épreuve positive ; à cliché faible et uniforme, épreuve noire sans détails.

Si vous collez du papier dioptrique derrière le cliché, vous augmentez, au lieu de réduire, le défaut de ce cliché, qui transmet, en outre de ses propres imperfections, le grenu du papier à l'épreuve positive. Cela est d'ailleurs connu depuis l'enfance de la photographie, alors que le cliché était sur papier, et que l'expérience n'avait pas encore consacré toutes nos prescriptions.

Nous ne savons trop dans quelles intentions on a pu dire, à propos du châssis-presse : « Nous préférons un matelas de papier, et, mieux encore, une grosse étoffe de laine feutrée, comme un morceau de couverture taillée de grandeur, et placée entre deux feuilles de gros buvard, à la double-glace employée par quelques personnes, car le papier pressé entre deux surfaces planes, est forcément plissé, s'il n'est lui-même parfaitement plan. »

N'y a-t-il pas une arrière-pensée dans ces sortes de conseils?... Qui ne sait que le papier est plan ou très-facile à rendre tel, quand il se trouve recoquevillé, et que ce n'est que lorsqu'il est humide qu'il peut se plisser entre deux glaces? Quel opérateur n'est convaincu de l'impossibilité d'obtenir une certaine finesse sur une épreuve positive si le papier n'est pas parfaitement assujéti sur son cliché par deux corps rigides et plans? Personne ne s'aviserait de le tenter, pas plus qu'on n'essaierait de tirer une épreuve à travers l'épaisseur du négatif. Mais, dira-t-on peut-être, il y a, cependant, aujourd'hui des milliers de châssis primitifs qui fonctionnent et qui produisent des millions d'épreuves que le commerce accepte et fait écouler. Nous ne prétendons nullement contester la réalité de ce fait, mais il ne nous empêche aucunement de soutenir qu'une carte de visite et un stéréoscope gagnent cent pour cent à être tirés avec des doubles glaces.

Nous ne pouvons que nous répéter encore dans cette circonstance, et déclarer de nouveau que la première condition d'une belle épreuve positive, est d'être tirée dans un chassis à doubles glaces, et par une pression uniforme et soutenue ; comme la seconde condition est d'opérer, s'il est possible, avec une belle lumière directe, laquelle décompose mieux la couche sensible, et fait prendre à l'épreuve, lors du virage, des tons plus riches et plus profonds.

Nous recommandons également l'emploi d'un papier salé simple, ou salé et albuminé avec soin, soit 4 ou 5 p. 0/0 de sel dans l'albumine pure, baigné sur une solution d'argent à environ 20 p. 0/0, pendant quelques minutes. Cette opération doit avoir lieu loin de tout dégagement d'ammoniaque ou d'hydrogène sulfuré, si l'on tient à conserver la couleur et la qualité première du papier.

Enfin, si à ces conditions réunies, on ajoute une surveillance bien soutenue, on pourra procéder avec la plus grande sécurité au virage et au fixage des épreuves, qui viendront alors sur un ton identique et plus vigoureux que ne le comporte un virage ordinaire. Ces opérations n'exigent pas les soins minutieux qui étaient nécessaires pour la fabrication du négatif, ni la science d'observation requise pour les opérations de cette première partie.

La plus simple et la meilleure méthode à suivre est

de plonger chaque épreuve dans l'eau, à mesure qu'elle sort du châssis. Si l'endroit où le tirage se fait n'est pas à peu près obscur, on aura la précaution de couvrir la cuvette qui les contient. On changera l'eau de demi-heure en demi-heure. Pour le virage, on en mettra dans une cuvette la quantité voulue pour cinq ou six épreuves, que l'on plongera une à une dans ce bain, en ayant soin d'agiter sans cesse la cuvette et de changer les épreuves de position ; sans cette double précaution, le dépôt d'or s'effectuerait par places, les épreuves courraient grand risque d'être bicolores. L'opération marche plus rapidement dans un laboratoire chaud, mais il faut toujours attendre que l'épreuve, vue par *transparence*, arrive franchement au ton bleu-noir désiré. On se hâte généralement beaucoup trop dans cette opération, qui doit être faite avec calme et une sage lenteur. Six à huit épreuves étant virées, on les mettra dans l'eau, qu'on renouvellera deux fois, pendant le virage d'un même nombre d'autres épreuves, et l'on continuera ainsi, de telle sorte, que le premier trempage de l'épreuve, au sortir du châssis, soit de quelques heures, et le second trempage, après le virage, d'une demi-heure à peu près. C'est encore le moyen le plus sûr de conserver la couleur obtenue, que le bain d'eau semble avoir la propriété de fixer. Dix ou vingt épreuves étant ainsi préparées, on peut procéder au fixage, qu'il serait dangereux d'entreprendre pendant le virage, parce que, si, malgré les précautions les plus minutieuses, il restait quelques parcelles d'hyposulfite aux doigts de l'opérateur, des taches de sulfuration se produiraient infailliblement sur les épreuves.

Le fixage doit se faire dans une grande cuvette, afin qu'on y puisse baigner à la fois plusieurs épreuves, et les changer de position. La quantité d'hyposulfite, pour cette solution, n'a pas besoin d'être rigoureusement déterminée; elle varie de 15 à 30 p. 0/0. Ce qu'il y a de plus important, c'est de maintenir le bain dans son état neutre pendant toute la journée, ce à quoi on arrive très-bien en y ajoutant une pincée de craie lévigée. Il ne faut pas manquer de mettre aux résidus, tous les jours, les bains d'hyposulfite qui ont servi au fixage d'un certain nombre d'épreuves.

On a dit que l'épreuve devait rester deux heures *au moins* dans le bain de fixage, surtout avec une solution à 24 p. 0/0; il nous paraît beaucoup plus simple de s'assurer si le chlorure libre, qui se manifeste dans la pâte par un *poivré*, a complétement disparu, en regardant le papier par transparence. C'est bien souvent à la précaution qu'on a prise de ne laisser l'épreuve dans le bain que le temps nécessaire, qu'on a dû la conservation des demi-teintes les plus indispensables. Ce n'est que dans le seul et unique cas d'une épreuve *trop forte*, qu'il convient de la modifier en prolongeant le bain du fixateur.

Des cuvettes propres et beaucoup d'eau, c'est tout ce qu'il faut pour la dernière opération ; car nous n'avons pas besoin de mentionner *le rouleau de verre pour extraire l'hyposulfite de la pâte du papier*, pas plus que *les éponges* et autres moyens qui ont été conseillés pour enlever à l'épreuve jusqu'à la dernière trace du bain fixateur. Ce sont là des procédés qui ne sont pas sérieux et des complications parfaitement inutiles. Une auge, un vase quelconque rempli d'eau souvent renouvelée, il n'en faut pas davantage pour chasser l'*ennemi* de sa dernière retraite, et pour assurer à l'épreuve une durée indéfinie.

Après avoir épongé l'épreuve entre quelques feuilles de buvard, on peut terminer de sécher devant le feu. Ce moyen a souvent pour effet de donner à l'épreuve une plus grande vigueur.

Pour coller les épreuves, la gomme nous paraît préférable à la dextrine, et l'amidon frais à la colle de pâte, surtout celle qui se trouve dans le commerce.

On ne peut se dispenser d'un cylindre-satineur, pour le montage du stéréoscope et de la carte de visite.

Ce cylindre peut être pourvu d'un seul régulateur, d'un abaisseur unique, ou d'un système double. L'inconvénient de ce dernier est d'obliger l'ouvrier à exécuter simultanément deux manœuvres, qui doivent être parfaitement régulières, ce qui arrive très-rarement. Il en résulte qu'un côté du cylindre étant plus abaissé que l'autre, il y a *étirage* sur une lisière de l'épreuve, tandis que l'autre est à peine satinée.

Un cylindre satineur, pour être bien régulier, doit porter un système d'engrenage supérieur, dont les roues, de différents diamètres, permettent à la manivelle régulatrice d'agir facilement sur une forte pression. Les roues motrices, l'inégalité de leurs diamètres, la longueur de la manivelle, doivent être combinées en vue de faciliter la manœuvre. La plaque d'acier doit être parfaitement polie, plane et parallèle, et les cylindres doivent être relativement gros. On entretient le mécanisme en huilant les trous pratiqués *ad hoc*, et en nettoyant l'acier et les cylindres avec un chiffon mouillé d'alcool. Cette dernière précaution est tout à fait indispensable quand on colle et on cylindre en même temps.

L'encaustique faite avec l'essence de térébenthine, a la double propriété de sentir très-mauvais et de jaunir l'épreuve. Nous ne savons si c'est cela qui lui a valu la recommandation de certains auteurs. Quant à nous, il nous semble que l'essence de lavande, et toute essence quelconque, est préférable à la térébenthine, qui n'a d'autre mérite que le bon marché, en supposant que le *bon marché* des mauvaises choses ne soit pas toujours trop cher.

DES ÉPREUVES POSITIVES

OBTENUES PAR CONTINUATION

OU

MÉTHODE NÉGATIVE

Le problème d'une imprimerie photographique, c'est-à-dire de tous les procédés qui la rendaient possible, a été posé d'abord par M. Blanquart Evrard, et, ce problème, il l'a résolu. Beaucoup de communications ont été faites sur le même sujet ; aucune d'elles n'a indiqué un moyen qui offrît plus d'avantages ou moins d'inconvénients.

Tout le système de M. Blanquart repose sur la propriété que possèdent les iodures, ainsi que quelques corps organiques de se combiner avec l'argent, d'une manière assez sensible pour permettre le développement de l'image par un réactif.

Nous pouvons, cependant, à côté de ce procédé unique, citer, par exception, celui d'un tirage par continuation, donné par M. Sutton, et modifié par M. Schlumberger, amateur habile, qui a su en obtenir de véritables chefs-d'œuvre. C'est le procédé le plus sérieux après celui de M. Blanquart. Il est, cependant, peu pratiqué :

Sérum de lait — Manière de l'obtenir

Dans un vase, et sur un feu couvert de cendres, mettez un litre de lait. Lorsque le lait commence à monter, versez dessus 10 c. c. d'acide acétique. Cet acide précipitera instantanément le caséum ; filtrez à travers un linge ; lorsque ce liquide sera refroidi, faites l'opération suivante :

Dans une capsule profonde, mettez un blanc d'œuf, versez peu à peu le liquide et battez, sans interruption, pendant quelques instants ; remettez sur le feu ; aux premiers bouillonnements l'albumine entraînera toutes les substances en suspension, et le liquide sera clarifié.

Ce litre de lait produira environ 250 grammes de liquide.

PREMIÈRE OPÉRATION

Sur cette préparation, posez la feuille de papier du bon côté et laissez-la s'imprégner pendant quelques minutes ; puis suspendez-la et laissez-la sécher. Ce papier, étant à l'abri de la poussière, conservera sa propriété pendant plus d'un mois.

DEUXIÈME OPÉRATION

Faites un bain ainsi composé :

> Azotate d'argent....... 3 à 5 grammes
> Eau distillée.......... 100

Lorsque la solution est faite, ajoutez :

> Acide acétique........ 3 c. c.

Posez sur ce bain une feuille ayant subi la première opération ; trois ou quatre minutes suffisent à la formation de la couche sensible ; suspendez-la alors, et laissez-la sécher à l'abri de toute lumière.

Pour faire l'épreuve positive, il suffit de mettre cette feuille en contact immédiat avec le négatif, et cela de la même manière que pour une feuille préparée au chlorure d'argent. Seulement, au lieu de vingt minutes d'exposition qu'aurait exigées la feuille au chlorure, celle-ci ne demande pas plus de une à deux minutes ; ce temps suffit aux rayons actiniques pour décomposer la couche sensible ; et, si faible, si peu apparente que soit l'image, elle se complétera aux premières réactions chimiques de l'agent continuateur.

Après cette courte exposition, vous pouvez rentrer dans le laboratoire et procéder au développement de l'image.

MOYEN

Vous avez fait dissoudre d'avance de l'acide gallique ; filtrez cette solution saturée ; mettez-en quelques grammes sur une glace de niveau et placez-y la feuille impressionnée, l'image en dessous ; ne laissez pas de bulles, l'image ne tardera pas à se montrer dans tout son développement. Quand elle sera complète, lavez-la à quatre ou cinq eaux.

On pourra donner à cette image un ton plus harmonieux, en la plongeant dans un bain de chlorure de platine, ainsi composé :

    Chlorure de platine.... 1 gramme.
    Eau................ 2,000 —

Lorsque le ton désiré a été obtenu, lavez l'image et mettez-la dans un bain d'hyposulfite de soude à 6 p. 0/0, pendant une demi-heure à peu près ; lavez et terminez les opérations comme pour la feuille au chlorure d'argent.

DU PAPIER POSITIF

MANUEL OPÉRATOIRE

Préparation du papier positif

PREMIÈRE OPÉRATION

Faites dissoudre à froid :

> Chlorure d'ammonium..... 32 gr.
> Eau........................ 800 gr.

Agitez la solution, filtrez dans une cuvette propre et destinée à cet usage, prenez par un angle inférieur une feuille de papier coupée de grandeur, plongez-la dans le liquide de telle façon qu'elle en soit couverte et qu'il ne se forme point de bulles à la surface; glissez une seconde feuille sous la première, puis une troisième sous celle-ci, et ainsi de suite jusqu'à cinq. Retirez ce paquet du liquide où il est plongé, enveloppez l'angle supérieur d'un petit carré de papier buvard, et piquez-le contre une planche garnie de liége; selon la saison, le séchage se fera plus ou moins rapidement, les feuilles s'isoleront d'elles-mêmes ; vous pouvez, par ce procédé, préparer en quelques minutes autant de mains de papier que de feuilles par l'ancienne méthode.

Préparation de l'albumine.

Cassez avec soin, et mettez dans une capsule ou un vase quelconque, net et profond, après avoir retirez les germes et les jaunes :

> Blancs d'œuf.......... 500 gr.
> Sel ammoniac pur...... 25 gr.

Battez ferme jusqu'à ce que cette neige ait une sorte de consistance. Laissez reposer pendant plusieurs jours, à l'abri de toute poussière. Filtrez ensuite au papier, dans une cuvette destinée à cet usage, laissez déposer ce liquide plusieurs heures.

Pendant ce temps, l'opérateur dispose toutes choses comme il convient : il donne le dernier coup de plumeau aux supports; il éponge, nettoye, chauffe la pièce ; il prépare les crochets, les épingles, le papier buvard; car il n'ignore pas que les atômes qui voltigent dans l'air suffiraient pour altérer, ou, du moins, salir le liquide pendant les quelques secondes où la cuvette restera découverte. Cela fait, placez-vous devant le petit côté de la cuvette, faites deux cornes aux angles opposés de la feuille, également par le petit côté, et saisissez-la promptement par les deux cornes ; posez le côté opposé de la feuille sur le bain, ramenez un peu vos deux mains vers vous, en appuyant sur la feuille, de manière à la cintrer; poussez-la ainsi dans le liquide, en suivant de l'œil le fil qu'il trace sur le papier à mesure qu'il pénètre ; conduisez-la ainsi, sans temps d'arrêt, jusqu'au bout. Laissez l'imbibition se faire pendant trente ou quarante minutes ; puis, ressaisissez la feuille par les deux cornes, qui doivent être restées sèches. Ecartez les mains de façon à tendre la feuille ; levez-la, non pas brusquement, mais par un mouvement régulier et continu, en allongeant graduellement les bras, si bien que la partie de la feuille qui était d'abord tout près de vous parcoure toute la surface de la cuvette, et sorte du bain à la place où était l'autre côté. Accrochez alors la feuille par les deux cornes sèches, et tendez-la en l'accrochant.

Cette opération, si simple en apparence, nécessite pourtant une certaine dextérité, sans laquelle on risque fort de mettre la moitié des feuilles au rebut. Il importe beaucoup que cette opération soit faite avec une grande promptitude, et, pour cela, il n'est pas mal de se faire aider par une ou deux personnes, surtout lorsqu'on agit sur deux cuvettes en même temps. On se distribue la besogne de façon à ce que les cuvettes ne restent pas un seul instant découvertes : une personne prépare une feuille, tandis qu'une autre enlève celle qui est sur le bain, et que la troisième, qui la suspend, fait glisser sous elle un papier qui la débarrasse de l'excès de liquide qu'elle a pu conserver. Il est bon d'avoir un vase pour recueillir l'albumine, dont on peut se servir, après l'avoir filtrée.

La pièce où l'on opère doit être assez chaude, naturellement ou artificiellement, de façon à ce qu'en un quart d'heure au plus le séchage soit complet. C'est une condition essentielle pour obtenir un papier parfait. On coagule l'albumine à l'aide d'un fer chaud à lisser, et on redresse les feuilles un peu recoquevillées. Nous avons essayé de passer un fer très-chaud sur l'albumine même, et non à l'envers, comme on fait ordinairement, et nous n'avons trouvé aucune différence avec les feuilles traitées au fer à lisser, chauffé modérément. Les feuilles non lissées nous ont elles-mêmes donné un très-bon résultat.

On peut ajouter utilement un peu de fiel à l'albumine, dans les proportions suivantes :

> Blanc d'œuf.......... 500
> Sel................. 25
> Fiel, une cuillerée à café

Sous l'action dissolvante de cette substance, la mousse est peu abondante et sans résistance, et, après quelques heures, elle tombe et se mêle au liquide, qui passe très-bien à travers le filtre. Le grand avantage qui résulte de l'addition du fiel à l'albumine est donc de la liquéfier parfaitement, qualité qui simplifie et facilite beaucoup la double opération du *posé* et du *levé* de la feuille, sans compter que le papier est alors admirable de blancheur et de brillant.

Préparation des bains d'argent pour les positifs.

$$\left.\begin{array}{ll}\text{Eau distillée....} & \text{300 gr.} \\ \text{Azotate d'argent.} & \text{60 gr.}\end{array}\right\} \text{pour papier chloruré.}$$

$$\left.\begin{array}{ll}\text{Eau distillée....} & \text{300 gr.} \\ \text{Azotate d'argent.} & \text{60} \\ \text{Acide azotique..} & \text{2 gouttes.}\end{array}\right\} \text{pour papier albuminé.}$$

Ces bains doivent être filtrés dans une cuvette très-propre, au moment de s'en servir. Après y avoir préparé une douzaine de feuilles normales, ce bain, affaibli, peut être restauré par l'addition de 2 grammes de nitrate d'argent. On le reconstitue et on le maintient entre 15 et 25, en y ajoutant 100 grammes d'eau et 30 grammes d'azotate d'argent, après avoir préparé quarante feuilles normales. Ce bain, destiné à l'albumine, doit être éclairci par le kaolin; une quantité de la grosseur d'une noix suffit dans 6 ou 700 grammes de liquide. Agitez ensuite, laissez déposer et filtrez.

Si le papier jaunit après la préparation, on ajoutera au bain une ou deux gouttes d'acide azotique, et l'on pourra renouveler de temps en temps cette addition.

Préparation du sel double d'or et de soude

Mettez, dans un flacon de la contenance d'un demi-litre :

Eau distillée........ 300 gr. } 1re solution.
Chlorure d'or....... 1

Dans un flacon d'un litre, mettez :

Eau distillée........ 300 gr. } 2e solution.
Hyposulfite de soude. 4

Lorsque ces deux sels seront dissous, versez la première solution dans la seconde, lentement et en agitant, et ne transposez pas les termes de la formule, car l'opération inverse déterminerait un précipité d'or, et la solution serait perdue.

Chlorure d'or acide

Eau distillée..........	600 gr.
Chlorure d'or.........	1 gr.
Acide chlorhydrique...	10 gr.

Bain d'or pour le papier albuminé

Eau distillée..........	1,000 gr.
Acétate de soude......	30 gr.

Laissez dissoudre, puis, ajoutez un gramme de chlorure d'or. Cette dernière solution ne peut être employée que vingt-quatre heures après sa préparation.

Autre bain d'or pour le virage des épreuves sur papier albuminé

Pulvérisez, dans un mortier :

Acétate de soude......	15 gr.
Hypochlorite de chaux.	1/2 gr.

Faites dissoudre dans un litre d'eau, filtrez, et ajoutez un gramme de chlorure d'or ; même observation que pour la précédente formule. Cette composition donne aux épreuves un très-beau ton bleu-noir. Elle convient, surtout, pour les images un peu dépassées, car elle tend à affaiblir l'épreuve.

Bain fixateur

Dans une cuvette :

> Eau ordinaire.........   500 gr.
> Hyposulfite de soude...   80
> Craie lévigée.........   2

Cette solution doit être renouvelée tous les jours. Cependant, quand elle n'a servi à fixer que très-peu d'épreuves, elle peut servir encore le second et même le troisième jour. Il n'est pas besoin de filtrer.

Sensibiliser le papier chloruré

DEUXIÈME OPÉRATION

Nous avons donné les procédés et les formules de la première opération, au chapitre de *la préparation des bains* et, supposant que l'opérateur possède du papier qui a déjà subi cette opération, nous passons à la seconde.

Filtrez, dans une cuvette plate, une couche du bain positif, de 5 à 6 millimètres d'épaisseur. Prenez la feuille salée par les deux angles opposés. Choisissez l'envers (1), et marquez-le d'un signe; faites-y une

---

(1) Si l'on regarde le papier destiné au positif avant le bain de sel, il est difficile de connaître le bon côté ; mais lorsqu'il a été mouillé, le grain ressort, et le tissu, espèce de trame, se laisse apercevoir. C'est ce qui constitue l'*envers*.

corne de 25 millimètres environ ; relevez-la en équerre, et repliez-la fortement sur elle-même. Posez le bon côté sur le bain, et, l'abandonnant de la main gauche, accompagnez-la doucement de la main droite, puis laissez-la sur le bain au moins cinq minutes (un plus long temps ne saurait nuire) ; relevez-la ensuite par la corne, et piquez le coin sec sur le liége.

Aussitôt que le papier est sec, placez-le dans un carton spécial, ou dans une boîte contenant du chlorure de calcium, si vous voulez le conserver pendant quelques jours. Toutefois, il vaut mieux n'en préparer que pour les besoins du jour même, car, malgré la boîte conservatrice, il s'y fait toujours un commencement de décomposition nuisible aux opérations du virage. L'inconvénient est moins grave en hiver, où le papier peut se conserver cinq ou six jours, par l'action du froid et de l'humidité.

On procède de la même manière, bien qu'avec un peu plus de précaution, à la préparation du papier albuminé sur le bain d'argent.

Quelques opérateurs anglais trempent la feuille dans le bain d'argent, de manière à produire un chlorure d'argent dans la pâte même, lorsque le papier est salé par immersion, c'est-à-dire des deux côtés, comme cela a lieu dans notre maison. L'épreuve est alors visible des deux côtés, moins accusée, cependant, à l'envers. Ce procédé, qui assure une plus longue durée à l'épreuve, est surtout utile à employer lorsque l'opérateur a mouillé (taché) une partie de sa feuille à l'envers. Au lieu de la rejeter, il n'a qu'à l'immerger complétement, d'après ce procédé. C'est une ressource qu'il est bon de connaître à l'occasion.

Tirage des épreuves positives.

Nettoyez avec soin par derrière, la glace négative, et la glace du châssis-presse, des deux côtés; posez le négatif sur la glace du fond du châssis, le collodion en dessus; couvrez-le avec le côté préparé du papier positif; ajoutez sur celui-ci deux feuilles de papier blanc et propre; renfermant une feuille de papier noir, abaissez les deux volets à glace, et mettez les crochets.

Exposez le châssis aux rayons directs ou à la lumière diffuse, mais toujours perpendiculairement à la direction du rayonnement lumineux.

On ne saurait déterminer le temps nécessaire à la venue d'une belle épreuve; cela tient à la lumière et aussi au cliché qui peut être plus ou moins translucide, plus ou moins vigoureux; en été, avec un cliché ordinaire, il suffit, à peu près, de dix minutes par un beau soleil. En hiver, par un temps gris, humide, il faut une heure, deux heures, quelquefois même une journée entière. Dans tous les cas, on doit laisser venir l'image bien plus noire qu'on ne veut l'obtenir, puisqu'elle perdra beaucoup au fixage; il faut, en général, que les noirs profonds de l'épreuve commencent à prendre la teinte vert olive; on doit regarder l'épreuve de temps en temps pour s'assurer de sa *venue*; à cet effet, on ouvre un volet et l'on regarde de ce côté pendant que l'autre reste fixe; en opérant de la sorte, l'image retombe exactement sur les mêmes points de l'épreuve négative, et l'épreuve positive ne présente pas de doubles contours.

Si, au sortir du châssis-presse, on laissait l'image exposée au soleil ou même à la lumière diffuse, on comprend que le chlorure d'argent libre noircirait aussitôt, et l'épreuve serait perdue. Il faut donc la fixer sans retard, ou la conserver, dans un carton, à l'abri de toute lumière, jusqu'au moment du fixage.

Si, ne tenant pas à donner à l'épreuve un ton noir, on veut lui laisser la teinte jaune-rouge qu'elle reçoit du fixage naturel à l'hyposulfite de soude, on peut procéder au fixage immédiatement. Mais si, au contraire, on désire un beau ton harmonieux, il faut absolument procéder au virage avant le fixage.

A cet effet, s'il s'agit d'une épreuve sur papier salé simple, plongez-la dans une cuvette d'eau un peu ammoniacale (5 p. 0/0 environ). Elle passera, en quelques secondes, à un ton rouge sépia de Rome. Enlevez-la immédiatement, laissez égouter un instant, puis plongez-la dans un bain de sel double d'or et de soude (p. 191); elle y prendra presque aussitôt un ton bleu-noir magnifique. Lavez-la, et plongez-la dans le bain fixateur.

Si l'image a dépassé le ton vert-olive dans les noirs, si les demi-teintes ont disparu sous une réduction métallique trop forte, si enfin elle est trop venue, on ne pourra pas lui faire perdre le ton vert-bronze métallique dans le bain fixateur; avant donc de la plonger dans ce bain, il faut la dépouiller de l'excès de réduction : à cet effet, mettez-là d'abord dans l'eau, et laissez-la s'en imprégner pendant une minute ; jetez l'eau et couvrez l'épreuve d'une solution de chlorure d'or acide (p. 292). Suivez attentivement l'action du chlorure d'or : s'il est neuf, l'effet sera instantané; sitôt que le ton bronze aura disparu, pressez-vous et lavez l'épreuve à grande eau; plongez-la alors dans le bain fixateur et continuez les opérations, etc.

Lorsque vous dépouillez une épreuve trop venue, hâtez-vous, et ne la laissez sous l'action du chlorure d'or que tout juste le temps nécessaire, plutôt moins ; ce bain est très-actif, et l'épreuve pourrait perdre de sa vigueur; on peut aussi la traiter d'abord par le bain *vieux* ou faible.

Les tons bleus ou noirs, mais un peu froids, obtenus par ce moyen, conviennent surtout à certaines reproductions de nature morte, aux ruines, aux cloîtres, aux forêts, etc.; et le photographe pourra amener exprès ses épreuves au vert-bronze métallique, lorsqu'il aura besoin d'obtenir ces effets.

Virage de l'épreuve positive sur papier albuminé.

Aussitôt qu'une épreuve est faite, plongez-la dans une cuve d'eau ordinaire, et quand une vingtaine d'épreuves auront ainsi baigné environ un heure, pendant laquelle l'eau aura été renouvelée deux ou trois fois, vous pourrez procéder au virage.

Si l'épreuve est très-noire, le virage à l'hypochlorite de chaux est préférable. Procédez comme il suit : cinq ou six stéréoscopes ou seulement deux épreuves normales, étant dans une cuvette, couvrez-les de la solution, et, la cuvette dans votre main, agitez afin que le virage passe et repasse sur les épreuves; changez-les de position, et continuez ainsi jusqu'à ce qu'elles aient acquis le ton bleu-noir que vous désirez obtenir.

Lors même qu'elles sont parvenues à ce point, ne vous pressez pas de les retirer de la cuvette, et regardez si, vues par transparence, elles n'auraient pas encore un peu de rouge, dont il faut qu'elles se dégagent entièrement. Ce n'est que lorsque le beau ton bleu persiste par transparence, qu'il est temps de les retirer du bain, mais alors il faut les en retirer sans retard. Un plus long séjour aurait lieu aux dépens de leur vigueur, et quelques secondes suffiraient pour les faire passer au ton gris perle, qui sied, d'ailleurs, très-bien à quelques épreuves, et qui peut parfois être d'un très-bel effet.

Plongez dans l'eau chaque épreuve aussitôt qu'elle est virée, et laissez-la dans ce nouveau bain, pendant le temps du virage de deux ou de trois lots d'épreuves. Rincez-les à leur sortie de cette immersion avant de les plonger dans le bain fixateur. Il est prudent et convenable de se laver les doigts avec le plus grand soin, avant de recommencer le virage d'une autre série.

La rapidité du virage est en raison de la quantité et de la qualité du bain de la cuvette et de la chaleur du laboratoire.

Qnand, par suite du virage de plusieurs épreuves, la solution affaiblie, commence à ne plus opérer aussi vite, on peut lui rendre un peu de sa force en y ajoutant quelques grammes de la solution qui n'a pas encore servi ; mais il ne faut pas renouveler plusieurs fois cet expédient, et la solution, plus ou moins épuisée, doit ensuite être mise aux résidus, à moins qu'on ne veuille l'utiliser encore, pour commencer le virage, au lieu et place du premier bain d'eau.

RÉSUMÉ :

Un bain d'argent à 20 p. %; la feuille, pendant dix minutes sur ce bain; l'épreuve au sortir du châssis-presse ; mise dans un bain d'eau, pendant un quart d'heure; eau renouvelée; épreuve virée jusqu'au bleu, vue par transparence ; fixée à solution d'hyposulfite à 25 p. %, lavée, etc.

Fixage de l'épreuve

Que l'image soit virée ou non, elle doit être plongée dans le bain d'hyposulfite, pendant un temps qui ne saurait être déterminé, vous pouvez opérer sur huit ou dix épreuves à la fois, en ayant soin de varier leurs positions pendant la durée du fixage, dont on s'assure en regardant par transparence : elle est fixée dès que la pâte du papier s'est purgée d'une espèce de *poivré* dans les blancs, c'est-à-dire que le chlorure libre est complétement dissous ; il ne reste plus alors qu'à dégager l'épreuve de la solution d'hyposulfite de soude, en la mettant dans l'eau. Ce bain, renouvelé dix ou douze fois, d'heure en heure, assure à l'épreuve un fixage inaltérable et complet.

Après ce bain, vous pourrez sécher l'épreuve dans du papier buvard, et la suspendre pour qu'elle sèche complétement, ou bien la faire sécher devant le feu ; si l'image est un peu faible, l'action du calorique lui fera prendre un ton plus noir et plus harmonieux.

Le fixage par l'hyposulfite neuf est évidemment celui qui rend les épreuves plus durables, mais il a le grand inconvénient de leur imprimer un ton roux sale lorsqu'elles ne sont pas virées d'avance, du reste il est toujours temps de faire virer une épreuver, fixée naturellement, en la soumettant au bain d'or, avec les mêmes précautions que celles indiquées pour ce virage après l'emploi de l'eau ammoniacale (page 297).

DES GROUPES

Moyen de réunir en groupe, sur une feuille positive, plusieurs personnages provenant de divers clichés.

Il est toujours très-difficile d'obtenir un groupe, surtout lorsqu'on veut reproduire les personnes d'une grandeur plaque normale, car il faut, pour cela, non seulement faire usage d'un objectif de monstrueuse dimension, mais encore avoir affaire à des poseurs modèles. Il suffit, en effet, qu'une seule des personnes composant ce groupe ne se maintienne pas dans la plus complète immobilité, pour que le cliché tout entier soit perdu; l'on pourrait ainsi le recommencer indéfiniment, tantôt par la faute de celui-ci des personnages, tantôt par la faute de celui-là. Cette difficulté disparaît si, après avoir fait poser séparément chaque personne dans l'attitude qu'elle doit avoir dans l'ensemble du groupe, et en avoir obtenu un cliché, on peut réunir ces divers clichés sur un seul tableau. Or, voici le procédé à l'aide duquel cette réunion peut s'opérer : Les clichés partiels étant obtenus, on noircira chacun de ces clichés, du côté du collodion, avec de l'encre de Chine très-épaisse, en silhouettant l'image avec soin. Tous les clichés étant ainsi préparés, on tirera de chacun une épreuve, à moitié venue seulement; puis, on découpera cette image positive, bien entendu sans la fixer, et de manière à en faire une silhouette qui s'adapte parfaitement à celle du cliché. Ces silhouettes conservées noirciront, et pourront servir indéfiniment. Tirez alors, de chaque cliché, une nouvelle épreuve, que vous fixerez, et qu'ensuite vous découperez quand elle sera sèche. Alors, vous la collerez sur un carton, en lui donnant la position qu'elle doit occuper dans l'ensemble du groupe. Ce carton, une fois composé de tous vos personnages, devra vous servir de maquette et de guide, lorsque vous constituerez votre groupe sur une seule feuille de papier positif. Pour obtenir ce dernier résultat, prenez une feuille de grandeur convenable, soit de 30 centimètres de hauteur sur 45 centimètres de longueur pour un groupe de cinq ou six personnes. Disposez votre châssis (1) dans un laboratoire éclairé par une lumière artificielle ; posez d'abord, sur le fond du châssis, le cliché du personnage qui doit occuper le premier plan dans la composition de votre tableau ; cette place devra vous être exactement indiquée par votre maquette. Placez autour du cliché du papier noir (celui qu'on obtient par le chlorure d'argent est le meilleur), que vous pourrez prendre parmi les mauvaises feuilles positives. Placez-le de telle sorte qu'il ne nuise point à l'impression de l'image. Posez ensuite le papier positif sur le cliché, couvrez-le de quatre feuilles de papier buvard, et exposez-le à la lumière.

(1) Les volets de ce châssis doivent s'ouvrir parallèlement au sens de sa longueur, pendant que le châssis ordinaire les porte dans le sens contraire.

Aussitôt que l'image est venue, enlevez la feuille positive, et couvrez l'image avec sa silhouette en la fixant avec de la colle à bouche, à la base seulement. Procédez à la pose du second personnage et de la même manière, en ayant soin de le mettre dans la position qu'il devra occuper dans le plan général ; posez successivement tous les autres avec les mêmes soins que pour le premier, et en mettant toujours du papier noir entre eux, partout où la lumière pourrait pénétrer. Le succès de cette opération dépend, surtout, du soin qu'on aura mis à faire venir à point chacune des épreuves partielles ; c'est la condition essentielle de l'unité de ton qui doit régner dans votre tableau. Peut-être, en fin de compte, vos personnages se découperont-ils assez sèchement sur un fond blanc, mais vous pouvez modifier cet effet, et obtenir une teinte plus ou moins dégradée, en couvrant votre positif (1) d'une forte glace, en exposant le tout à la lumière, et en promenant un tampon de linge sur la partie que vous voulez rendre plus claire et estompée ; ou bien, vous pouvez encore avoir préparé d'avance un cliché de la grandeur de votre groupe, et pris avec soin avec l'objectif simple. — Ce

(1) Cette opération doit être faite lorsque les silhouettes noires couvrent les personnages et les protégent, ne laissant à découvert que le fond à teinter.

cliché, représentant un intérieur ou une campagne, pourra servir de fond à votre groupe. — Mettez-le dans le châssis-presse, — et couvrez-le du positif portant tous ces *caches*. Exposez de nouveau à la lumière, — le groupe se détachera plus convenablement sur un fond moins crû.

DES PAYSAGES

Moyen d'adapter un ciel nuageux aux paysages

Lorsque l'on opère avec l'objectif simple, le négatif est forcément incomplet; les terrains, les arbres, les fabriques viennent parfaitement, pendant que le ciel, toujours brillant, quelle que soit sa nature, devient une couche métallique non interrompue, qui donne naturellement au positif cet aspect dur et blafard que vous savez. Un paysage, un monument, dont les arêtes vives se silhouettent sèchement sur un fond blanc, est une œuvre qui laisse à désirer : l'œil ne s'accoutume pas volontiers à cette crudité de dessin; il veut que les tons se fondent graduellement avec celui de l'atmosphère.

Le photographe paysagiste ne semble prendre aucun

soin de cette exigence ; la plupart, pour ne pas dire tous, par négligence ou par impuissance, se bornent à reproduire des paysages détachés sur un fond mat de papier gris ou blanc ; combien, pourtant, l'effet serait-il plus saisissant, si, comme dans la nature, les derniers plans du paysage venaient s'estomper sur un ciel bien harmonisé !

Depuis plusieurs années, nous employons, pour obtenir ce résultat, un procédé que nous croyons utile de faire connaître à nos lecteurs. Par une belle soirée de printemps, il n'est pas rare de voir des ciels nuageux du plus merveilleux effet. Saisissez ces moments favorables, véritable heure du berger du paysagiste photographe, et faites plusieurs clichés, non éclairés du même côté. Prenez, pour cela, l'objectif à paysage muni d'un petit diaphragme, et opérez en une seconde, et même en une moindre durée. Une pose plus longue vous donnerait un ciel noir. Quand vous avez réussi cinq ou six clichés différents, vous pouvez adapter les ciels que vous avez obtenus à une quantité innombrable de paysages et de points de vue, en distribuer la lumière et les tons à votre fantaisie et selon vos goûts. Prenez soin, seulement, d'employer le cliché-nuage éclairé du même côté que le cliché de votre paysage. Tout ce que nous venons de dire du paysage, en général, est également applicable à la reproduction des monuments.

La pratique de ce procédé peut se réduire aux prescriptions suivantes : Placez dans le châssis-presse (1) le cliché de votre ciel, et cachez, avec du papier noir, toute la partie qui est réservée au paysage. Exposez le tout au soleil, et, pendant son action, passez un gros linge sur la solution de continuité, de manière qu'en estompant, cette ligne de démarcation devienne à peu près insaisissable (elle disparaîtra au fixage).

Lorsque les nuages sont au point voulu pour s'harmoniser avec le paysage, ôtez-en le cliché, que vous remplacerez par celui du paysage, et que vous couvrirez alors de la feuille portant les nuages. Cela fait, remettez encore le tout au soleil, sans plus vous inquiéter de savoir si quelques arbres, ou quelques points plus élevés de vos monuments, viendront se détacher naturellement sur ces nuages. Soyez convaincu qu'alors tout s'harmonisera de soi-même, et dans une teinte générale du plus bel effet.

La seule précaution que vous ayez à prendre, c'est que, lorsqu'il s'agit d'un monument, et même d'un

---

(1) Le châssis-presse doit être bien plus grand que pour la grandeur du cliché employé, puisque deux clichés viendront successivement y prendre place, à des hauteurs différentes.

paysage, la partie du cliché qui représente le ciel, soit parfaitement noire, afin de protéger le nuage qui existe déjà sur la feuille de papier positif.

DU PORTRAIT ET DES FONDS

Un fond bleu indigo ou un fond gris ardoise est, à notre avis, la couleur la plus favorable au fond du portrait. En effet, sur l'une ou l'autre de ces nuances, la figure se détache sans dureté ; quelles que soient la coiffure et la couleur des cheveux de la personne qui pose, le contour de la tête ne peut se confondre avec le fond et se silhouetter sèchement, ce qui arrive ordinairement, par deux effets contraires, sur un fond blanc ou sur un fond noir. Le fond noir ne détache point assez les vêtements, et le fond blanc les détache trop. Il faut, autant que possible, éclairer vigoureusement la tête et *éteindre* les habits. L'opérateur intelligent doit tendre à ce que la photographie ait l'aspect d'une belle *aquatinta*, et non celui d'une mauvaise et grossière lithographie.

Le public semble en avoir décidé autrement, si l'on en juge par la quantité de portraits sur fond blanc qui ornent les expositions des photographes. L'opérateur purement industriel doit être enchanté de ce goût étrange, ou plutôt de cette absence de goût, car rien n'est plus facile que de faire un fond blanc, c'est-à-dire de ne pas faire de fond. Les opérations se trouvent ainsi simplifiées. (1)

En effet, si malpropre que puisse être la glace, si grande que soit la négligence de l'opérateur, il suffit que l'espace couvert par la silhouette du portrait, soit à peu près sans tache, pour que l'œuvre semble passable et puisse être livrée.

Il est absolument impossible d'obtenir sur un fond blanc le relief qu'on peut espérer sur un fond de couleur, car si, pour arriver quand même à ce résultat, on donne plus de vigueur au dessin, ce dessin est tellement grossier qu'il faut absolument le *nettoyer*, terme consacré, qui exprime l'opération du *retoucheur*, pour, à l'aide du pinceau, pointiller ce dessin et rendre les ombres plus estompées. Ce genre de retouche a, malgré tout, le défaut d'aplatir, de bouffir, d'enlever ainsi tout le charme d'une belle photographie.

Cependant, comme un portrait, qui ne laisse rien à

---

(1) Nous écrivions ces lignes en 1861; depuis, on est revenu un peu aux fonds de couleur.

désirer, est rarement obtenu, il est à peu près indispensable de faire retoucher les épreuves.

Le fond blanc n'est pas la seule innovation utile au portraitiste. On est allé plus loin dans la voie de ce singulier progrès, et l'on a estompé la moitié de l'épreuve. C'est là évidemment un moyen habile et ingénieux pour dissimuler des jambes ou des mains mal venues, mal dessinées. Nous devons donc indiquer le moyen le plus simple pour obtenir ce genre d'épreuves.

Faites construire en un bois très-léger une boîte sans couvercle, qui s'adapte parfaitement au châssis-presse; cette boîte doit avoir 10 ou 15 centimètres de hauteur ; mais, dans cet état, elle jouerait le rôle d'obturateur et l'épreuve ne se formerait pas. Il faut donc que le fond de votre boîte soit à coulisse et percé, vers le milieu, d'une ouverture ovale ou ronde, qui soit elle-même couverte d'une feuille de papier calque. La lumière, tamisée par le papier dioptrique, viendra former l'épreuve, mais avec des contours dégradés, puisqu'elle sera limitée par la grandeur de l'ouverture. Le dessin sera moins dur, plus fade, plus flou, et s'il n'est pas toujours de nature à convenir aux artistes, il sera, du moins en général, au goût du public.

Nous avons dit que le fond de la boîte doit être à

coulisse, pour pouvoir changer ce fond à volonté, et réduire ou dégrader l'épreuve, en modifiant la forme ou la grandeur de l'ouverture, faire des ombres portées, etc.

Autre moyen

Dans une feuille de carton léger, de la grandeur du châssis-presse, découpez un ovale convenable au sujet. Après avoir mis le négatif en contact avec le papier positif, posez cet ovale sur la glace du châssis ; placez-vous perpendiculairement au rayonnement lumineux, et maintenez le châssis et le carton de même avec vos deux mains ; alors faites glisser le carton du haut en bas, dans le sens du grand axe de l'ovale, par un mouvement de va-et-vient, plus ou moins allongé, mais toujours régulier, et continuez ce mouvement jusqu'à complète formation de l'image ; le soleil est nécessaire. A la lumière diffuse, avec un cliché vigoureux, l'opération serait longue et fatigante. Ce moyen est applicable à tous les systèmes : fonds blancs, gris, draperies, etc... Le carton peut être ovale, carré, rond, etc. Toutefois, l'image n'est vraiment belle que lorsqu'elle est sur un fond blanc et en forme de médaillon, c'est-à-dire à mi-corps ; un peu de retouche ne gâte rien à la chose, et le dessin en est mieux *apprécié*.

Un industriel a pris un brevet, à Londres, pour ses

verres dégradés, auxquels il a donné le nom de *Verre-Vignette*; le procédé est fort ingénieux et atteindrait pleinement son but, si le vernis rouge qui dessine l'ovale était moins tranché, et si la gradation était plus ménagée. Ce n'est qu'en éloignant le verre rouge du châssis qu'on peut éviter cette ligne, sèche comme une découpure.

Quelques opérateurs essaient d'arriver à une belle dégradation, au moyen d'une ceinture de coton cardée formant une espèce d'ovale autour de l'épreuve en voie de formation. Tous ces expédients, et bien d'autres encore, plus ou moins analogues à ceux-ci, peuvent avoir leur mérite comme palliatifs, mais le mieux est de pouvoir s'en passer, en se plaçant dans toutes les conditions voulues, pour obtenir un beau cliché, qui vous permette de le tirer tel qu'il est.

DE LA DÉGRADATION PARTIELLE DE L'IMAGE

Ou du moyen de ramener à des tons plus harmonieux un positif heurté, et de donner à une épreuve des effets de lumière.

L'opérateur se voit assez souvent dans la nécéssité de mettre au rebut un cliché qu'il regarderait comme excellent s'il ne manquait pas d'harmonie dans son ensemble ; les parties claires du modèle sont venues plus vite que les endroits moins éclairés, ou les couleurs peu actives se sont trouvées en retard. Personne n'ignore quelles épreuves positives donne un cliché de cette nature, dont les parties métallisées tamisent lentement la lumière, pendant que les parties translucides la laissent pénétrer sans obstacle ; les lumières et les demi-teintes de l'image positive seront parfaites, pendant que les ombres seront passées au vert-bronze métallique ; ce dernier ton ne disparaîtra pas au fixage.

Nous venons de voir (page 297) qu'une épreuve positive, passée à la nuance métallique, peut être ramenée à un ton convenable, et nous avons indiqué le moyen de parvenir à ce but, en faisant usage du chlorure d'or acide. Voici maintenant ce qu'il faut faire pour dégrader partiellement une épreuve, ou pour lui donner, selon les besoins, certaines lumières.

Malgré toutes les précautions prises, il peut arriver qu'un portrait, dont la figure est d'ailleurs parfaite, manque de détails dans les habits ; qu'un paysage, complet dans ses lointains et dans ses fabriques, soit trop venu dans les masses de verdure ; dans ce cas, il faut rétablir l'harmonie par le moyen suivant :

Au sortir du châssis-presse positif, mettez l'épreuve dans l'eau, lavez-la un instant, changez cette eau, et n'en conservez dans la cuvette que 50 grammes environ, que vous rejetterez dans un angle en inclinant la bassine, afin de laisser l'image à découvert; trempez dans le chlorure d'or acide (page 292) un pinceau à lavis, et passez-le rapidement sur la partie vert-bronze; ramenez de suite l'eau sur cet endroit, jetez cette eau, reprenez une quantité égale d'eau pure, et répétez cette manœuvre sur toutes les parties à dégrader, en ayant bien soin de ne pas laisser passer le chlorure d'or sur les parties claires de l'image, qu'il détruirait; lavez immédiatement après chacune de ces opérations, qui sont, il est vrai, assez délicates, mais qui n'offrent aucune difficulté sérieuse.

On peut ainsi dégrader les cheveux, par exemple, sur un portrait, sans toucher à la figure. Un peu de pratique en apprendra plus, du reste, sur l'application de ce procédé, que tout un volume de conseils. L'opération terminée, on lave à grande eau, on met l'épreuve dans ce même bain d'or affaibli, afin d'obtenir un ton identique, et enfin dans le bain d'hyposulfite.

Si l'épreuve présente deux tons différents on peut, après le fixage, et lorsqu'elle aura séjourné dans l'eau pendant deux heures, la mettre dans la solution de chlorure d'or alcalin (p. 197), jusqu'à ce qu'elle ait atteint le ton désiré; puis, on la remettra dans l'eau, etc.

Vernis rose

Lorsque par suite d'un virage incomplet, ou par un défaut du cliché, on n'a obtenu qu'une épreuve médiocre, heurtée, blafarde, on peut la réchauffer par une couleur artificielle, qui ne nuit aucunement à l'intensité des noirs. Cette couleur est celle du vernis rose, qui, en outre, a l'avantage de donner plus de consistance au papier, et de le préserver de l'humidité, qui est la cause principale de la destruction de l'image. On peut varier la teinte de ce vernis, en y ajoutant plus ou moins d'alcool à 40°. Il est même prudent de commencer par l'affaiblir, car on peut toujours replonger l'épreuve dans le vernis, tandis que lorsque le ton est trop rouge, il n'y a pas moyen de l'atténuer.

Posez l'épreuve sèche sur ce vernis, de la même manière que le papier sur le bain d'argent; retirez-la immédiatement, suspendez-la par un angle, elle séchera en quatre ou cinq minutes, et si le ton n'est pas trop rose, ce que la pratique vous indiquera, l'épreuve prendra un ton chaud de la plus grande beauté. C'est surtout dans le cas d'une épreuve trop venue, d'un ton verdâtre, et dégradé par le chlorure d'or acide, que l'opérateur pourra apprécier tous les avantages de ce vernis. Grâce à lui, cette épreuve, montée, satinée, encaustiquée, ne laissera rien à désirer, et sera même incontestablement mieux fixée que toute autre.

Émarger, monter, satiner l'épreuve

Les épreuves, qui sont livrées sans passe-partout, doivent être émargées et collées sur carton bristol. — Lorsque l'on a un grand nombre d'épreuves à faire, il est bon d'avoir des calibres en glace de deux ou trois grandeurs, ou au moins une équerre en glace et une grande feuille de verre double dépoli, sur laquelle on coupe l'épreuve, et en général tout le papier photographique. — Pour bien coller une épreuve, on se servira de colle d'amidon, fraîchement faite, ou, ce qui vaut peut-être mieux encore, d'une solution de gomme à froid ; on couchera l'épreuve sur une feuille de papier buvard, puis on passera sur l'envers, avec une *éponge fine*, et non pas avec un pinceau, le moins de colle possible ; après quoi, on la placera sur un carton bristol, on la couvrira d'une feuille de même nature, et on la soumettra ainsi au cylindre, à une faible pression de la presse à satiner. Après le retour, on enlèvera le bristol de dessus, on retournera l'épreuve, on la couchera sur la pierre ou sur l'acier couverte du bristol protecteur, et l'on satinera par une pression plus forte du cylindre (1). Plus on rapprochera les deux cylindres, plus le satinage sera brillant. L'épreuve aura alors un lustre que l'encaustique viendra perfectionner.

ENCAUSTIQUE LUSTRÉE

de Clausel et Belloc

L'épreuve positive, vue dans l'eau a une bien belle apparence, et chacun a eu certainement le désir de lui conserver ce lustre humide qui lui donne tant d'éclat ;

---

(1) On trouve, dans le commerce, des cylindres satineurs de tous les prix et de toutes les dimensions, — surtout de tous les modèles. — Il n'en est qu'un, cependant, qui ait atteint un assez haut degré de perfection : c'est celui dont le mécanisme supérieur fait mouvoir deux petites roues d'engrenage qui agissent sur les deux *grandes* roues qui servent à abaisser parallèlement le cylindre supérieur. — Pour régulariser l'action, si l'on s'aperçoit qu'une lisière de l'épreuve est plus *étirée* que l'autre, il faut enlever le mécanisme supérieur (il n'est qu'engrené) puis, saisissant une roue dentée, on tourne à droite ou à gauche, pour abaisser ou relever le cylindre.

mais, en séchant, la transparence et la vigueur disparaissent, et avec elles les détails, les finesses et tout le charme de la couleur.

L'on a employé avec quelque succès les vernis et le laminoir; et, il faut bien le reconnaître, l'épreuve, vernie ou satinée, acquiert beaucoup plus d'éclat; mais le vernis couvre l'épreuve d'une couche luisante, épaisse, pouvant jaunir avec le temps et faisant miroiter l'image d'une façon désagréable.

Le laminoir est préférable au vernis, et cependant il donne un aspect dur à l'épreuve, en écrasant trop le grain du papier; de plus, le laminoir est une lourde machine, et le portraitiste voyageur a dû y renoncer.

L'encaustique lustrée rend aux épreuves ce brillant si doux, si harmonieux, qu'elles ont perdu en séchant, et leur donne, en outre, une durée indéfinie sans altération.

Neuf années d'expérience nous ont appris que, même au contact de centaines d'autres épreuves enfermées dans un carton, les épreuves *encaustiquées* n'ont contracté aucune tache, pendant que les autres ont été maculées en plusieurs endroits ou ont sensiblement perdu.

Comment en serait-il autrement! l'encaustique est

un composé d'essence de lavande (1), d'essence de girofle et de cire vierge, tous éléments de conservation et de réduction.

FORMULE.

Dans un vase de terre vernissé, mettez :

Cire vierge...... 100 gr.

Lorsque la cire est fondue, retirez le vase du feu et ajoutez à ce liquide :

Essence de lavande..... 100 c. c., à peu près (2).

Laissez précipiter les quelques impuretés qui sont en suspension, quelques secondes suffisent.

Prenez avec une cuiller le liquide supérieur, et mettez en pot bien fermé, abandonnez le dépôt.

Prenez avec un doigt un peu d'encaustique, et étendez-le sur l'image également, en frottant assez vigoureusement.

Prenez un tampon d'étoffe de laine mérinos, par

---

(1) Ceux qui ont copié notre formule ont substitué l'essence de térébenthine à la lavande. Cette dernière a l'incontestable avantage de laisser à l'épreuve ses blancs purs, tandis que la térébenthine jaunit et répand une odeur désagréable.

(2) Si, par un motif quelconque, la consistance de l'encaustique n'est pas *à point*, il est très facile de l'étendre : si la pâte n'est pas assez ferme, on peut remettre le tout sur le fourneau et ajouter ou de la cire, ou de l'essence.

exemple frottez de nouveau et vigoureusement de manière chauffer, et faites à pénétrer la cire, terminez avec un tampon propre et en manœuvrant assez vite pour obtenir un joli brillant.

DES TACHES

ET DE QUELQUES DIFFICULTÉS

Les taches, qui résultent presque toujours de l'inexpérience, de la maladresse ou de la malpropreté des opérateurs à leur début, sont un des écueils contre lesquels ils viennent le plus fréquemment échouer. Les taches de petite dimension sont pourtant de peu d'importance quand on sait y remédier. Les taches noires, qui sont blanches au positif, peuvent disparaître au moyen du pinceau et d'encre de Chine, de teinte neutre, de laque carminée ou de vermillon, en composant la nuance identique à celle de l'épreuve, plus claire même d'abord, sauf à y revenir, et en rebouchant soigneusement. Les taches plus légères, qui se font dans le négatif se retouchent sur le collodion même, avec les mêmes couleurs que pour le positif. Un cliché taché ainsi peut n'en être pas moins irréprochable comme éclairement, comme relief, et donner d'excellentes épreuves positives. Il serait donc très-fâcheux de le rejeter pour si peu. Il n'en serait pas de même, et nous n'en dirons pas autant d'un cliché, irréprochable d'ailleurs sous le rapport de la pureté de la couche, mais qui serait trop faible ou mal éclairé.

Nous avons dit que les taches noires du cliché provenaient des grains de poussière qui tombent sur la couche collodionnée, quand on retire trop brusquement le volet du châssis dans la chambre noire, ou des poussières du bain ou du collodion, et que ces légers détritus se métallisaient au contact de l'agent révélateur. Il suffit ici d'indiquer la source du mal pour en signaler le remède.

Les taches plus claires que le fond viennent des pellicules du collodion, nageant dans le bain d'argent et restées sur la couche iodurée; elles se traduisent par une sorte de *clairière* découpée sur la forme même de ces pellicules. Il y a aussi des taches de même nature, mais estompées et de formes diverses, qui sont dues à un décapage imparfait. Une couche trouaillée comme par des milliers de coups d'épingles arrive à cet état par une poudre en suspension dans le collodion, sulfate de potasse, coton mal lavé, etc. Pour éviter ce grave inconvénient, il faut filtrer ou décanter le collodion avec le plus grand soin, et ne pas agiter le flacon en collodionnant, afin de laisser le dépôt au fond du vase.

Lorsque la tache occupe une grande place vers l'angle par lequel le collodion a pris son issue, c'est que la couche de collodion était trop humide quand la glace est tombée dans le bain. Cette grande tache affecte presque toujours la forme d'un *nimbus*, et forme, au positif, une sorte de nuage noir, sans contours arrêtés.

Si la glace est mal collodionnée, ou que, dans sa manœuvre, l'opérateur ait ramené trop brusquement la glace dans la ligne verticale, le collodion moutonne, et la couche prend alors l'aspect d'un ciel pommelé, d'un vrai *cirrocumulus* plus ou moins opaque.

Quand le collodion ou le bain d'argent est sophistiqué ou sali par l'inexpérience ou la malpropreté de l'opérateur, la couche présente, même avant d'être placée dans la chambre noire, l'image bien dessinée du *cirrus* ou queue de chat des marins.

Enfin, si le collodion est trop dense, ou si l'opérateur l'a laissé s'écouler trop longtemps par la diagonale, la couche présente des stries ou des rides, qui donnent au positif l'aspect d'une gravure grossière, fortement hachée. Ces hachures sont l'effet du liquide sirupeux, qui se fige très-rapidement et se fixe sur ces rides.

Il y a bien encore des taches qui ressemblent à des *stratus* ou coups de balai, et rendent les couches plus ou moins nuageuses; mais elles proviennent également des bains ou des collodions adultérés, et l'opérateur devra s'en apercevoir en sortant la glace du bain, car il ne faut pas confondre ce genre de taches avec celles qui pourraient provenir des bains révélateurs; ce dernier cas arrive rarement; cependant, il arrive fréquemment aux opérateurs peu soigneux de voir sur leurs clichés des traces de substances désiodantes jusque dans les bains révélateurs; on conçoit aisément les troubles et les déboires qui doivent en résulter.

Toutes les taches qui peuvent se produire, et dont l'énumération complète serait impossible, rentrent dans une des catégories que nous venons de signaler. Les laboratoires mal tenus, l'incurie ou la malpropreté des opérateurs, sont les sources les plus fécondes de ces prétendus obstacles, qu'avec du soin et de la vigilance il est si facile d'éviter.

VOCABULAIRE

Appareil. — Ce terme ne s'applique qu'au matériel, optique et mécanique, nécessaire aux opérations, comme chambre noire, pieds, objectifs, cuvettes, boites, etc.

Bains. — On appelle ainsi toute solution dans laquelle l'épreuve, négative ou positive, doit être baignée. Il y en a de diverses sortes : bain d'argent négatif, bain d'or, bain alcalin ou acide, etc.

Calibre. — En photographie, ce mot désigne une glace très-forte, doucie et rodée, ayant à son centre un bouton qui permet de la fixer sur l'épreuve, de telle sorte qu'on puisse couper rapidement d'équerre toutes les épreuves de même dimension. Le calibre est surtout indispensable pour les épreuves stéréoscopiques et pour les cartes de visite.

Chambre-noire. — Boîte en bois, avec tiroirs à rallonges, munie, à sa partie antérieure, d'une ouverture destinée à recevoir l'objectif, et à sa partie postérieure, d'une glace dépolie. Elle doit être complétement privée de lumière lorsqu'elle fonctionne, d'où lui vient son nom de chambre *noire*. Un ou deux châssis porte-glace font partie de la chambre noire.

Charriot. — Châssis à coulisses horizontales qui se fixe à la place de la glace dépolie, et qui est destiné à recevoir un châssis long porte-glace, pour le stéréoscope, dans la chambre monoculaire.

Châssis porte-glace. — Cadre destiné à recevoir la glace collodionnée et iodurée. Dans les grands appareils, ce châssis contient ordinairement des diaphragmes, ou châssis intérieurs mobiles, pour recevoir les glaces de moindre dimension. Il prend sa place dans la chambre noire, au moyen d'une coulisse. Quelquefois dans les chambres à soufflet, d'un prix élevé, il est *appliqué* par un procédé très-commode et très-ingénieux, il prend alors le nom de *châssis applique*.

Cliché. — Modèle ou image négative, servant de matrice pour la reproduction indéfinie des épreuves ou images.

Crémaillère. — Broche à mollette dentée perpendiculaire à l'objectif, destinée à faire coulisser le tube et à mettre au foyer. Il est indispensable, dans les grandes chambres à long foyer, d'adapter une crémaillère à côté du bouton fixateur, auprès de la glace dépolie. Cette crémaillère remplit les mêmes fonctions que celle de l'objectif.

Décaper. — Terme technique qui comprend à la fois l'action de dégraisser d'abord, et de polir ensuite.

Diaphragmé. — Petit disque percé au milieu, et de même diamètre que le tube de l'objectif. Il se place entre les deux lentilles, comme dans le binoculaire 1/4. On l'adapte quelquefois au verre de devant de l'objectif double. La monture pour paysage est munie de deux ou trois diaphragmes à son extrémité.

Dosage. — Action qui consiste à se conformer, pour les solutions, aux formules généralement adoptées.

Flou. — Ce mot, tout pittoresque, se dit de l'épreuve ou de la partie de l'épreuve dont les lignes ne sont pas nettement définies. Les lignes sèches, une barbe fine dont on peut, pour ainsi dire, compter les poils, sont des preuves évidentes que l'objectif est bon, que l'opérateur a bien mis au foyer, et que le modèle a bien posé. L'épreuve alors n'est pas *flou*. Un objectif mauvais, ou seulement médiocre, ne fait jamais d'épreuves nettes. Tous les résultats qu'il donne sont plus ou moins *flou*.

Objectif simple, pour paysage ou reproduction. — C'est l'objectif double, à portrait, dont on a enlevé le verre de devant dans son barillet, et vissé dans la monture à diaphragme, qui se visse elle-même dans la rondelle qui est sur la chambre, quand on a enlevé le tube de l'objectif à portrait.

Obturateur. — Pièce de cuivre ou de carton, entrant, à frottement senti, sur le pavillon de l'objectif, et servant alternativement à masquer et à démasquer la lentille, après la mise au foyer et après la pose.

Positif. — Négatif. — Ces deux mots, consacrés dans la langue photographique, définissent assez mal leur objet. On appelle épreuve *négative* celle qui est obtenue dans la chambre noire, et qui serait mieux nommée *épreuve inverse*, c'est le cliché. L'épreuve *positive* est celle qui résulte du cliché ou épreuve négative. Ces deux épreuves sont entre elles comme le moule à l'objet moulé, ou la feuille d'impression à la planche d'imprimerie.

Planchette d'angle. — Petit mécanisme mobile qui donne l'angle voulu à la chambre monoculaire, et qui aide à la manœuvre de la chambre dans ses différentes directions.

Taches. — Nous avons, dans les *Causeries*, employé presque tous les termes empruntés à la langue de la marine, pour caractériser les différentes taches qui peuvent se produire toutes, plus ou moins, sous formes de nuages, tels que *Cirrus*, *Stratus*, *Cumulus*, *Nimbus*, etc., taches tour à tour formées en bandes ou groupées, blanches, cotonneuses, diaphanes, etc., qui se produisent sur la couche collodionnée, selon les hasards d'une opération, dans laquelle toutes les précautions voulues n'ont pas été prises.

Troisième partie

ÉLÉMENTS DE CHIMIE

APPLIQUÉE A LA PHOTOGRAPHIE

Les chimistes divisent les corps en *corps simples* et en *corps composés*. Les corps composés sont ceux dont on peut extraire plusieurs substances, différant entre elles par leurs propriétés et différant aussi de la substance primitive.

Tel est le chlorure de sodium (sel de cuisine) (*corps composé*), qui peut être décomposé en chlore et en sodium (*corps simples*), tandis que le chlore et le sodium ne peuvent être séparés en d'autres principes.

Les corps se présentent à nous sous trois états différents : *l'état solide*, *l'état liquide* et *l'état gazeux*;

presque tous peuvent être obtenus sous ces trois états. L'eau, par exemple, qui est liquide (*eau*) à la température ordinaire, se réduit à l'état solide (*glace*) par les grands froids, pendant qu'à une haute température elle passe à l'état de gaz (*vapeur*).

On distingue, parmi les corps composés, des *acides*, des *bases* et des *sels*.

On comprend, sous la dénomination générale d'*acides*, les corps qui rougissent la teinture bleue de tournesol, ou qui se combinent avec d'autres corps de nature *basique* bien constatée.

On appelle *bases*, les corps qui ramènent au bleu le tournesol rougi, ou qui peuvent se combiner avec des *acides*.

Les *sels* résultent de la *combinaison* des *acides* avec des *bases*.

Des sels peuvent aussi prendre naissance lors de la *combinaison* de deux corps simples. L'*or* et le *chlore* produisent, en se combinant, du *chlorure d'or* (sel).

Deux ou plusieurs corps réunis ensemble, mais gardant chacun ses propriétés primitives, constituent un *mélange*.

Les corps, dont la réunion détruit, altère ou change les propriétés, constituent, en s'associant, de véritables *combinaisons*.

On peut considérer principalement comme *bases* salifiables tous les alcalis, les terres, les oxydes, etc.

L'*acide* hyposulfureux, combiné avec la soude (*base*), donnera naissance à l'hyposulfite de soude (*sel*).

Lorsque deux sels se combinent entre eux et forment des composés plus complexes, l'on donne à ces composés le nom de *sels doubles*.

Ainsi, le chlorure d'or combiné avec l'hyposulfite de soude, pour former la solution employée au fixage des épreuves sur doublé d'argent, peut prendre le nom de *sel double d'or et de soude*.

Les dissolvants employés en photographie sont principalement l'*eau*, l'*alcool*, l'*éther*. Ces dissolvants ont plus ou moins d'action sur les corps, et ils n'exercent pas tous une action identique sur la même substance. Leur activité dépend beaucoup de leur degré de température. Certains sels sont insolubles dans l'éther ou l'alcool anhydre, tandis que l'eau en dissout une proportion considérable : tel est l'iodure de potassium.

L'iode, au contraire, fort peu soluble dans l'eau, se dissout parfaitement dans l'alcool.

Un liquide *anhydre* ou *absolu*, est celui qui ne contient pas d'eau : celui qui en contient, mais en petite quantité (un seul *équivalent*), est dit *monohydraté* ; enfin, on donne le nom de *hydraté* à un corps qui contient beaucoup d'eau. On appelle *anhydre* la chaux vive, tandis que le lait de chaux et la chaux éteinte, prennent le nom de *chaux hydratée*.

Les expressions : alcool à 32°, à 36°, à 40°, etc., indiquent diverses espèces d'alcool hydraté, étudiées à l'aide du *pèse-liqueur* de *Cartier*, dont le 0° correspond à l'eau pure, et le 44o à l'alcool absolu.

On dit qu'un sel est *hygrométrique*, lorsqu'il s'empare facilement de l'humidité de l'air : tel est le chlorure de sodium. Le chlorure d'or est un sel *déliquescent* par excellence, car il ne peut être exposé au contact de l'air humide, sans qu'il absorbe assez d'eau pour se transformer en liquide.

Le mot *efflorescent* est diamétralement opposé au mot *déliquescent*, et sert à désigner un sel dont les cristaux, exposés à l'air, perdent de l'eau au lieu d'en prendre, de telle sorte qu'au bout d'un certain temps, ils se divisent et tombent en poussière.

Une dissolution est dite aqueuse, alcoolique, éthérée, suivant la nature du corps liquide employé pour l'obtenir.

Un liquide est *concentré*, lorsqu'il contient une grande quantité de sel.

Il est *saturé*, lorsqu'il ne peut plus dissoudre de ce même sel, et qu'il en reste un léger dépôt au fond du vase.

Nous avons dit que les dissolvants avaient un pouvoir plus ou moins énergique sur certains corps; il en résulte que tous ne dissolvent pas les mêmes quantités de ces corps. Nous devons ajouter que, pour changer un liquide en saturation complète, il faut un certain temps, qui varie suivant la température et l'énergie du corps dissolvant.

La *dissolution*, la *saturation* et la *concentration* des corps sont presque, dans tous les cas, nécessaires pour obtenir la *cristallisation*.

Lorsqu'un corps passe lentement de l'état liquide ou gazeux à l'état solide, il est souvent susceptible de prendre des formes régulières qui reçoivent le nom de *cristaux*.

Les mots *dissolution, solution* désignent l'état d'un corps solide tenu à l'état liquide au moyen d'un *dissolvant*.

Décanter, c'est l'action de séparer un liquide du dépôt formé au fond du vase, en versant le liquide avec précaution, ou en le soutirant au moyen d'une pipette. Ce petit instrument est surtout indispensable pour puiser le chlorure d'or destiné au fixage des plaques daguerriennes, et le séparer ainsi d'un léger dépôt pulvérulent qui ne manquerait pas de *piquer* les épreuves. On ne peut filtrer cette solution, ainsi que bien d'autres, qui laisseraient leur sel dans le filtre. Dans bien des cas, au contraire, il vaut beaucoup mieux filtrer. Le collodion doit être filtré avec soin.

Il faut que le filtre soit pointu et entièrement enfoncé dans l'entonnoir. On doit le faire avec du papier blanc sans colle, ou du papier de Pratt.

On appelle *précipité* la matière insoluble qui tombe au fond du vase dans lequel on fait réagir, l'une sur l'autre, des matières en dissolution. Le chlorure de sodium *précipite* une solution d'argent et donne naissance à du chlorure d'argent.

La *réduction métallique* est le passage des combinaisons métalliques à l'état de métaux par voie de *décomposition*.

Le mot *décomposition* indique l'action par laquelle un composé est réduit en ses éléments.

Le *chlorure d'argent*, exposé à la lumière, se *décompose*; le *chlore* s'en va, l'*argent* reste sous la forme d'une poudre métallique noirâtre.

Nous voyons par là que la lumière peut décomposer certains corps. La photographie n'a d'autre base que cette propriété des rayons lumineux.

Les oxydes d'argent et d'or, frappés par la lumière, abandonnent l'oxygène ; il en est de même de la plupart des sels de ces deux métaux, qui se réduisent en présence de l'agent lumineux.

La réduction des composés d'or et d'argent marche bien plus vite en présence de l'eau et des matières organiques.

Nous nous sommes contenté de donner sommairement la définition de quelques termes de chimie pratique ; nous allons continuer maintenant par un examen rapide des substances employées en photographie : il est impossible, il serait même inutile d'aborder ici cette étude d'une façon complète ; elle exigerait des développements incompatibles avec les bornes d'un traité élémentaire.

Dans tout ce qui va suivre, nous nous sommes borné à décrire quelques propriétés spécifiques des substances employées en photographie, sans nous imposer d'autre règle que celle d'initier l'opérateur aux préparations nécessaires à son art, et de lui rendre faciles les manipulations auxquelles nous avons dû et nous devons toujours des succès certains et non interrompus.

Pour éviter une rédaction trop savante, nous nous sommes souvent répété ; l'habitude de professer nous a fait apprécier tous les avantages de ce mode d'exposition : un élève ne se fâchera jamais d'une redite.

Acétate de soude cristallisé

L'acétate de soude est un sel d'une saveur amère et piquante, qui cristallise en longs primes striés. Il est inaltérable à l'air. L'eau n'en dissout que le tiers de son poids. On l'emploie à la préparation de l'acide acétique; parmi la majorité des acétates qui peuvent probablement être employés en photographie, nous ne citerons que celui que nous employons depuis longtemps avec succès, en combinaison avec le perchlorure d'or, comme virage, indiqué par M. l'abbé Laborde, et, qui mérite, à ce double titre, une mention particulière.

L'acétate de soude est souvent mélangé d'impuretés qui le rendent peu propre aux préparations photographiques; il est urgent d'employer ce sel préalablement purifié par des cristallisations successives, et parfaitement pur.

Acide acétique cristallisable

Vinaigre radical

L'acide acétique est doué d'une odeur acide spéciale, forte et piquante, mais qui n'est pas désagréable; sa saveur est âcre et brûlante; il est toujours combiné avec l'eau; l'acide anhydre s'obtient avec beaucoup de difficulté. Selon Berzélius, l'acide acétique le plus concentré, se compose de 85,11 d'acide et de 14,89 d'eau; mais cette faible quantité d'eau ne nuit en rien à son action.

L'acide acétique est cristallisable à + 16°; il entre en fusion à cette température. Sa vapeur prend feu au contact de la flamme. Étendu de huit fois son poids d'eau, il peut remplacer le vinaigre employé à nos usages culinaires.

Le vinaigre n'est qu'une dissolution étendue d'acide acétique, qui contient en outre les principes non fermentescibles des liqueurs alcooliques qui lui ont donné naissance. Si l'on se propose d'en retirer de l'acide acétique pur, il faut avoir recours à la formation préalable d'acétates, et à la décomposition de ces sels par l'acide sulfurique, etc., etc. On le prépare le plus ordinairement avec l'acide pyroligneux (*vinaigre de bois*), et on l'amène à un grand degré de concentration par le refroidissement et les cristallisations successives.

On acidule avec cet acide, la solution de pyrogallique lorsqu'elle est employée comme agent révélateur.

Acides

En chimie, on comprend, sous cette dénomination générale, des corps qui ont la propriété de se combiner avec un autre corps jouant le rôle de base pour former un sel.

On donne encore pour caractères généraux des acides, leur saveur particulière plus ou moins analogue à celle du vinaigre, et la propriété qu'ils ont de rougir la teinture bleue de tournesol.

Les acides sont divisés en deux grandes classes :

1° les acides minéraux ou inorganiques; 2° les acides organiques qui proviennent des substances végétales ou animales.

Chaque acide, important dans la science photographique, aura son article spécial dans ce résumé.

Air

Toute la surface du globe est enveloppée d'une masse gazeuse appelée atmosphère. L'air est le gaz qui constitue cette atmosphère, et, par conséquent, c'est le milieu dans lequel se développent la plupart des corps organisés et se produisent presque tous les phénomènes que l'homme peut observer. Aussi peut-on dire que c'est à la découverte de la composition et des propriétés chimiques de l'air, ignorées si longtemps, que l'on a dû les immenses progrès de la physiologie animale et végétale, ainsi que la grande révolution de la chimie.

L'air est un gaz permanent; pris en petite quantité, il est parfaitement incolore et transparent; mais en grande masse, il présente une couleur bleue, due à l'inégalité d'action avec laquelle il transmet les différentes parties des rayons lumineux qui le traversent. L'air est un corps pesant; cette vérité a été démontrée par Toricelli, dont l'appareil, après plusieurs modifications ingénieuses, est devenu le baromètre.

Comme le volume de tous les corps augmente ou diminue suivant le degré de l'élévation ou de l'abaissement de la température, il est important de tenir compte de l'indication thermométrique, dans les analyses et surtout dans la détermination des poids spécifiques.

Les anciens regardaient l'air comme un élément : ce ne fut qu'à la fin du siècle dernier qu'on découvrit sa composition. En 1630, Jean Rey, avait déjà vérifié l'expérience de Brun sur l'augmentation du poids de l'étain transformé en chaux; mais ses idées restèrent ensevelies, et ce ne fut qu'en 1774 que Priestley, par de nouvelles expériences, put ébranler le principe de la simplicité de composition de l'air. Bayen fit des expériences encore plus décisives : Lavoisier s'emparant à son tour des idées de Priestley et de Bayen, les féconda de son génie, et ses recherches sur l'air vinrent changer la face de la science.

L'influence de l'air sur les opérations photographiques est variable, suivant les différents degrés de pesanteur, de température et d'humidité.

L'air condensé ralentit les opérations et détermine, sur la couche collodiono-ioduré, une espèce de voile sourd.

L'impression lumineuse n'aurait pas lieu dans le

vide obtenu au moyen de la machine pneumatique.

A une haute température, la lumière agit d'une manière anormale sur la couche sensible, — les révélateurs les plus énergiques ont beaucoup de peine à réduire l'iodure au noir sur les linges, la couche tend à s'exfolier. Dans un milieu humide la glace se couvre d'une buée inégale, et la couche iodurée offre des inégalités.

Un air modérément sec et chaud, un vent violent, sont des agents accélérateurs.

Albumine

Cette substance, qui forme presque à elle seule le blanc d'œuf, fait partie constituante de nos tissus, en particulier du sang. L'albumine liquide est visqueuse, transparente, incolore, plus pesante que l'eau, légèrement alcaline, très-soluble dans l'eau.

Alcali

(*De l'arabe* al *et* kali, *soude.*)

Aujourd'hui, le nom d'*alcali* s'applique à tout corps composé capable de verdir les couleurs bleues végétales, de ramener au bleu, les mêmes couleurs rougies, par des acides et de saturer les acides avec ou sans effervescence, en formant des sels solubles. — On distingue deux classes d'*alcalis* : les inorganiques ou minéraux, et des organiques ou végétaux et animaux.

Alcool

Esprit-de-vin

L'alcool est le liquide qui se forme pendant la fermentation du vin et des liqueurs sucrées en général. On l'obtient en distillant du vin, de la bière, du sirop de betterave, etc., etc.

En appliquant convenablement les procédés de distillation, on obtient des produits plus ou moins riches en alcool. Enfin, en mettant l'alcool en contact avec des substances qui ont une grande affinité pour l'eau, la chaux vive, par exemple, et le soumettant de nouveau à la distillation, on obtient un alcool anhydre ou absolu.

Le *pèse-esprits de Cartier* ou l'*alcoolomètre* de Gay-Lussac sert à déterminer le degré de pureté ou d'hydratation des alcools du commerce.

Nous avons recommandé de faire dissoudre l'iodure de potassium dans l'alcool à 36°, parce que plus l'alcool est faible, plus il peut dissoudre d'iodure et introduire d'eau dans le collodion. La liqueur génératrice est d'autant plus active, qu'elle est plus iodurée, mais aussi y a-t-il plus à craindre de voir l'image pâteuse, accuser imparfaitement les détails dans les ombres, ou bien de voir la couche de collodion se marbrer, ou même l'iodure d'argent se dissoudre dans le bain d'argent après s'être formé dans la pâte du collodion. Il est de la plus grande importance de n'employer que de l'alcool de vin : les alcools de fécule contiennent de l'acide malique ou sorbique et aussi des huiles empyreumatiques.

Alun

Les sels qu'on nomme *alun* ne sont pas toujours formés des mêmes éléments.

L'*alun* est tantôt un sulfate acide d'alumine et de potasse, tantôt un sulfate acide d'alumine et d'ammoniaque, et le plus souvent enfin, un sulfate acide d'alumine de potasse et d'ammoniaque ; — il est inodore, d'une saveur d'abord douceâtre, puis très styptique ; il rougit la teinture de tournesol ; les aluns naturels sont fort rares ; on les fabrique aujourd'hui de toutes pièces ; on l'emploie avec avantage pour l'amélioration des papiers et dans la préparation des enduits améliorateurs. (Voir page 257).

Ammoniaque liquide

ou Alcali volatil

L'ammoniaque est un gaz incolore, transparent, d'une saveur caustique, d'une odeur forte et pénétrante qui provoque le larmoiement.

L'ammoniaque jouit des propriétés alcalines. Elle est formée par la combinaison de l'hydrogène et de l'azote; et comme elle affecte, à l'état anhydre, la forme gazeuse, on lui a donné le nom d'*alcali volatil*.

L'ammoniaque dissout parfaitement le chlorure d'argent, et pourrait servir à fixer les épreuves positives auxquelles elle donne un ton rouge qui n'est pas sans mérite; mais son action, qui dissout l'encollage, ne permet pas de laisser le papier dans ce bain jusqu'à dissolution complète du chlorure libre : il vaut mieux baigner l'épreuve dans l'eau ammoniacale, virer au chlorure d'or, et continuer le fixage dans le bain d'hyposulfite; ces épreuves, après le fixage, ont acquis un ton noir, chaud et profond des plus harmonieux, et nous pouvons ajouter que l'ammoniure d'or qui recouvre l'épreuve la rend inaltérable.

Arsenic

L'arsenic est d'un gris de fer très-cassant ; il possède l'éclat métallique ; il est très-brillant lorsqu'il est pur. A l'état métallique pur, l'arsenic n'est point un poison, mais il le devient, à un degré extrême, par l'oxydation, — et, comme il s'oxyde très-vite et facilement, ce ne serait pas impunément qu'on l'introduirait dans les voies digestives. — L'arsenic est insipide, inodore, mais acquiert une légère odeur par le frottement ; chauffé, il donne des vapeurs qui répandent une forte odeur alliacée. — L'arsenic est employé par plusieurs arts industriels, et nous n'avons pas à nous en occuper. — S'il a pris place dans notre nomenclature chimique, c'est parce qu'on a tenté de l'introduire, dans le laboratoire de photographie, sous forme d'iodure, et avec les prétentions d'être le meilleur de tous les iodures connus. Inutile de dire que c'est encore une de ces utopies dont on se débarrasse peu à peu, mais qui encombreront encore, pendant longtemps, le sentier des élèves.

Azotate d'argent

ou Nitrate d'argent

L'azotate d'argent, ou nitrate d'argent, est un sel

formé d'oxyde d'argent et d'acide azotique. On le trouve, dans le commerce, ou *cristallisé* sous forme de lamelles incolores et brillantes, ou *fondu*, coulé en plaques blanches. Sous ces deux formes, il est parfaitement propre à donner d'excellents résultats, si, d'ailleurs, le produit est pur et bien fait. Nous pensons que le mélange des deux convient également pour les négatifs et les positifs sur papier. Le nitrate d'argent fondu est souvent d'une telle nature, que les bains neufs, qui en proviennent, donnent de très-mauvaises épreuves; si bien, qu'on se trouve dans la nécessité de lui restituer l'acide azotique qui lui manque. — Il est donc plus prudent d'employer, par parties égales, le nitrate d'argent fondu et cristallisé, ou ce dernier seulement, mais rendu presque neutre par des cristallisations successives.

Le nitrate d'argent est très-soluble dans l'eau. Le sel commun, le sel ammoniac, l'acide chlorhydrique, et presque tous les composés chlorés, précipitent sa solution, et donnent du chlorure d'argent insoluble. Cette propriété a été mise à profit pour la préparation des papiers positifs.

Le chlorure d'argent est extrêmement sensible à l'action de la lumière, et passe à l'état métallique après une courte exposition aux rayons du soleil. Il est à peu près insoluble dans l'eau. L'acide chlorhydrique, l'alcali volatil, le cyanure de potassium, l'hyposulfite de soude ont la propriété de le dissoudre.

La préparation de ce produit n'offre aucune difficulté sérieuse, et chacun peut s'y livrer sans crainte ; quelques précautions, cependant, ne sont pas inutiles, soit pour la complète réussite de ce réactif, soit pour éviter de respirer les vapeurs hypo-azotiques qui se dégagent pendant sa préparation.

MANIÈRE D'OPÉRER

Dans une capsule :

> Nitrate d'argent vierge. 100 gr.
> Acide azotique pur..... 100 gr.
> Eau distillée.......... 100 gr.

Sur un fourneau à feu très-doux, et sous le manteau d'une cheminée qui tire bien, ou, du moins, en plein air ; ajoutez même, par excès de précaution, un entonnoir en verre renversé sur la capsule, afin d'éviter la projection du liquide et donner une direction aux vapeurs hyponitreuses, — l'argent se dissout assez rapidement ; — on évapore à siccité. L'azotate d'argent cristallise, anhydre, sous forme de larges lames incolores. — Si, au lieu d'argent vierge vous avez employé l'argent de monnaie, ou tout autre qui contient un dixième de son poids de cuivre, on obtient une dissolution bleue, qui renferme à la fois de l'azotate d'argent et de l'azotate de cuivre. — Évaporée à siccité, cette solution laisse un résidu noirâtre, qu'on peut employer, et qui donne, en photographie, des résultats peut-être aussi bons que ceux obtenus par l'azotate d'argent fondu blanc. Si l'on veut éliminer ce cuivre, on doit maintenir la température jusqu'à ce que l'azotate de cuivre soit entièrement décomposé; on reconnait que ce moment est arrivé, en relevant une petite quantité de la matière, à l'extrémité d'une baguette de verre, la dissolvant dans un peu d'eau distillée; laissant dans la dissolution filtrée, un excès d'ammoniaque, si la liqueur ne se colore pas en bleu, l'azotate de cuivre a été décomposé. — L'opération terminée, versez la matière dans une assiette préalablement chauffée.

Azotate de potasse

Nitre ou salpêtre

L'azotate de potasse porte vulgairement, dans le commerce, le nom de nitre ou de salpêtre, et se rencontre tout formé dans la nature. On peut le fabriquer artificiellement, en combinant l'acide azotique avec la potasse.

L'azotate de potasse est un corps oxydant très-énergique. La poudre à canon n'est qu'un mélange intime de salpêtre, de charbon et de soufre.

L'acide sulfurique et l'azotate de potasse mélangés, agissant pendant quelques minutes sur du coton ou du papier, leur donnent une grande énergie balistique (*coton-poudre-pyroxyle*); la découverte de ce fait appartient à M. Schœnbein, de Bâle. Le collodion n'est autre chose que le coton-poudre dissous dans l'éther.

Acide azotique

Acide nitrique

Plus communément connu sous le nom d'*acide nitrique*, à cause du sel de nitre dont on l'extrait, l'acide azotique résulte de la combinaison de l'oxygène avec l'azote.

On le prépare en chauffant de l'azotate de potasse (*nitre* ou *salpêtre*) avec de l'acide sulfurique concentré. L'acide azotique étant un acide plus volatil que l'acide sulfurique, celui-ci le chasse de sa combinaison, et on le voit passer à la distillation. Mélangé avec l'acide chlorhydrique, il constitue l'eau régale.

L'acide azotique dissout facilement l'argent; aussi, dilué avec un volume égal d'eau, sert-il avec succès au lavage des glaces, pour enlever de leur surface toute réduction métallique. Nous recommandons aussi l'usage de l'eau acidulée avec l'acide azotique pour le lavage des cuvettes; mais cet acide ne peut être expédié que sous un double emballage, zinc, etc., de crainte de bris du flacon, et des suites désastreuses qui en seraient la conséquence, et pour le contenu de la caisse elle-même et pour les caisses voisines.

Bases

On appelle ainsi tout corps susceptible de se combiner avec un acide, pour donner naissance à un sel. On ne considérait autrefois, comme bases salifiables, que les alcalis et quelques autres oxydes métalliques; aujourd'hui, on reconnaît comme base, non-seulement un grand nombre de combinaisons binaires fournies par le règne inorganique, mais encore des composés particuliers que l'on rencontre dans le règne organique.

Benzine

La benzine est un liquide de nature variable, quelquefois incolore, volatil, inflammable, d'une odeur pénétrante. Il résulte des produits de distillation de certains combustibles minéraux. Il peut être employé dans la fabrication des vernis comme puissant dissolvant des corps gras, goudron, résine, etc.

Bi-chlorure de mercure

ou Sublimé corrosif, ou ~~Proto~~-chlorure de mercure

(Deuto)

Le sublimé corrosif se dissout dans seize parties d'eau froide, et dans trois parties d'eau bouillante; l'alcool le dissout en plus grande proportion que l'eau; quelques gouttes d'acide chlorhydrique aident à sa dissolution.

En photographie, il est employé à donner de l'éclat aux épreuves positives directes sur verre, et aussi à renforcer les clichés trop faibles. Nous pensons que le moyen que nous avons indiqué doit lui être préféré.

Bitume de Judée

On donne ce nom collectif à des matières de consistance liquide, molle ou solide, que l'on trouve toutes formées au sein de la terre. On connaît cinq variétés de bitume : la quatrième, connue sous le nom de bitume résinoïde noir ou bitume de Judée, qui est le véritable asphalte des minéralogistes, est le seul qui doit nous occuper ici; il est solide, très-fragile et à cassure vitreuse. On le tire de la mer Morte, de la Judée. Un des usages les plus remarquables du bitume dont nous parlons, est celui qu'en ont fait les anciens Égyptiens, pour embaumer et momifier les cadavres.

Ce bitume fut employé par Nicéphore Nièpce dans ses premières expériences héliographiques. Aujourd'hui, en photographie, les usages de l'asphalte sont bornés à la confection du vernis noir.

Brôme

Brómos fétidité

C'est le nom par lequel on désigne un corps simple trouvé en 1826 dans les eaux-mères des marais salants, où il existe à l'état de combinaison avec la magnésie. Ce corps, dont on doit la découverte à M. Ballard, est de consistance liquide et de couleur rouge noirâtre : il a une odeur particulière très-désagréable, répand des vapeurs rutilantes, et agit comme poison sur l'économie animale, en attaquant les organes de la respiration.

Il a de grands rapports avec l'iode et le chlore. Le brômure d'argent est décomposé par la lumière. Dans le procédé de Daguerre, il sert à donner une sensibilité extrême aux plaques préalablement iodées.

Les diverses combinaisons du brôme avec le potassium, l'ammoniaque caustique, le zinc, le cadmium, constituent les divers brômures employés en photographie.

Chaux

Cette substance, connue de tout temps, était regardée comme un corps simple ; les belles expériences de Davy, sur les acides métalliques, apprirent que la chaux était formée de deux corps simples, d'un métal appelé calcium et d'oxygène.

La chaux est donc un protoxyde de calcium ; elle est blanche, caustique, d'une saveur urineuse ; elle verdit le sirop de violette, qu'elle finit par jaunir ; elle brunit la couleur jaune de curcuma.

Exposée à l'air, à la température ordinaire, la chaux lui prend l'humidité et l'acide carbonique que l'atmosphère contient toujours ; elle se gonfle, tombe en poussière et devient un carbonate de chaux hydratée.

C'est à cet état qu'on la prend pour la brômer.

Le procédé le plus simple, pour brômer la chaux, consiste à remplir presque, de chaux hydratée, un flacon à large ouverture, et à introduire, avec les plus grandes précautions, quelques grammes de brôme pur. On bouche alors le flacon et on l'agite, en ajoutant peu à peu du brôme jusqu'à ce que l'on ait obtenu la teinte convenable. On peut passer ainsi graduellement d'une belle couleur rouge-cinabre au rouge de sang le plus foncé. Si la chaux restait d'un jaune terne, si le flacon se remplissait de vapeurs de brôme, ce serait un indice de la trop grande sécheresse de la chaux ; il faudrait alors l'humecter légèrement.

Chlorhydrate d'Ammoniaque

Sel ammoniac

Le chlorhydrate d'ammoniaque est un sel qui résulte de la combinaison de l'acide chlorhydrique et de l'ammoniaque. Les gaz chlorhydriques et ammoniacaux se combinent directement, et volume à volume, pour donner naissance à un composé solide. L'on obtient la même combinaison en mêlant ensemble les dissolutions aqueuses des deux gaz; le sel cristallise quand on évapore le liquide.

Ce sel a la propriété de précipiter la solution d'azotate d'argent à l'état de chlorure d'argent. Il doit être préféré au chlorure de sodium pour la première préparation des papiers positifs.

Acide chlorhydrique

Le chlore et l'hydrogène ne s'unissent qu'en une seule proportion ; le résultat de cette combinaison est l'acide chlorhydrique.

On prépare le gaz acide chlorhydrique en traitant

le chlorure de sodium par l'acide sulfurique concentré.

Cet acide, à l'état de pureté, est un liquide blanc, caustique, d'une odeur piquante très-forte. Exposé à l'air, il répand des vapeurs blanches abondantes qui sont dues à la combinaison de l'acide avec la vapeur d'eau répandue dans l'air. Celui qu'on trouve dans le commerce est presque toujours impur ; il est coloré en jaune par un peu de perchlorure de fer.

L'acide chlorhydrique précipite en flocons blancs les solutions des sels d'argent ; ce précipité est du chlorure d'argent : on l'emploie à dose très-faible, avant le fixage et combiné avec le chlorure d'or, encore, son action doit-elle être très-rapide.

Nous avons dit que les couleurs les plus brillantes de la lumière se traduisaient en photographie par du noir; que le rouge, l'orangé, le jaune, étaient inactifs sur les substances sensibles. Il n'est peut-être pas sans intérêt de faire remarquer ce qui se passe, lors de l'exposition à la lumière d'un mélange d'hydrogène et de chlore. Ces deux gaz, qui, associés à volumes égaux, constituent le gaz azide chlorhydrique, ne paraissent pas avoir d'action l'un sur l'autre, quand on les mêle dans l'obscurité, mais à la lumière diffuse, ils se combinent assez vite, et, à la lumière directe et vive, la combinaison est tellement instantanée, qu'elle s'annonce par une détonation.

Si ce mélange d'hydrogène et de chlore est porté successivement dans les diverses parties du spectre solaire obtenu par le prisme, on s'aperçoit que les rayons placés au delà de la zone rouge sont inactifs, tandis que ceux de la zone violette déterminent la combinaison des deux gaz. Dans toute position intermédiaire, la rapidité de la réaction est d'autant plus grande, que le mélange se trouve plus près du violet et plus loin du rouge. Ceci nous prouve que la lumière colorée détermine, soit la combinaison du chlore avec un corps, soit sa séparation d'avec d'autres substances, suivant la place qu'elle occupe dans le spectre solaire, et suivant la nature des corps mis en présence.

Chlorure d'or

En dissolvant de l'or pur dans l'eau régale, on obtient une dissolution jaune qui, abandonnée à une évaporation lente, dépose des cristaux orangés, d'une combinaison de sesqui-chlorure d'or et d'acide chlorhydrique. Cette solution, entièrement évaporée, perd son excès d'acide, et il reste une masse cristallisée déliquescente, qui se dissout facilement dans l'eau, l'alcool et l'éther.

De tous les perfectionnements apportés à la daguerréotypie depuis sa naissance, le plus important, sans contredit, est l'application du chlorure d'or au fixage des épreuves, sur doublé d'argent, application que l'on doit à M. Fizeau.

Le chlorure d'or, acidulé par de l'acide chlorhydrique, employé avant le fixage des positifs, sur papier et la solution de chlorure d'or et d'hyposulfite de soude (chlorure d'or basique), employée après le fixage, sont indispensables pour obtenir de beaux tons et des épreuves bien fixées. Ce même chlorure d'or basique, combiné à l'ammoniaque, donne un ton admirable aux épreuves. Il en est de même pour les épreuves sur papier albuminé, si l'or est combiné à l'acétate de soude.

MOYEN D'OBTENIR LE CHLORURE D'OR

Perchlorure d'or

Dans une capsule à manche d'environ 15 centim. de diamètre, mettez 10 gr. acide azotique à 40°, 30 gr. acide chlorhydrique, 10 gr. or en rubans ; abandonnez ainsi le mélange pendant 15 ou 20 minutes, puis faites chauffer sur un feu doux, — l'or se dissoudra en peu de temps, — ajoutez alors 30 gram. d'eau distillée et faites évaporer sur un feu plus vif. Vers la fin de l'opération, et alors que le liquide commence à diminuer, il est bon d'enlever de temps en temps la capsule et de promener le liquide, en le remuant afin d'aider à la cristallisation, — chauffez de moins en moins, à mesure que les premiers cristaux se forment, et enfin laissez se faire la dernière cristallisation sans le secours du feu. Enfermez le plus tôt possible le perchlorure d'or dans des flacons secs et bien bouchés, car ce sel est très-déliquescent, attire fortement l'humidité de l'air et passe à l'état liquide, même lorsqu'il est parfaitement bouché.

Pour obtenir le chlorure double d'or et de sodium, il suffit d'ajouter au perchlorure d'or ci-dessus, et lorsqu'il est encore dans la capsule, 7 ou 8 gr. de carbonate de soude pur pulvérisé, et 60 gr. d'eau distillée ; faire le mélange et évaporer sur le feu, — mouiller de nouveau, filtrer sur l'amiante et faire évaporer à sec. Ce nouveau produit a sur le premier l'avantage énorme de pouvoir être expédié au loin, car il est plutôt efflorescent et peut se conserver indéfiniment, même après les plus longs voyages.

Chlorure de platine

Mêmes opérations, mêmes observations que pour le perchlorure d'or.

Chlorure de sodium

Sel de cuisine

Le sodium, corps simple, ne forme avec le chlore, autre corps simple, qu'une seule combinaison ; c'est le chlorure de sodium, sel ordinaire de cuisine, qui prend aussi les noms de *sel marin* et de *sel gemme*, à cause de sa double origine ; l'eau de la mer en contient en effet une quantité énorme, et on le trouve aussi au sein de la terre en masse considérable, à l'instar des pierres précieuses ou gemmes naturelles.

Dans les temps humides, il enlève de l'eau à l'atmosphère, et se mouille, étant très-hygrométrique, propriété que n'a pas, à un si haut degré, le chlorhydrate d'ammoniaque, ce qui doit, en hiver surtout, faire donner la préférence à ce dernier sel pour la préparation des papiers positifs.

Le chlorure de sodium, ainsi que tous les chlorures, a la propriété de précipiter en flocons blancs la solution aqueuse de nitrate d'argent.

Il est généralement employé en photographie, pour le bain salé ; il n'a cependant sur les autres chlorures qu'un seul avantage, celui d'être toujours et en tout lieu sous la main de l'opérateur photographe.

Cire vierge

Tout le monde connaît cette substance et sait à peu près qu'elle se trouve dans les ruches d'abeilles, où elle constitue la matière des alvéoles. Lorsque le miel en est extrait, on fond le résidu dans l'eau bouillante, et le produit de cette fusion est de la cire jaune plus ou moins belle.

La cire brute est connue dans le commerce sous le nom de *cire jaune*.

La cire qu'on appelle *vierge* est blanche ; elle est le résultat de la purification et du blanchîment de la cire jaune.

La cire blanche sert à fabriquer des bougies, des cierges, des figures, des fleurs, des fruits, des pièces anatomiques ; elle sert aussi comme excipient des couleurs dans la peinture à l'encaustique ; elle forme la base d'un grand nombre de préparations pharmaceutiques, etc.; enfin, elle constitue l'élément principal de notre pâte encaustique pour lustrer les épreuves et les conserver.

Craie.

On nomme ainsi, dans les arts, des substances pierreuses blanches, tendres, employées comme crayons. On distingue deux espèces de matières crétacées: l'une, que l'on voit partout entre les mains des professeurs qui ont des signes ou des chiffres à tracer sur un tableau noir; l'autre, qui sert aux tailleurs pour marquer des lignes sur les étoffes. Dans les classifications minéralogiques, ces substances ne sauraient être rapprochées, et la géologie les sépare encore davantage, en indiquant pour chacune d'elles, une origine et un mode de formation qui n'ont rien de commun.

La première de ces substances est un carbonate de chaux terreux plus ou moins impur.

Après l'avoir pulvérisé, on en sépare le sable au moyen d'un lavage, et la craie ainsi lévigée, prend dans le commerce le nom assez impropre de *blanc d'Espagne*. Meudon possède des fabriques spéciales de ce blanc, auquel on a aussi donné le nom de *blanc de Meudon*.

La craie des tailleurs d'habits est connue sous le nom vulgaire de craie de Briançon. Cette substance est un talc stéatite; réduite en poudre, cette craie prend le nom vulgaire de poudre de savon, les marchands de gants et les bottiers en font usage pour faciliter l'entrée de la main et du pied dans les gants et les chaussures.

C'est la première de ces deux espèces de craie qui

sert en photographie pour le décapage des glaces. Un second lavage est indispensable pour la débarrasser des sables terreux qu'elle conserve encore.

Cyanure de potassium

Le mot cyanure indique un composé de cyanogène et d'un corps simple. Le cyanogène se compose de carbonate et d'azote ; on distingue les cyanures en cyanures métalliques et en cyanures alcalins ; on les spécifie ensuite par le nom du corps qui les constitue, et l'on dit : cyanure d'argent, cyanure de potassium, etc., etc.

Pour donner plus d'éclat à un positif sur verre par réflexion, pour lui ôter cette teinte grise qui nuit si fort à ce genre de photographie, on doit fixer l'épreuve en la traitant par le cyanure de potassium et d'argent.

On prépare ordinairement le cyanure de potassium en décomposant par la chaleur rouge, le cyanure double de potassium et de fer, communément appelé *prussiate de potasse*. Le cyanure de potassium est blanc, il attire fortement l'humidité de l'air et possède, au plus haut degré, la propriété de dissoudre l'iodure et le chlorure d'argent.

Quelques opérateurs l'emploient en solution faible

pour fixer les négatifs sur collodion. Son action, toujours trop énergique, ne le rend guère propre à cet usage. Nous ne lui reconnaissons qu'un emploi utile, celui où il vient en aide pour faire disparaître une épreuve positive et constater la retouche.

Combiné avec l'iode, il forme un excellent *spécifique* pour enlever les taches des sels d'argent ; encore son action toxique bien connue, ferait-elle désirer qu'on lui substituât la substance moins dangereuse que nous avons indiquée.

Dextrine

D'abord confondue avec les gommes, puis avec l'amidon, la dextrine n'a été distinguée de ces corps que depuis la découverte de la diastase. C'est parce que, dans les expériences de M. Biot sur la lumière, elle a fait dévier à droite le faisceau lumineux, que la gomme et d'autres substances font dévier à gauche, qu'elle a reçu de ce savant le nom de dextrine. On obtient la dextrine, en traitant la fécule par l'acide sulfurique, saturée par l'oxyde de plomb en poudre, etc. La gomme d'amidon torréfiée et celle obtenue du bois par l'acide sulfurique sont de la dextrine. La dextrine est abondamment soluble dans l'eau chaude, et même dans l'eau froide, à laquelle elle donne une consistance mucilagineuse. Quelques photographes emploient ce produit pour coller leurs épreuves.

Eau

La première combinaison de l'hydrogène avec l'oxygène (le *protoxyde d'hydrogène*) n'est autre chose que l'eau.

L'eau pure est sans saveur ni odeur, elle est incolore ; mais, sous une grande épaisseur, elle prend une nuance verdâtre très-prononcée, et devient même complétement opaque. Nous avons vu qu'elle pouvait passer par les trois états : *gazeux, liquide* et *solide ;* le zéro du thermomètre centigrade marque la température à laquelle l'eau passe de l'état solide à l'état liquide ; le 100° indique la température à laquelle l'eau passe de l'état liquide à l'état gazeux, sous la pression moyenne de l'atmosphère.

L'eau la plus limpide, celle des rivières et des sources, n'est pas chimiquement pure ; on peut aisément s'en assurer en la faisant évaporer dans une capsule ; on trouvera toujours un résidu.

L'eau de pluie est de l'eau à peu près pure, et si l'on a soin de la recueillir sur un linge propre, elle peut remplacer l'eau distillée, employée comme dissolvant dans les opérations chimiques.

L'eau distillée peut être obtenue par plusieurs moyens : une cornue de verre et un ballon, etc.; mais, alors, il n'est guère possible d'opérer que sur une très-petite échelle.

La distillation en grand se fait au moyen de l'alambic.

L'alambic se compose d'une chaudière sur laquelle est adapté un couvercle en forme de cloche, terminé par un tuyau recourbé, qui communique avec un serpentin ; le serpentin est enfermé dans une cuve cylindrique, que l'on doit maintenir toujours pleine d'eau fraîche. L'extrémité du serpentin débouche, en dehors de la cuve, dans un récipient. Rien de plus simple que de chauffer la chaudière, de la maintenir pleine d'eau, ainsi que la cuve, et de recevoir dans un vase, l'eau distillée.

Eau régale

On appelle ainsi un mélange d'acide chlorhydrique et d'acide azotique. Les alchimistes lui donnèrent ce nom, parce que ce mélange jouit de la propriété de dissoudre l'or, qu'ils regardaient comme le roi des métaux.

L'eau régale, faite avec un volume d'acide azotique et trois volumes d'acide chlorhydrique, sert à dissoudre l'or pur, et donne, après évaporation à siccité, un sel déliquescent qui n'est autre chose que le chlorure d'or.

Essence de lavande

Cette huile est extraite d'une plante de la famille des labiées; elle peut être le produit de l'expression ou de la distillation. Il y a plusieurs qualités de lavande, et l'on en connaît principalement deux qui donnent deux huiles distinctes : l'huile d'aspic et l'huile de lavande.

L'huile de lavande est la substance que l'on emploie à la fabrication de l'encaustique lustrée de Clausel et Belloc.

La belle essence de lavande est d'une couleur jaune, assez fluide, plus légère que l'eau, d'une odeur forte et pénétrante; on la falsifie assez souvent en l'additionnant d'essence de térébenthine rectifiée.

Essence de térébenthine

Les huiles volatiles sont des produits organiques à peu près insolubles dans l'eau, très-solubles dans l'alcool et dans l'éther.

Les huiles volatiles diffèrent beaucoup les unes des autres par leur consistance, leur densité et leur couleur, en un mot, par leurs propriétés physiques.

Ainsi, l'essence de girofle est plus lourde que l'eau, jaune et d'une consistance onctueuse; celle de lavande est plus légère que l'eau, blanche et fluide; celle de térébenthine pèse 0,874, est très-fluide et complétement incolore.

La térébenthine des landes de Bordeaux contient environ le quart de son poids d'une huile volatile très-employée dans les arts, et connue dans le commerce sous le non d'*essence*. On l'obtient en distillant la térébenthine avec de l'eau. Cette huile est très-fluide, d'une odeur pénétrante, d'une saveur forte, mais sans âcreté, ni amertume; elle est soluble dans l'alcool, ne se combine pas avec les alcalis, mais se combine très-rapidement avec l'iode et le brôme.

Ce produit rectifié est le liquide qui convient le mieux au décapage du plaqué d'argent. S'il est pur, une goutte de cette essence tombée sur du papier blanc, doit s'évaporer sans laisser aucune trace.

Ether sulfurique

L'éther sulfurique est un liquide très-fluide, incolore, d'une odeur vive et agréable, d'une saveur âcre et brûlante. On l'obtient en traitant l'alcool anhydre par l'acide sulfurique concentré.

L'éther est très-inflammable, il s'évapore rapidement à l'air, et peut, à cause de cette grande volatilité, produire, dans un endroit clos, des mélanges d'air et de vapeur éthérée, inflammables et détonnants.

L'éther agit vivement sur l'économie animale, et produit quelquefois une espèce d'ivresse accompagnée d'insensibilité.

On a utilisé cette propriété curieuse de la vapeur d'éther, pour procurer l'insensibilité aux personnes qui doivent être soumises à des opérations chirurgicales.

Plusieurs photographes ont pensé, quelques-uns même ont écrit, que l'action de collodionner les glaces était éminemment nuisible. Nous pouvons rassurer ceux qui se livrent à ce genre d'opérations, et leur dire que, depuis dix ans, nous nous saturons de ces vapeurs sans en avoir jamais ressenti le moindre dérangement.

Noir de fumée

Ce noir se prépare en faisant brûler la térébenthine, le galipot ou d'autres produits résineux du pin, dans un four dont la cheminée aboutit à une chambre, n'ayant qu'une seule ouverture fermée par une cône en toile.

Le plus beau noir de fumée se fabrique à Paris; pour l'obtenir d'une grande pureté, on doit le traiter par l'alcool ou, mieux encore, le calciner dans un vase fermé.

Ce noir, mêlé à volumes égaux, avec du rouge d'Angleterre et employé en petite quantité pour le polissage des plaques, leur donne une finesse de bruni, que l'on ne saurait obtenir par aucune autre substance.

Acide formique

Cet acide organique doit son nom à son existence dans les fourmis, où Margraff constata sa présence d'une manière certaine, en 1749. Il ressemble beaucoup à l'acide acétique, avec lequel on l'avait d'abord confondu. Il est liquide, incolore, fumant légèrement à l'air et bouillant à 100°. — Il est cristallisé au-dessous de 0° en lames brillantes.

L'acide formique se produit dans beaucoup d'opérations, par exemple, lorsque l'on traite une substance organique par l'acide sulfurique et le peroxyde de manganèze, etc. L'ancien procédé consistait à distiller légèrement, avec de l'eau, des fourmis rouges écrasées. Cet acide, ainsi que l'acide acétique, et en général les acides végétaux, peut être employé en photographie; mais c'est à tort qu'on lui a attribué une *valeur réductrice* qu'il ne possède nullement. Aucun acide, du reste, *n'est réducteur*, et si l'on ajoute à un vrai réducteur, un acide quelconque, c'est dans le but d'amoindrir, de régulariser ce pouvoir réducteur (pyrogallique ou sels ferrugineux).

Ces derniers mêmes, ainsi que nous l'avons dit, doivent être employés purs, — sans addition d'aucun acide, — la réduction marche mieux, plus vite, et le cliché sort toujours sans taches, ce qui n'est pas le cas lorsque l'on y introduit des acides ou de l'alcool.

Acide gallique

On extrait l'acide gallique, par la macération dans l'eau, des noix de galle concassées, dont le tannin se trouve ainsi transformé en acide gallique, soluble dans l'alcool, qui le sépare des autres substances, auxquelles il se trouvait associé. La noix de galle n'est pas un fruit, c'est une excroissance qui se forme sur les feuilles et les branches du chêne, et qui provient de la piqûre d'un insecte, au moment où il y dépose ses œufs. Cette noix est de la grosseur d'une noisette, et nous vient en grande quantité d'Alep, qui en fait un commerce considérable.

L'acide gallique se présente sous l'aspect de houppes soyeuses d'une blancheur jaunâtre ; il est employé en photographie comme agent révélateur ; seul et en solution aqueuse saturée, il développe parfaitement l'image négative obtenue sur papier humide.

La même solution s'emploie comme agent *préparateur* sur l'albumine; on fait paraître l'image avec une solution faible de nitrate d'argent, ou par un mélange d'acide gallique et de nitrate d'argent, aiguisé par quelques gouttes d'acide acétique (procédé Taupenot et collodion sec).

Hypochlorite de chaux

Connu vulgairement sous le nom de chlorure de chaux, il détruit énergiquement les couleurs végétales. Cette substance est employée au blanchîment des toiles et du papier. Dans le commerce, on appelle l'eau chargée de chlore, eau de Javelle, parce que c'est dans cette localité qu'on l'a préparée d'abord.

L'emploi de l'hypochlorite de chaux, en photographie, doit être très-sobre, car, ainsi que nous l'avons dit, cette substance *détruit* énergiquement, et s'il blanchit le papier albuminé un peu jauni par suite de vieille préparation ou d'un bain alcalin, il détruirait aussi les demi-teintes de l'épreuve, si on l'employait à la dose de deux ou trois grammes pour un gramme de chlorure d'or. Un demi-gramme est plus que suffisant; et même, à ce degré, la solution serait beaucoup trop énergique pour une image *tirée* à point, ou pour celle qui n'aurait que de faibles demi-teintes. L'épreuve soumise à ce bain doit être *noire, verdâtre, passée* enfin, et le cliché qui l'a produite doit être vigoureux.

Du reste, appliqué avec soin et intelligence, ce virage donne des tons bleu-noir fort remarquables.

L'hypochlorite de potasse peut donner les mêmes résultats.

Hyposulfite de soude

Depuis la découverte de la photographie, ce sel a pris une grande importance ; il est, en effet, employé à peu près exclusivement pour dissoudre les iodures et les chlorures d'argent impressionnables et restés inaltérés après leur exposition à la lumière. Quoiqu'il ne soit pas le seul agent chimique qui jouisse de cette propriété dissolvante, il n'en a pas moins prévalu sur tous les autres, et il faut avouer qu'il a mérité cette préférence.

L'action de l'hyposulfite de soude sur l'épreuve positive, se fait sentir visiblement dès le premier quart d'heure ; si l'on regarde le papier par transparence, on le voit alors piqueté de noir, à cause d'un précipité métallique, disparaissant à mesure que l'action dissolvante se prolonge ; il faut bien attendre, avant de retirer l'épreuve du bain, que ce *poivré* ait entièrement disparu. L'épreuve n'est réellement fixée qu'à ce moment.

On doit employer ce bain sans mélange d'acides, sans mélange d'argent, dans son état simple; les bains neufs sont les meilleurs, ils peuvent fixer une vingtaine d'épreuves. L'hyposulfite de soude enlève le chlorure d'argent libre, et quelques chimistes prétendent qu'il change en sulfure d'argent le chlorure qui a été décomposé par la lumière.

Employé à l'état de saturation, il enlève complétement l'iodure d'argent des négatifs sur collodion et les laisse avec leur belle apparence; employé en solution faible, au contraire, il fixe l'iodure sans l'enlever, et permet quelquefois de conserver des clichés qui, à cause de la grande transparence des ombres, auraient donné des positifs durs et privés de demi-teintes.

On prépare l'hyposulfite de soude en dissolvant du soufre dans une dissolution chaude et concentrée de sulfite de soude, jusqu'à ce que celle-ci en soit saturée; abandonnée à l'évaporation, la liqueur laisse déposer l'hyposulfite de soude sous la forme de gros cristaux transparents.

Iode

L'iode est solide à la température ordinaire; il affecte la forme de paillettes d'un gris-bleu de fer foncé et d'un bel éclat métallique.

L'iode a une odeur pénétrante, désagréable; ses vapeurs provoquent le larmoiement.

Il fut découvert en 1812 par Courtois.

On extrait l'iode des eaux-mères des salines, et aussi de l'iodure de sodium.

L'iode produit des vapeurs d'un violet très-foncé; son emploi, en photographie, date de l'époque où Daguerre obtint ses premières épreuves. C'est l'iode qui est encore aujourd'hui le seul corps générateur de l'image photographique.

Il forme, avec le cyanure de potassium, une combinaison excellente pour enlever les taches de nitrate d'argent.

Son caractère distinct est de colorer en bleu l'amidon, les fécules, etc.

Sa combinaison avec le zinc, le cadmium, etc., constitue les différents iodures employés en photographie. Il suffit, pour obtenir ce produit, de mettre en contact avec de l'eau distillée, de l'iode et du cadmium en lames, de laisser réagir les deux corps en agitant de temps en temps, jusqu'à décoloration du liquide, puis de décanter et de soumettre à l'évaporation.

Iodhydrate ou hydriodate d'ammoniaque

Iodure d'ammonium

L'on prépare ce sel en mettant deux parties d'iode avec dix parties d'eau distillée dans un ballon de verre, et en ajoutant peu à peu une partie de limaille de fer.

Lorsque la combinaison s'est effectuée, on précipite le fer par une solution de carbonate d'ammoniaque, on filtre le liquide et on le fait cristalliser.

L'iodure d'ammoniaque est un sel peu fixe, et nous n'en conseillons guère l'emploi, à moins qu'il ne soit combiné avec l'iodure de potassium et le brômure de cadmium.

Iodure de potassium

On obtient ce sel en dissolvant de l'iode dans une solution concentrée de potasse, jusqu'à ce que la liqueur se colore par un excès d'iode.

En évaporant à siccité la dissolution, et en calcinant le résidu dans un creuset de platine, on obtient l'iodure de potassium pur.

Si l'on verse une solution d'iodure de potassium dans une dissolution d'azotate d'argent, il se forme un précipité blanc-jaunâtre d'iodure d'argent. Nous savons que l'iodure et le chlorure d'argent ont la propriété de noircir, même à la lumière diffuse. Cette propriété a été mise à profit par les photographes, qui en ont fait la base de leur art. Ainsi, soit que l'on opère sur albumine ou sur collodion, c'est toujours le même agent chimique, l'iodure associé à l'azotate d'argent, qui forme la couche sensible où vient se peindre l'image négative.

L'iodure d'argent est insoluble dans l'eau, mais le cyanure de potassium, l'hyposulfite de soude et l'iodure de potassium le dissolvent facilement.

L'iode et le potassium forment trois combinaisons bien définies, savoir :

1° L'iodure de potassium, composé d'un équivalent d'iode et d'un équivalent de potassium ;

2° Le bi-iodure, composé d'un équivalent de potassium pour deux d'iode ;

3° Le tri-iodure, composé d'un équivalent de potassium et de trois équivalents d'iode.

L'iodure de potassium pur, *iodure potassique, hydriodate de potasse*, est blanc, sa saveur est âcre, il cristallise en cubes, il est déliquescent, très-soluble dans l'eau (100 parties d'eau, à + 18°, en dissolvent 143 parties) ; il se dissout aussi dans l'alcool en diverses proportions, suivant que ce dernier contient plus ou moins d'eau. L'alcool de vin à 36°, le seul que nous puissions employer pour préparer la liqueur génératrice, dissout 4 grammes 80 centigrammes d'iodure de potassium pour 100.

L'iodure de potassium du commerce est souvent impur, souvent même adultéré, et nous pensons que les photographes doivent à la mauvaise qualité de ce sel, une bonne partie de leurs insuccès. L'iodure de potassium est le résultat du traitement en grand des soudes de varechs ; aussi n'est-il guère possible d'en obtenir un produit aussi pur que celui qu'obtient le chimiste dans son laboratoire (1).

Un procédé excellent pour rendre l'iodure de potassium parfaitement pur, et propre à composer la liqueur génératrice destinée au collodion, consiste à faire dissoudre ce sel dans de l'alcool de vin à 36°, à filtrer la liqueur, à la distiller et à la faire cristalliser de nouveau.

Kaolin

Le kaolin est une argile, d'une nature particulière, qui provient de la décomposition du feldspath. Il contient toujours une partie du mica, que renfermait la

(1) Nous faisons nous-même notre iodure, et nous employons la quantité voulue d'iode pour fabriquer ce produit, de telle sorte que nous en obtenons toujours de très-bons résultats ; trop faible en iode ou trop suriodé, l'iodure ne convient nullement à la liqueur génératrice.

roche primitive. Le kaolin sert à la fabrication de la porcelaine, celui de St-Yrieix, près Limoges, est composé de 56 parties de silice et 44 d'alumine.

Il est employé en photographie, pour la décoloration des bains positifs, lorsqu'ils sont rougis par les dépôts albumineux ; — cette substance nous paraît la plus convenable pour atteindre ce but.

Pentasulfure de potassium

On connaît un grand nombre de combinaisons du potassium avec le soufre ; — les chimistes en admettent 5. — Si l'on chauffe un mélange de carbonate de potasse et de soufre, on obtient une masse brune soluble dans l'eau qui n'est autre que le pentasulfure de potassium, qui porte assez généralement le nom de foie de soufre ; une solution de ce produit dans la proportion de 1 sur 3 d'eau, jouit de la propriété de précipiter les résidus d'argent des photographes, à l'état de sulfure insoluble.

Acide pyrogallique

Cet acide est le résultat de l'action de la chaleur sur l'acide gallique : celui-ci chauffé à une température de 200° se volatilise en petites houppes soyeuses blanches, d'un éclat vitreux. C'est à M. Regnault, de l'Institut, que nous devons l'emploi de cet acide, découvert par M. Pelouze. Il est d'une énergie remarquable comme agent révélateur, et doit presque toujours venir en aide aux autres réducteurs.

Rouge brun d'Angleterre

Péroxyde de fer

L'on obtient cette substance en calcinant la couperose verte (sulfate de fer) à une température très-élevée. Si la coupe-rose employée est bien pure, et si la calcination a été poussée assez loin, le solide est du péroxyde de fer pur.

Pour le péroxyde de fer destiné aux usages photographiques, il faut que la calcination ait été poussée jusqu'à sa dernière limite. Plus cette calcination aura été lente et longtemps prolongée, plus le fer sera complétement oxydé, et mieux vaudra le rouge. Dans le cas d'une mauvaise fabrication, la poudre, au bout de quelque temps, perd sa douceur, devient rugueuse et finit par rayer le métal.

Sels

Dans la langue scientifique, le mot sel a un sens

étendu : il désigne les composés dans lesquels entrent un ou deux acides à une ou plusieurs bases. Selon Berzélius, est sel, tout composé dont les éléments, quel que soit leur nombre, neutralisent réciproquement et complètement leurs propriétés électro-chimiques. Un *sel* qui contient deux bases est appelé *sel double* ; un sel où la base et l'acide se neutralisent exactement, *sel neutre* ; un sel où la base est en excès, *sous sel* ; un sel où l'acide est en excès, *sur sel*, etc. ; la nomenclature chimique a ramené à des dénominations uniformes et précises, tous les sels produits naturellement ou dans les laboratoires.

Sulfate de protoxyde de fer

Couperose verte ou vitriol vert

On le prépare en dissolvant du fer métallique dans de l'acide sulfurique étendu. Il cristallise en gros cristaux, d'un vert bleuâtre, analogue à la couleur du béril. Ce sel s'altère facilement au contact de l'air, et donne du sulfate basique de péroxyde de fer, qui ne peut plus agir sur les sels d'argent.

Depuis l'emploi du collodion, des débats assez vifs se sont élevés au sujet des deux agents révélateurs, sulfate de fer, acide pyrogallique. Nous avons dit plus haut notre opinion à ce sujet.

Acide sulfurique

Huile de vitriol

L'acide sulfurique concentré est un des acides les plus énergiques que l'on connaisse. On l'emploie à 66° pour attaquer le nitre et en dégager l'acide azotique, quand on veut obtenir du coton fulminant. Il n'est pas hors de propos de recommander ici quelques précautions à prendre lorsqu'on fait du coton-poudre. Les vapeurs nitreuses qui s'exhalent pendant l'opération sont très-délétères; il faut donc, pour faire le coton-poudre, se placer dans un local bien aéré ou à l'air libre. Quelques gouttes d'eau qui viendraient à tomber sur l'acide sulfurique concentré pourraient le projeter hors du vase et blesser l'opérateur.

Acide tartrique

L'acide tartrique est un des acides organiques les plus importants. Cette substance a reçu dans les arts une foule d'applications, principalement dans les arts chimiques et pharmaceutiques; elle existe dans un grand nombre de fruits. Mais c'est toujours du raisin qu'on l'extrait, ou plutôt de la matière saline, qui, sous forme de croûte, se dépose dans les tonneaux de vin. En photographie, on a essayé de le substituer à l'acide acétique ; nos essais nous autorisent à croire que le meilleur des acides est l'acide acétique ; après lui, l'acide citrique. Dans un cas de force majeure on peut bien employer les différents vinaigres végétaux du commerce, mais avec plus ou moins de chance de succès, suivant leur pureté plus ou moins douteuse.

Teinture de tournesol

C'est le nom chimique d'une matière colorante, et servant à préparer une teinture usitée dans toutes les expériences de chimie, pour reconnaître l'état acide ou alcalin du corps que l'on étudie. Tous les acides font passer au rouge la teinture de tournesol ; les alcalis le ramènent au bleu. Le tournesol en pains s'obtient de certains lichens pulvérisés, mélangés à la potasse et arrosés avec de l'urine, qui met le mélange en fermentation.

Pendant la fermentation il y a un dégagement d'ammoniaque, et c'est, à ce qu'il paraît, à la présence de cet alcali que le tournesol doit sa couleur bleue, car son principe colorant est rouge.

Le papier blanc préparé avec cette teinture, sert en photographie à constater l'acidité de certaines solutions. — Ce même papier bleu, trempé dans un acide dilué, passe au rouge ; — dans cet état il sert à constater l'état alcalin de la solution en ramenant au bleu la feuille rougie.

Tripoli

Substance sèche, friable, rude au toucher, jaunâtre ou rougeâtre, d'une structure fissile, quoique lâche et poreuse, d'une cassure schistoïde en lames plates d'aspect terreux.

Le tripoli ne fait point pâte avec l'eau, ce qui le distingue des argiles feuilletées; il ne s'y délaie même pas; il est fusible au chalumeau.

On fabrique du tripoli artificiel; il va sans dire qu'il ne vaut rien pour le polissage des plaques.

MESURES DE POIDS

ANGLAISES	FRANÇAISES
	Grammes
Livre troy........................	373,226
Livre avoir du poids..............	453, 57
Once (1/12 de livre troy)...........	31,102
» (1/16 de livre avoir du poids)...	28, 35
Drachme (1/16 once avoir du poids)..	1, 77
Penny weight (1/20 once troy.......	1,555
Grain (1/24 penny weight)..........	0,065

MESURES COMPARÉES

EN MESURES ANGLAISES

Le gramme vaut grains............ 15,4323
Le kilogr.   » once troy......... 32,1507
   »   »   livre troy......... 2, 679
   »   »   once avoir du poids. 35, 274
   »   »   livre avoir du poids. 2, 670

MESURES DES CAPACITÉS ET DES VOLUMES

	Décim. cubes.
Pouce cube.....................	0,01638
Pied cube.....................	28, 3153
Gallon........................	4, 5434
Pint (1/8 de gallon).............	0, 5679
Buschel (8 gallons)..............	36, 3477
Sack (3 buschels)...............	109, 0431

EN MESURES ANGLAISES

Le litre vaut : pouces cubes........ 61,0270
   »   »   gallons............ 0,2205
   »   »   pints............. 1,7640

POIDS DE QUELQUES CORPS

COMPARÉ A CELUI DE L'EAU PRIS POUR UNITÉ

Solides

Platine................... 21,
Or....................... 19,24
Mercure.................. 13,60

POIDS DE QUELQUES CORPS

Argent.................. 10,47
Iode.................... 4,95
Carbonate de chaux....... 2,72
Cire.................... 0,97
Glace d'eau............. 0,93
Pierre ponce............ 0,92

Liquides

Acide sulfurique......... 1, 84
Acide nitrique........... 1, 22
Essence de térébenthine... 0, 87
Esprit de vin rectifié... 0, 79
Éther sulfurique rectifié... 0, 72
Acide acétique cristallisé... 1,063

SIMPLES NOTES

> « Dans tous les arts, il y a deux arts :
> l'art qui embellit et l'art qui dénature ;
> l'art simple et l'art grotesque ; la pièce et
> la parodie ; la peinture et la charge. »
>
> (J. Janin.)

La simplicité est un des caractères essentiels du bon goût ; elle s'étend depuis l'ensemble jusqu'aux moindres détails. Les œuvres d'art par excellence sont aussi les plus simples. La simplicité, ne cherchant pas à éblouir, reste constamment dans les limites du vrai, ne dépasse jamais le but, elle est toujours sûre de plaire.

Cette simplicité est aussi l'idéal que doit se proposer le Photographe, bien qu'il soit, il ne faut pas se le dissimuler, dans d'assez mauvaises conditions pour y parvenir. Avec son instrument mathématique, à œil unique qui voit trop clair, ou qui, par l'effet d'une lumière presque toujours fausse, semble ne voir que le mauvais côté du modèle, il faudrait posséder la science des ombres et des nuances comme un Raphaël, pour savoir tirer le meilleur parti et tout le parti possible de la situation; <u>il faudrait, au moins, bien connaître les lois du dessin ombré</u>. Or, combien compte-t-on, combien pourrait-on compter d'opérateurs ayant les moindres principes de lumière, d'ombre et de perspective?....

« En est-il plus de trois que l'on pourrait nommer ? »

Et n'est-ce pas à cette ignorance, bien plus qu'à la nature et à l'essence même de notre art, qu'il faut attribuer la prévention défavorable que les artistes ont, en général, pour tous ses produits? n'est-ce pas la vraie raison qui fait envisager les plus beaux portraits photographiques comme un simple produit mécanique, dépourvu de vie et d'originalité ? Les Photographes les plus célèbres, ceux-là même qui ont obtenu de si grands succès aux Expositions, ne semblent-ils pas avoir partagé cette opinion, lorsque, mécontents de leurs plus beaux résultats, ils ont demandé à l'estompe, au crayon et à l'encre de Chine ce qu'ils n'avaient pu obtenir directement de leurs opérations photographiques : l'effet vraiment artistique, et le sentiment intime de l'individualité ?.. (1)

Or, il faut bien se garder de croire que la Photographie ne peut, par elle-même, donner rien de plus que ce que les opérateurs ont, jusqu'à présent, su en obtenir. Telle œuvre n'est incomplète, inférieure aux plus beaux ouvrages artistiques, que parce qu'elle manque de ces demi-teintes qui font, pour ainsi dire, toute la vie d'un portrait, et cela, parce que l'opérateur n'a pas su tirer parti de la lumière, nous dirions volontiers n'a pas su la manière de s'en servir, et, de plus, a confié l'image à des substances chimiques qui l'ont développée, en produisant ces contrastes violents, ces tons heurtés et tranchés, qui lui ont enlevé toute la distinction, toute la finesse, sinon même toute la physionomie.

Nous posons, d'ailleurs, en principe, que le portrait est et sera toujours une très-grande difficulté. La lumière exerce dans ce genre une action tellement

---

(1) C'était l'opinion de Ziégler, un des peintres les plus estimés dans ces derniers temps, et mort trop jeune pour avoir dit son dernier mot; il n'avait pas dédaigné l'art photographique, et il a obtenu sur collodion des épreuves très-remarquables. Sa compétence est irrécusable. Ceci soit dit pour réduire à leur juste valeur l'éloge de certains portraits, qui avaient fait, disaient MM. tels et tels, *une vive impression.*

décisive, qu'elle peut, du même modèle, faire un type admirable ou une véritable charge, selon la manière dont il en a été enveloppé. Les paysagistes les plus en vogue et en renom en France, en Angleterre, en Allemagne, échouent misérablement devant le portrait. Leurs tentatives en ce genre sont vraiment grotesques.

Dans les Expositions mêmes, les portraits des opérateurs les plus connus, accusent un fait qui ferait volontier révoquer en doute les progrès de la Photographie, et ce fait déplorable, c'est que toutes les épreuves sont *retouchées ;* comme si le Photographe, lui-même, ne croyant pas à son art, se reposait, sur des éléments qui lui sont tout à fait étrangers, du soin de perfectionner ses ouvrages. L'opérateur qui prend son art au sérieux ne retouche ses épreuves que pour plaire au commun des martyrs, à qui l'on est bien obligé de faire certaines concessions ; mais ils est un public d'élite que l'on doit respecter, et ce public est une sorte de Jury qui sait apprécier les choses pour ce qu'elles valent, et qui, à toutes les Expositions, décerne les récompenses au vrai mérite. Qu'on ne nous accuse pas de pessimisme systématique. Nous ne crions pas à la décadence, nous ne sommes pas de ces Jérémies artistiques qui se voilent la tête, et pleurent la mort de l'art. Notre esprit est plutôt naturellement porté à l'admiration, mais nous ne pouvons nous empêcher de dire que cette année encore, cette année surtout, nos espérances ont été complétement déçues. En fait de portraits, l'Exposition de 1864 est restée au dessous de la précédente : de petits spécimens, des multitudes de cartes, en faisaient presque tous les frais, et comme la plupart étaient sans retouche, c'était bien là, le plus grand mérite de cette Exposition.

Quant aux grands portraits, à ces tours de force de la Photographie, à ces amplifications ridicules dépourvues de tout sentiment, ils ont prudemment disparu ; on en a fait justice.

Un des caractères particuliers de cette Exposition, c'est que les portraits venus de la province étaient généralement supérieurs à ceux de Paris, à ce point de vue du moins, qu'ils étaient sans aucune retouche, et pouvaient, par celà même, être considérés comme de véritables et purs produits de l'art photographique.

Ce n'est pas d'aujourd'hui qu'on stigmatise la retouche comme une sorte de charlatanisme, et que l'on reproche aux critiques, chargés des comptes-rendus, d'avoir trop souvent, de connivence avec les jurys, admis, encouragé et prôné, voire même médaillé, cette espèce de fraude et cette superfétation de mauvais goût.

Un photographe habile en même temps qu'éminent

publiciste, a pu dire, à ce sujet : « Songez-y, cher collègue, c'est en pleine société de Photographie que vous préconisez la retouche !...... Ce qui me paraît principalement dangereux pour la Photographie, dans votre théorie, c'est qu'elle érige la retouche en système.... elle l'appelle et la glorifie comme un avantage... elle en fait le complément artistique de la photographie, qui, sans elle, ne serait plus qu'une sèche opération de physique et de chimie. »

(*Bulletin de la Société photographique*, p. 297).

Ce regret si bien exprimé par M. D... lors de l'Exposition de 1855, n'a pas cessé d'être parfaitement opportun. Aujourd'hui comme alors, la retouche est érigée en système; aujourd'hui comme alors, elle fait très-bien les affaires de ceux qui la pratiquent sans scrupule.

Or si, comme cela est évident, on ne retouche que les épreuves défectueuses, par la raison toute simple que cette opération ne pourrait qu'affaiblir les bonnes, et si, comme nous en sommes convaincu, le véritable artiste se fait un point d'honneur de s'en abstenir, par le respect même qu'il a pour son art, nous arrivons nécessairement à cette conclusion, peu consolante, que cette frénésie de retouche est un aveu d'impuissance, et que la photographieportrait n'a pas le moins du monde accompli les progrès qu'on se plaît à lui attribuer.

Il y a bien aussi la part du public à faire dans ce fâcheux état de choses, et c'est avec beaucoup de sens, que Madame de R... a pu dire dans des vers fort heureux :

> « .... Je crois deviner la raison
> Qui fait que ce bel art n'a pas eu son poète :
> C'est qu'en trois quarts, tout comme en silhouette,
>   Quand il retrace la beauté
>   Il y met trop de vérité !
> Or, si beau que l'on soit, on veut être flatté. »

Mais, si la photographie est restée stationnaire par rapport au portrait sans retouche, elle a du moins acquis le droit de se considérer comme une industrie très-lucrative. En cela, comme en toute autre chose, le savoir-faire vaut mieux que le savoir. Le public, qui n'y entend pas malice, est enchanté d'avoir des images *hydrofuges*, et des images *inaltérables au charbon*.

L'opérateur, qui s'est avisé de mettre cette inscription sur un cadre, a-t-il bien réellement résolu le problème du procédé au charbon? Nous serions tenté de le croire, en découvrant sur tous ses portraits des traces d'estompe, de crayon et de pinceau.

Le public, qui a lu dans les grands journaux de pompeuses réclames en faveur de cette merveilleuse découverte, est tout heureux de croire qu'on a trouvé, en effet, le moyen de braver l'action du temps, et de pouvoir conserver les portraits d'une façon à tout jamais inaltérable.

Ce que les grands journaux ont fait par leurs réclames auprès de la masse des lecteurs, les feuilles spéciales, les bulletins, l'ont entrepris auprès des amateurs photographes, et même des hommes du métier. Comment auraient-ils douté, quand ils ont lu, dans les publications qui leur servent de guides, que M. X... a *réussi* les plus belles épreuves du monde avec un peu de noir de fumée?...

Nous avons vraiment l'air d'entreprendre une croisade contre les erreurs de tous genres, que les journaux et même les livres de photographie répandent périodiquement dans toute l'Europe. Nous savons pourtant bien que ce serait entreprendre une trop rude tâche, et nous n'avons nulle prétention à ce don quichotisme. Il y aurait cependant là une bonne œuvre à remplir, un acte de justice et de haute utilité, car on ne saurait déverser trop de blâme et de ridicule sur ces découvertes décevantes, qui usent à la fois, et en pure perte, le temps, l'argent et le courage des opérateurs.

Nous aurions trop à dire sur un pareil sujet. Nous nous permettrons seulement, pour donner une idée de cette étrange manière de faire l'éducation photographique de leur public, d'emprunter à divers auteurs, des citations qui suffiront à faire juger la valeur de leurs conseils et de leurs appréciations.

Et d'abord, avant de se poser en juge et en arbitre, en pareille matière, ne serait-il pas nécessaire de prouver qu'on n'est étranger à aucun des arts du dessin, et qu'on a acquis, par une certaine pratique, quelqu'expérience de la photographie qu'on a l'air de vouloir régenter?

Il n'en est pas ainsi; en photographie, on se croit tout permis ; on s'arroge le droit de juger et d'enseigner, à tort et à travers, confondant trop souvent les lois les plus positives, les procédés les plus certains avec les tentatives les plus vaines et les prétentions les plus chimériques.

Un écrivain, d'ailleurs distingué, mais qui n'a certainement pas toute la compétence nécessaire, a fait les belles réflexions qu'on va lire, au sujet du portrait photographique :

« Le photographe doit surtout viser à la ressemblance morale, et, pour y parvenir, il faut qu'il étudie avec soin son modèle, qu'il se rende compte de ses jeux de physionomie les plus habituels, qu'il sache apprécier tout ce qui constitue son INDIVIDUALITÉ. »

Notre *législateur* va plus loin encore; il est vrai qu'une fois engagé dans une tirade de ce genre, il n'y a plus de raison pour s'arrêter :

« Le photographe, dit-il, devra exercer sur son modèle un véritable ascendant, il est nécessaire qu'il lui inspire une grande confiance, et que, par une sorte de communication magnétique, la bonne humeur de l'artiste se reflète sur la physionomie du modèle. » Tout cela serait excellent dans un traité de peinture, mais ne peut s'appliquer à la photographie. Le peintre est, en effet, ou peut être, complétement maître de son modèle, qu'il peut étudier à loisir; toute pose lui est bonne, pourvu qu'il en attende le meilleur effet. Mais le photographe n'a pas cette latitude, il s'en faut bien : le modèle est presque un patient, dont la tête doit être appuyée, comme garantie de l'immobilité indispensable à l'opération; les bras, les mains, pour ne pas produire de très-mauvais résultats, sont souvent dans une position gênante. En un mot, il n'y a pas la moindre analogie dans les deux conditions de la pose, et ces conseils sont radicalement impraticables.

Cette *communication magnétique* a séduit la plume de nos auteurs, si bien que nous l'avons vue figurer déjà dans trois traités différents et spéciaux, toujours avec le même succès; et, certes, nous n'avons pas tout lu.

Passons à une autre citation du même ouvrage :

« Une pose de face n'est guère admissible que pour les personnes qui ont la figure maigre et allongée... Pour toutes les autres, il vaut mieux que le visage se présente de trois quarts... » Puis encore : « Les yeux seront tournés sur l'ouverture de la chambre noire, etc... »

Mais, cher théoricien, ne savez-vous donc pas que si l'on fait poser une personne maigre de face, il arrivera, dix-neuf fois sur vingt, que cette personne aura une face large et courte, ce qui pourra bien altérer quelque peu le caractère de sa physionomie ? Cette large face proviendra précisément du défaut inhérent à l'appareil optique, et au mode d'éclairement, qui, ne pouvant indiquer les demi-teintes, qui font le caractère de cette figure, ne manquera pas de lui donner l'aspect d'un ange bouffi. Ce sera bien pire encore si l'opérateur, par ignorance ou par négligence, s'avise de placer son objectif dans l'axe même de cette figure; alors, cette figure, *très-allongée*, deviendra un rond parfait; ce ne sera pas seulement un ange bouffi, ce sera une pleine lune !

Quant aux yeux, dans un portrait trois-quarts, ils doivent regarder devant eux, et non pas nécessairement l'ouverture de la chambre noire, ce qui, dans bien des cas, risquerait fort de les faire loucher horriblement. C'est à l'artiste, après avoir posé un point blanc sur la chambre, et engagé le modèle à regarder ce point, de juger s'il ne doit pas réduire plus ou moins le trois-quarts, ou, dans le cas d'un petit trois-quarts, de faire regarder le modèle, ce qu'on appelle à *regard perdu*.

Donc, pour le portrait, outre le mode d'éclairement convenable, dont la pratique constitue à elle seule une véritable science, il faut apporter, dans la pose du modèle, dans le choix et dans l'arrangement des accessoires, ce bon goût, ce juste sentiment de la forme et de la disposition des lignes, qui distinguent l'opérateur-artiste du praticien vulgaire, nous dirions presque du manœuvre photographe; c'est par ces détails, et selon qu'ils ont été plus ou moins bien observés, que l'on peut espérer obtenir, en quelque sorte, un résultat artistique du travail mécanique de l'appareil.

Nous citerons encore, toujours comme échantillon pris au hasard parmi des centaines du même genre, quelques appréciations, plus que contestables, que les photographes inexpérimentés et souvent très-incertains sur la marche qu'ils doivent suivre, sont tentés de considérer comme des conseils propres à les tirer d'embarras :

« En général, MM. T. et Ce opèrent *en plein soleil ;* il en résulte que la durée de la pose se trouve réduite sensiblement, et qu'ils obtiennent des effets et des *partis pris* qui donnent, à leurs portraits, un caractère tout particulier. »

Esquisses photographiques. Exposition 1855.

E. Lacan.

La citation qui suit va faire justice de celle qu'on vient de lire :

« Un éclairage *trop intense* fatigue considérablement la personne qui pose, et contrarie singulièrement les effets recherchés par un véritable artiste. Il est infiniment préférable d'atténuer ces excès de lumière, sauf à prolonger la pose qui, dès-lors, deviendra moins pénible.

« Ce qui vient d'être dit suffit pour repousser jusqu'à l'idée d'un portrait qui serait pris en plein soleil. »

Photographie simplifiée. E. de Valicourt.

Voici d'autres citations qui nous sont plus personnelles, et auxquelles nous avons à cœur de répondre :

« Les épreuves de M. Belloc sont certainement très-belles au point de vue de l'exécution ; on reconnaît que leur auteur est un praticien expérimenté, mais nous leur reprocherons une *uniformité de ton*, une monotonie désagréable à l'œil. Il semblerait que tous ces portraits ont été faits le même jour et sous le même rayon de lumière. Les poses manquent aussi de variété. Ce n'est certainement pas défaut de goût ni de talent chez ce photographe, mais c'est l'effet d'une négligence que le critique doit blâmer dans un artiste qui peut produire des œuvres supérieures. Que M. Belloc y prenne garde!... Quand tout le monde marche, il ne faut pas s'arrêter, quelle que soit l'avance qu'on ait sur les autres, si l'on ne veut pas être dépassé par les moins agiles. »

Esquisses photographiques. E. LACAN. 1856.

Est-ce bien là l'objet d'un reproche? En 1855, nous étions déjà assez heureux pour obtenir, par notre mode d'éclairage et nos virages aux sels d'or, des nuances identiques et des figures exemptes de ces effets et de ces *partis pris*, qui ne sont que trop connus. Nous n'ambitionnions pas plus qu'aujourd'hui d'obtenir des effets à tout prix, et surtout aux dépens de la vraisemblance et de la vérité, et de parvenir à cette variété, qui consiste trop souvent dans un nez blanc et long, qui ressemble à un volet rabattu sur un mur de façade, avec son ombre portée sur le petit trois-quarts, ou dans ces yeux impossibles, qui ont l'air de deux cavités profondes sur une pierre plate. Notre uniformité de tons et le peu de diversité de nos poses pouvaient bien ne pas répondre à l'étrange idéal de nos réalistes modernes, mais nous nous en consolions par l'assentiment de quelques bons juges que les *partis pris* n'ont pas gâtés, et qui continuent, malgré les excentricités passagères de la mode, à préférer l'allure simple et vraie à la pose emphatique et théâtrale ; nous visions surtout, modestement, à ce qui nous semble être le vrai but de la photographie comme de la peinture, en matière de portrait, nous visions à la ressemblance, c'est-à-dire à la reproduction du modèle, avec le cachet de son individualité. Nous savons qu'il y a de très-habiles faiseurs pour qui cette préoccupation est toute secondaire; mais ils nous font l'effet de ces avocats pour qui l'objet même de leur plaidoierie n'est qu'un prétexte, et qui fondent leur réputation sur la ruine de leurs clients.

« Les cadres de M. Belloc sont en possession de la faveur populaire. Ils ont des qualités photographiques incontestables, telles que la propreté, la précision, l'égalité de *rendu*, l'absence de tout sacrifice. On dit, en outre, que M. Belloc ne manque pas une épreuve et qu'un client est sûr, avec lui, de ne pas perdre sa pose. Certes, il est agréable, à certains égards, d'arriver à cette sûreté d'opération; mais les vrais amateurs sont plus réjouis par une seul réussite exceptionnelle à leur adresse, que par les plus imperturbables résultats.

Bulletin de la Société photographique. Exposition de 1855.

PAUL PERRIER

Ce reproche est, en vérité, encore plus inouï que le précédent. Comment un amateur habile, un écrivain distingué s'avise-t-il de nous reprocher de réussir à tous coups, toujours, quand même, et d'avoir des résultats imperturbables?... Voyez-vous un opérateur faisant preuve de capacité une fois par hasard, et ne pouvant répondre d'aucune de ses opérations! Un cocher qui ne conduirait bien ses chevaux qu'une fois par semaine, ou plutôt dont la *réussite* serait toute exceptionnelle, et qui se ferait de cette rareté de réussite un titre de recommandation, risquerait fort d'être renvoyé au manége. Plaisanterie à part, un tel *reproche* ne saurait être pris au sérieux, et, si notre modestie ne nous retenait, nous serions tenté d'y voir plutôt un éloge indirect et déguisé.

MM. Tresca, Peligot, Silberman, Trelat, Baudesson et Alcan, dans leur *Visite à l'Exposition de 1855*. p. 766, nous ont exprimé leur bienveillance sans aucune restriction, dans les termes suivants :

« Nous terminerons cette revue de la Photographie par la série de portraits : il y a ici deux manières de les envisager, soit au point de vue de l'art lui-même, soit au point de vue du commerce. Nous comprenons dans cette dernière série tous les portraits retouchés, car ce n'est plus la Photographie qu'il faut juger, mais le peintre, etc.

» M. Belloc, selon nous, est *le seul* qui offre une très-belle série de portraits sans *retouche*, et parfaitement réussis. Après lui, mais *bien après lui*, et avec des degrés différents de pureté, de *teinte* ou de *bonheur de pose*, MM. Mayer, d'Olivier, etc. »

RÉVOLUTION PHOTOGRAPHIQUE

M. Worthly écrivait d'Aix-la-Chapelle, à la date du 27 Juin 1861 :

« J'ai enfin réussi, après de longues années d'essais, à obtenir les épreuves positives de mes portraits photographiques sans nitrate d'argent, sans chlorure d'or, sans hyposulfite de soude, sans poussière de charbon, etc., en un mot, sans aucun des agents actuels de la photographie. Ils sont tous remplacées par une simple composition chimique, beaucoup plus sensible que le nitrate d'argent, et qui rend toutes les retouches inutiles, quand le négatif est sans défaut. Tous mes positifs, depuis les plus petits jusqu'aux portraits de grandeur naturelle, ont un aspect saisissant ; le modèle est d'une finesse exquise, et les tons sont aussi brillants qu'on peut le désirer. La manipulation reste la même, chaque Photographe pourra l'exécuter sans peine, avec cet avantage considérable, qu'il pourra livrer des portraits deux ou trois heures après la pose.

« Ces nouvelles Photographies sont indestructibles, elles dureront autant que le papier qui les aura reçues. Je n'estime pas à moins de 95 p. 0/0 l'économie procurée par la nouvelle méthode. »

Revue photographique.

Voilà du merveilleux si jamais il en fût!... Il est malheureux seulement que ce pays de cocagne photographique n'ait pas plus de réalité que toutes les fictions des poètes, pour ne pas dire tous les leurres du charlatan.

C'est pourtant là le ton général de la plupart des communications qui figurent dans les grands et les petits journaux, et même dans les recueils spéciaux et les feuilles scientifiques!... Les photographes sérieux et expérimentés savent faire justice de ces contes en l'air, mais l'amateur, qui prend volontiers les hyperboles au pied de la lettre, se fourvoie dans de grossières illusions, et ces mirages ont jeté plus d'un opérateur dans le plus profond découragement.

Ce fameux procédé au charbon nous a procuré des centaines de lettres, accompagnées de commandes fabuleuses ayant toutes, pour condition, d'envoyer à nos correspondants *le moyen de réussir!...* La photographie en serait-elle encore à la phase alchimique, qu'elle rêve la pierre philosophale?...... Il semble qu'une pareille crédulité ne soit plus de notre époque; mais, que voulez-vous, dans tous les temps :

> « L'homme est de glace aux vérités ;
> Il est de feu pour les mensonges. »

Ne suffirait-il pas, quand une apparence quelconque de réussite se laisse entrevoir par un procédé nouveau, d'en constater les résultats dans la mesure exacte de leur réalité, sans crier aveuglément à la réussite complète ? Ne devrait-on pas n'accepter les innovations que sous bénéfice d'inventaire, et seulement, quand les preuves ne sont pas encore établies, à titre de pure curiosité et de simple spéculation scientifique?... Les prôneurs n'aiment pas cette prudence et cette réserve, qui n'est autre chose que la conscience. Le désir de faire passer un article à effet, est la préoccupation dominante de tous les marchands de publicité. Tant pis pour ceux qui leur font plus d'honneur qu'ils ne s'en font à eux-mêmes, en les prenant au sérieux.

Les Worthly de tous les pays ne sont pas dangereux pour les esprits qui se possèdent, mais le photographe est trop souvent un mélange de scepticisme instinctif et de crédulité naïve qui le rend parfaitement apte à être dupe, à plusieurs reprises, des mêmes manœuvres et des mêmes mystifications.

FIN

PRIX COURANT

Chaque année, le commerce peu scrupuleux de la capitale répand par milliers, dans les provinces, des prospectus dont les prix, extrêmement réduits, nous procurent l'honneur bien compris de plusieurs centaines de lettres, dont la formule invariable est celle-ci :

« Nous venons de recevoir les prix courants de MM. X, Y, Z, etc. Comparés aux vôtres, ils offrent un avantage que nous ne voudrions pas perdre, etc. Aussi nous venons vous demander une réduction, etc. »

Dès le début nous avions compris combien il était dangereux de s'engager dans la voie du médiocre à propos de fournitures de photographie, et nous nous sommes toujours fait une loi de ne pas dévier de cette ligne de conduite. — Nous ne modifierons en rien notre manière et nous ne prendrons pas pour modèle les *Maisons* à bon marché (1), mais nous ferons cette concession à nos clients, de faire prendre dans les maisons qu'ils nous désigneront les articles qu'ils nous auront signalés et que nous livrerons aux mêmes prix de la maison indiquée. Cet engagement, nous sommes d'autant plus heureux de le tenir, qu'il nous dispense de toute responsabilité et qu'il peut être utile comme point de comparaison.

Quant à la responsabilité, nous voulons l'assumer toute entière et nous reprendrons les objectifs, les papiers albuminés, l'ébénisterie qui ne seraient pas conformes aux desseins de l'opérateur.

AVIS

Il est essentiel d'accompagner la demande de la mention : *par grande* ou *petite vitesse*. Nous pensons qu'il y a un plus grand avantage à recevoir par grande vitesse, lorsqu'il s'agit d'un petit colis.

Les envois seront faits *contre remboursement*, retour d'argent à nos frais si la somme dépasse 25 fr.

Toute lettre de demande d'envoi par la poste, non accompagnée d'un mandat ou de timbres, sera considérée comme non avenue. — (La poste ne se charge pas de liquides et ne prend que les paquets de $0^m 25$ de grandeur et de 300 grammes au plus.)

(1) Toutefois les prix de tous nos articles sont abaissés encore cette année et n'ont à redouter aucune concurrenc

Seront également considérées comme non avenues, toutes les demandes assez importantes pour motiver une garantie et qui ne renfermeraient pas une valeur à ordre ou une référence quelconque.

Nos conseils sont acquis à nos clients, soit de vive voix, soit par correspondance; et ce sera toujours un plaisir autant qu'un devoir pour nous, de leur indiquer les moyens de surmonter les difficultés qu'ils pourraient rencontrer.

Nous donnons des leçons gratuites aux acquéreurs d'appareils, dans les proportions suivantes : 4 leçons pour un 1/4 de plaque; 12 leçons pour l'acquisition d'un appareil 1/2; et 24 leçons à l'acquéreur d'un appareil 21-27, qui achetera en outre les produits chimiques nécessaires pour opérer pendant quelques mois.

L'avantage qui résulte de cette combinaison n'a pas besoin d'être expliqué. Il est évident que nos prix étant les mêmes, sinon plus bas que ceux des autres fabriques, et les produits d'une pureté et d'une supériorité réelles, si nous y ajoutons un enseignement théorique et pratique purement gratuit, et dont notre expérience bien connue rend l'importance incontestable, c'est, en réalité, une économie incalculable que nous offrons aux acquéreurs.

Quant aux envois, ils seront faits dans les vingt-quatre heures, quel que soit le genre de la demande, et même la quantité des produits demandés; notre magasin et notre personnel nous permettent de prendre cet engagement envers le public.

Nous croyons devoir ajouter, en terminant, que certaines demandes ne sont pas satisfaites aussitôt que nous le voudrions, parce qu'elles sont trop légèrement faites, et que les indications sont insuffisantes. Les unes nous laissent dans l'embarras au sujet du choix et des grandeurs, les autres ne contiennent pas l'adresse du destinataire ou ne la donnent qu'incomplétement.

On est prié de n'envoyer que des timbres de 10 et de 20 cent.

Pour faciliter aux amateurs et aux artistes l'émission de leurs épreuves, nous nous chargerons des tirages de leurs clichés au prix de revient seulement et calculé sur une grande échelle; de telle sorte que ce tirage sera accompli à meilleur marché que par l'opérateur lui-même, en même temps qu'il sera irréprochable.

PRIX DU TIRAGE (1) :

Stéréoscopes. — Papier albuminé viré au chlorure d'or, monté sur beau bristol satiné, la douzaine.......................... 3 fr. »
1/4... 3 »
1/2... 4 50
1/1... 10 »
Cartes de visite virées sur albumine, le cent non encartées........... 17 »
— — — montées satinées......... 22 »

Nous nous chargerons également de la vente des résidus or et argent, provenant des laboratoires de nos clients (Voir *la Photographie rationnelle*) ainsi que des réparations à faire à leurs appareils.

(1) Nous achetons les clichés de stéréoscope.

OBJECTIFS SUPÉRIEURS

Double pour portraits, sans foyer chimique, monture à crémaillère.

	fr.	c.
1/4 de plaque (0^m.044)............	22	»
Sa monture diaphragmée p. paysage..	5	»
1/2 plaque 63^{mm} pour portraits.....	60	»
Sa monture diaphragmée p. paysage.	7	»
Plaque normale 81^{mm} pour portraits.	160	»
Sa monture diaphragmée p. paysage.	12	»
Pour chambre 21-27, 85^{mm}, portraits.	250	»
Sa monture diaphragmée p. paysage.	18	»
Pour chambre 27-35, 110^{mm}, portraits.	400	»
Sa monture diaphragmée p. paysage.	25	»
140^{mm} pour portraits.............	600	»
Sa monture pour paysage........	30	»

Simples pour vue, monture sans crémaillère.

1/4 plaque, 44^{mm}...............	15	»
1/2 plaque, 63^{mm}...............	30	»
Plaque normale, 81^{mm}............	60	»
110^{mm}............	130	»
140^{mm}............	225	»

Accouplés pour chambres stéréoscopiques ou binoculaires (1).

Deux objectifs jumeaux, deux rondelles séparées, se diaphragmant dans l'intérieur................	45	»
Deux objectifs sur une même rondelle, se démontant à baïonnette, diaphragmés intérieurement..........	60	»
Deux objectifs américains se diaphragmant par une section du tube.....	65	»
Deux objectifs 1/2 plaque 63^{mm} cartes de visite....................	120	»
Objectifs pour microscope..........	15	»
Id. microscope p. mettre au foyer	12	»

(1) Ce système est indispensable à celui qui veut obtenir et reproduire instantanément des vues animées. Les deux images ainsi obtenues ne sont pas stéréoscopiques et demandent à être déplacées. On peut les déplacer *positives*, en les collant sur leur carton. Mais si l'on a un grand tirage à faire, il est mieux de faire subir ce déplacement au *négatif*. A cet effet, vous devez posséder un petit calibre en glace de 7 centimètres de long, que vous aurez soin de diviser par une ligne au crayon en deux parties égales. Cette ligne répond à celle que vous aurez tracée sur la glace dépolie et sur laquelle vous placez le sujet à reproduire ou le personnage principal d'un groupe.

Lorsque le cliché sera fait et verni, vous poserez le calibre sur le cliché, de telle sorte que la ligne médiane porte sur le personnage qui avait servi pour la mise au point (nous supposons qu'ayant couché le cliché le vernis en dessus, vous commencerez par l'image de gauche); tirez une ligne avec une pointe sur le vernis et du côté gauche, reportez votre calibre sur l'image de droite; que la ligne médiane passe aussi sur le même personnage; tracez une ligne à l'extrémité du calibre à droite; faites passer le diamant sur les deux lignes que vous venez de tracer, détachez

CHAMBRES NOIRES

Chambre noire pour portraits à un tiroir, deux châssis et glace dépolie :

		fr.	c.
Pour 1/4 de plaque...........	9+12	16	»
Pour 1/2 plaque.............	13 18	22	»
Pour plaque normale.........	18 24	36	»
Extra....................	21 27	48	»

Chambre noire pour paysages et portraits, double tirage, deux châssis et une glace dépolie :

Pour 1/4...................	19	»
Pour 1/2...................	25	»
Pour normale...............	44	»
Pour 21+27.................	60	»
Chamb. noire à *soufflet*, carrée p. 1/2.	40	»
Pour plaque normale...........	60	»
Pour 21+27, à charriot à crémaillère mobile avec deux châssis à rideaux, s'appliq. sans coulisses, etc., brev.	95	»
Pour 27+33 ou 35.............	120	»

Les grandeurs au-dessus de gré à gré, prix proportionnel à la grandeur.

CHAMBRES BINOCULAIRES.

Pour cartes de visite, glace dépolie à charnières, deux châssis à collodion 12+21 avec intermédiaire 9+17 1/2 pour stéréoscopes................	35	»
Pour stéréoscopes, id. id. id. glace 9+17 1/2.................	30	»

PIEDS PORTE-APPAREILS D'ATELIER.

En chêne, à pédale, crémaillère, bascule, etc., p. 1/2	22	»
Id. pour normale.................	28	»
Id. pour 21+27.................	35	»
Id. pour 27+35.................	40	»
En fer, id. id..................	150	»
Id. id. id..................	200	»

PIEDS PORTE-APPAREILS DE CAMPAGNE

Pliants, rentrants, vis à écrou, planchette pour être adaptée sous la chambre noire afin de l'y fixer.

Pour 1/4 et 1/2..................	12	»
Avec planchette-support pour normale.	16	»
Id. pour 21+27..	22	»
Id. pour 27+35..	28	»

ces deux lisières; donnez encore un coup de diamant dans le milieu du cliché pour séparer les deux images, puis portez celle de gauche à droite.

Pour faciliter le tirage des épreuves positives, on colle sur un verre, avec une solution de gomme épaisse, les deux images rapprochées et l'on a ainsi, par un léger travail, le bénéfice d'une chambre monoculaire.

APPUI-TÊTE

	fr. c.		fr. c.
En bois, se fixant au siége............	6 »	En fer, à mouvement appui-reins.....	40 »
En fer et cuivre, id. double genouill.	10 »	Id. à monter sur le plateau......	80 »
En bois, indépendant, plate-forme en bois, double genouillère..........	10 »	Id. id. id. appui-reins.	110 »

BOITES A GLACES

	fr. c.		fr. c.
En bois bl., 12 rainures, sans poignée :		Pour normale sur extra....... 21+27	4 »
Pour 1/4................... 9+12 (1)	2 25	Pour glaces....... 27+33 ou 27 35	5 »
Pour 1/2.................. 13 18	2 75	Id. 30 40	6 50
Pour cartes de visite binocul. 12 21	2 75	En bois bl., 24 rainures avec poignée :	
Pour stéréoscopes.......... 9 17	2 75	Pour 1/4....................	3 »
Pour normale............... 18 24	3 25	Pour 1/2.....................	3 50
		Pour 12+21................	4 »
(1) Il est très-important que toute demande de glaces, de châssis, de passe-partout, cadres, etc., en un mot, de tout ce qui doit être ajusté à l'appareil de l'opérateur, soit accompagnée de la mention en millimètres déterminant la grandeur précise.		Pour stéréoscopes............	3 50
		Pour normale................	4 25
		Pour 21+27.................	5 50
		Pour 27 33 ou 35...........	6 50
		Pour 30 40.................	8 »

BOITE POLISSEUSE COMPLÈTE

	fr. c.		fr. c.
Composée de :			
La boîte en carton................	1 50	Boîte polisseuse en carton pour enfermer les tampons et le linge........	1 50
1 Crochet en argent..............	2 50		
1 Pinceau à épousseter la glace.....	1 »	Boîte complète à coul. p. aquarelles.	12 »
2 Tampons en peau de daim........	1 50	Id. id. id. supérieure ...	15 »
1 Boîte-tamis pour la craie........	» 75	Boîte à couleurs sèches, préparées pour la retouche des portrait sur toile ou sur verres : 8 couleurs, or, argent, pinceaux........................	10 »
1 Carré de peau de daim..........	1 50		
1 Pinceau à dégrader l'épreuve.....	» 75		
Boîte pour conserver les papiers positifs préparés pour 21+27.......	15 »		
		Plus grande, supérieure : 20 couleurs........................	15 »
S'il est vrai que le chlorure de calcium ait la propriété d'empêcher les papiers préparés de jaunir, chacun peut se fabriquer une boîte séparée en deux parties, au moyen d'un zinc ou tout simplement d'un carton troué, dont la partie inférieure sera garnie de 250 grammes de chlorure de calcium, et la partie supérieure sera destinée au papier.		Carmin fin, le tube.............	1 »
		Bleu d'outre-mer, le tube.........	» 75
		Les autres tubes................	» 50
		Godet or......................	» 40
		Id. argent..................	» 20
		Marthe fine, différentes dimensions, le pinceau........................	» 30

CHASSIS

CHASSIS-PRESSE POSITIFS

ANCIEN SYSTÈME AVEC GLACE FORTE.

	fr. c.
Pour 1/4....................	4 »
— 1/2.....................	6 »
— normale.................	8 »
— 21+27..................	12 »

CHASSIS-PRESSE POSITIF

NOUVEAU SYSTÈME BELLOC (déposé).

	fr. c.
Nouveau système Belloc (déposé) glace forte, 4 ressorts :	
Avec 2 glaces, volets 13+18 et stéréosc.	8 »
Pour 18+24..................	12 »
— 21 27..................	16 »
— 27 33..................	25 »

PLANCHETTES A POLIR LES GLACES

	fr. c.		fr. c.
Pour 1/4 et 1/2..................	3 50	Pour 27+33, etc................	7 »
— normale et 21+27............	5 »		

CUVETTES HORIZONTALES EN GUTTA-PERCHA

Profondes à recouvr. p. bains d'argent :	fr. c.	*Plates* pour solutions et autres bains :	fr. c.
Pour 1/4......................	3 »	Pour 1/4......................	1 50
— 1/2........................	4 50	— 1/2........................	2 50
— normale...................	6 »	— normale...................	3 50
— 21+27.....................	7 50	— 21+27.....................	5 »
— 27 35....................	10 »	— 27 35....................	7 »

ACCESSOIRES EN GUTTA-PERCHA

	fr. c.		fr. c.
La collection des quatre entonnoirs entrant l'un dans l'autre..........	4 »	Vase à bec et à anse pour verser l'acide pyrogallique.................	2 »
Un pot en gutta p. solut. hyposulfite..	3 50		

CUVETTES EN PORCELAINE

Centimètres.	fr. c.	Centimètres.	fr. c.
11+13.......................	0 70	22+27.......................	2 80
12 15.......................	0 85	24 30.......................	3 80
10 20 stéréoscope.......	1 10	30 36.......................	7 60
13 18.......................	1 60	31 44.......................	14 »
15 20.......................	1 80	38 55.......................	25 »

GLACES MINCES RODÉES POUR NÉGATIFS

			fr. c.				fr. c.
Pour 1/4,	9+12.....	la pièce.	» 40	Pour normale, 18+24......	—		1 50
— stéréosc.	9 17 1/2..	—	» 60	—	21 27......	—	1 90
— 1/2	13 18.....	—	1 »	—	27 33......	—	3 25
	12 21.....	—	1 20				

VERRES DÉPOLIS DOUCIS

		fr. c.		fr. c.
Sur	10+13............	» 45	Sur 21+27 ou 22 28.............	2 »
— 1/2	14 19............	» 75	— 27 35 28 36.............	2 75
— normal,	19 25............	1 50		

VERRES BLANCS POUR NÉGATIFS

		fr. c.		fr. c.
Non rodés, pour 1/4,	9+12. la douz.	» 80	Pour normale, 18+24, la douzaine...	4 »
Pour stéréoscopes,	9 17 1/2. —	2 40	Au-dessus de ces grandeurs, il est dangereux d'employer des verres.	
— 1/2,	13 18 —	2 40		
— cartes de vis.,	12 21 —	3 »		

CALIBRES EN GLACE FORTE DOUCIE

	fr. c.		fr. c.
Pour cartes de visite..............	2 »	Pour 1/4 coin rond ou ovale.........	3 »
Pour couper l'image stéréoscopique obtenue par le binoculaire........	2 »	— 1/2................. — normale.................	4 » 4 50
Pour couper les images stéréoscopiques accouplées...............	3 »	— 21+27.............. Equerre de 35 centimètres.........	5 » 5 »

GLACES FORTES POUR CHASSIS

	fr. c.		fr. c.
De 15+21......................	1 50	De 24+30......................	3 50
20 26......................	1 80	30 36......................	5 »

VERRES GRADUÉS

EN CENTIMÈTRES CUBES OU GRAMMES

	fr. c.		fr. c.
Verre gradué à deux grad., 50 et 100 cc.	2 50	Verre gradué de 1 à 15 cc...........	2 »
Le même, gradué de 1 à 125	3 50	Verres à expériences, comme les précédents mais sans graduations.....	» 50
Verre gradué de 30 à 60	3 »		
Le même, de 1 à 60	3 »		

ACCESSOIRES DIVERS

	fr. c.		fr. c.
Agitateur en cristal suivant la force, de..................... 15 à	» 30	Mortier et pilon en cristal de 250 gr. — — — 500	3 25 6 »
(1) Balance à bascule avec poids, depuis la fraction du gram. jusqu'à 100.	15 »	— — — 1,000 Patère pneumatique pour saisir les	10 »
Cadre en bois p. servir à dévelop. l'im.	5 »	grandes glaces..............	5 »
Capsule porcel. all. au feu, de 250 gr.	2 »	Peau de daim, suivant la grand., de 5 à	6 »
— — 500	2 75	Pince-glace p. saisir la glace stéréosc.	5 »
— — 1,000	4 »	Pince en buffle, la pièce...........	» 50
Crochet en argent................	2 50	Pinceau en blaireau, fort, p. épousseter	
— en buffle............	» 75	la glace....................	1 »
Diamant de vitrier, suivant la force,		Pèse-alcool...................	1 50
de................. 10, 15 et	20 »	Pèse-éther...................	1 50
Doigtier en caoutchouc, la pièce.....	» 15	Porte-entonnoir................	3 »
Egouttoirs, 15 rainures p. glaces nég.	3 »	Porte entonnoir en fer...........	4 »
Eprouvettes graduées de 1 à 15 cc....	5 »	Pointes à couper le bristol.........	1 »
Gants en caoutchouc, la paire.......	8 »	Pointes en diamant pour écrire sur le	
Lampes avec cheminée verre jaune...	6 »	verre......................	4 »
Loupe de 60 à 80 millimètres.......	6 »	Presse en fonte.................	1 50
Niveau d'eau de............. 2 à	5 »	Sabliers-compteurs, de 30 secondes à 5 minutes, de............... 1 à	3 »
(1) Les balances dites à trébuchet ou à étrier ne conviennent nullement à la photographie.		Toile cirée très-belle, le mètre....... Vase à bec en porcelaine..........	3 50 2 »

PAPIERS DIVERS

La rame est composée de 20 mains, la main de 24 feuilles.

La conservation du papier à plat exige un portefeuille ou des plateaux lorsque l'envoi se compose de 5 ou 6 mains. Il serait imprudent de le rouler. — Si on le demande roulé par une ou deux mains grandeur entière, il est bon qu'il soit roulé sur une main de papier buvard, toujours utile à l'opérateur.

Lorsqu'il s'agit de papier salé, on peut le demander coupé en quatre. Cette grandeur convient également pour les quatre premières grandeurs des épreuves.

	fr.	c.
Papier buvard blanc, fort, la main....	1	»
— Joseph — très-beau, —	»	40
— belge positif supérieur, —	4	»
— — salé, —	4	50
— saxe — supérieur, —	4	50
— — salé, —	5	»
— Blanchet et Kl., de Rives, albuminé, salé supér. 1er choix, la main.	8	»

Nous avons renoncé aux secondes qualités; quel qu'en soit le prix, il est toujours trop élevé pour le profit que l'opérateur peut en retirer.

	fr.	c.
Liasse de filtres ronds de prat. 33...	1	25
— — 45...	2	50
Papier noir velouté p. posit. dir., la f^{ille}.	»	30
— non velouté............	»	15

CARTON BRISTOL EN FEUILL. ENTIÈRES

	fr.	c.
Raisin en 3, tr.-beau, p. cartes, le cent.	32	»
— en 4, tr.-fort, sans boutons, —	38	»
Jésus en 3, beau, sans boutons.......	38	»
— en 4, très-fort...............	42	»

COUPÉ EN 2 OU EN 4 ÉMARGÉ

	fr.	c.
Pour écarter les épreuves, 1 fr. de plus par 100 feuilles.............	1	»
Coupé p. stéréosc. tr.-beau sans bout.	2	»
— — avec filets........	2	50
— pour cartes de visite sans filet.	1	50

PASSE-PARTOUT

POUR CARTES DE VISITE

Très-beaux ordinaires :

		fr.	c.
N° 210.............. la douzaine.	—	3	»
211................	—	3	15
203, 204...........	—	3	50
206................	—	3	60
214, 289...........	—	4	»
253, 256...........	—	4	80
267................	—	5	15
232................	—	5	48

FANTAISIE

		fr.	c.
N° 253...............	—	4	80
254...............	—	6	»
269...............	—	6	»
285...............	—	8	»
287...............	—	10	»
207...............	—	8	«

FOND OR, GUILLOCHÉ OR, ARGENT, etc.

		fr.	c.
N^{cs} 1, 3, 4, 5, 6, 8, 9, 10, 11, 12, la douz.		12	»
N° 290....................	—	13	35
286....................	—	13	85
284....................	—	15	»

PEINTURE, NOIR, ÉCAILLE, etc. (1er ch.)

		fr.	c.
Pour 1/9............... la douz.		2	»
— 1/6............... —		2	25
— 1/4............... —		2	75
— 1/3............... —		4	»
— 1/2............... —		6	»
— 1/1............... —		10	»
— 1/1 sur extra......... —		12	»

BRISTOL BLANC (1er choix).

		fr.	c.
Pour 1/9............... la douz.		2	50
— 1/6............... —		3	»
— 1/4............... —		3	25
— 1/3............... —		4	50
— 1/2............... —		6	50
— 1/1 sur 1/1 n° 40..... —		8	»
— 1/1 sur extra......... —		11	»
— 21 à 27............. —		18	»

BRISTOL CHAGRINÉ OU TEINTÉ (1er ch.).

		fr.	c.
Pour 1/2 sur 1/1.......... la douz.		9	»
— 1/1 sur 1/1........... —		9	»
— 1/1 sur extra......... —		13	»
— 21 à 27............. —		22	»

CADRES PLASTIQUES RUSTIQUES

	fr.	c.
Pâte avec feuillures p. passe-partout ovales ou coins ronds :		
Pour 1/6.................. la douz.	6	»
— 1/4.................. —	8	»
— 1/3.................. —	10	»
— 1/2.................. —	12	»
— 1/1.................. —	15	»
— 1/1 sur extra........ —	20	»
Cadres noirs vernis, polis autour avec feuillures pour passe-partout, choix ovales ou coins ronds :		
Pour 1/6.................. la douz.	8	»
— 1/4.................. —	9	»
— 1/3.................. —	12	»
— 1/2.................. —	14	»
— 1/1.................. —	16	»
— 1/1 sur extra.......... —	20	»
— double plaque....... —	28	»
Cadres à baguettes 1/2 jonc dorés pour recevoir un passe-partout extra plaque, la pièce..................	4	»
— un normal ordinaire, la pièce..	3	»
Cadres gondoles noirs ovales avec cercle doré, sans passe-part., 1er choix.		
Pour 1/6.................. la douz.	9	»
— 1/4.................. —	12	»
— 1/3.................. —	15	»
— 1/2.................. —	18	»
— 1/1.................. —	24	»

	fr.	c.
Cadres dorés avec ornements, 4 bouquets.		
Pour recevoir un passe-partout gr. 1/2 sur extra, la pièce.............	4	»
— sur extra normal.............	5	»
— 1/2.................. la douz.	32	»
— 1/3.................. —	24	»
— 1/4.................. —	20	»
— 1/6.................. —	20	»
— 1/9.................. —	16	»
Cadres en zinc fondu, gravé, doré, argenté, bronzé, etc.		
Tr.-beaux modèles pour cartes de vis.		
En bronze............. la douz.	10	»
— à deux ouvertures. —	24	»
N° 2 en argent oxidé..... —	24	»
— 154 en doré........... —	12	»
— 153................... —	16	»
— 8 oxydé............. —	24	»
— 4514 avec passe-partout. —	24	»
— 175................... —	18	»
— 171................... —	15	»
Pour épreuves :		
Pour 1/6 doré............. —	24	»
— 1/4................... —	36	»
— 1/2................... —	48	»
Il y a dans ce genre un choix considérable dont le prix varie en plus ou en moins, suivant la richesse du dessin.		

ÉCRINS

EN PEAU INTÉR., SATIN, RESSORT, etc.

Supérieurs :

	fr.	c.
Pour 1/9.............., la pièce	1	50
— 1/6.................. —	1	60
— 1/4.................. —	2	»
— 1/3.................. —	3	»
— 1/2.................. —	3	90

JUMEAUX

	fr.	c.
Pour 1/6.............. la pièce	2	25
— 1/4.................. —	2	50
— 1/2.................. —	5	25

Les formes les plus variées, les métaux les plus riches peuvent concourir à une augmentation de prix. On peut s'en rapporter à nous pour le choix et les soins apportés dans l'intérêt de nos clients.

BROCHES

	fr.	c.
Broche en argent doré.............	12	»
— en doublé or.............	5	»
— plus grande, doublé or........	6	»
— — —	7	»
— en cuivre doré.............	1	»
— 15 lignes...................	1	25

	f..	c.
Broche 15 lignes....................	1	50
— 18 —	1	75
— — —	2	»
Cassolettes, cuivre doré, à ressort, ciselées, etc................ 2, 3 et	4	»
Fausses montres...................	5	»

CYLINDRE SATINEUR

LE MODÈLE LE PLUS PARFAIT AVEC PLAQUE D'ACIER

	fr.	c.		fr.	c.
26 + 32	200	»	35 + 45	350	»
30 38	255	»	45 55	450	»

STÉRÉOSCOPES

		fr.	c.			fr.	c.
En acajou, à prismes, à charn.	douz.	40	»	En maroquinerie plus riche...	douz.	40	»
— pliants	—	45	»	En bois, recouv. de pap. noir.	—	24	»
En maroquinerie	—	30	»	Pliants, la douzaine	—	28	»

ALBUMS MAROQUIN

		fr.	c.			fr.	c.
Pour 24 porte-cartes	la pièce.	6	»	Eventails	la pièce	12	»
— 32 —		10	»	— avec loupe dorée...	—	15	»

APPAREILS COMPLETS

POUR 1/4 (9+12).

	fr.	c.
1 Objectif 1/4, sup., paysage et portr.	25	»
Chambre noire —	18	»
Pied porte-appareil de campagne	12	»
Boîte à glaces	2	»
12 Verres	»	80
1 Cuvette pour bain négatif gutta	3	»
1 Crochet en corne	»	75
2 Cuvettes en porcelaine	1	40
1 Pinceau à épousseter	»	75
1 Châssis-presse	4	»
1 Vase à bec pour pyrogal	2	»
1 Vase gradué	2	50
	72	20

COMBINAISON POUR STÉRÉOSCOPE

	fr.	c.
1 chariot et son châssis, glace dépolie et porte-glace	10	»
1 Planchette d'angle	7	»
1 Boîte à glaces	2	50
12 Verres	2	40
	21	90

POUR 1/2 PLAQUE (13+18).

	fr.	c.
1 Objectif 1/2 sup., paysage et portr.	67	»
1 Chambre noire double tirage	25	»
1 pied de campagne	13	»
1 Boîte à glaces	2	50
12 Verres	2	40
1 Crochet en corne	»	75
1 Pinceau à épousseter	»	75
1 Châssis-presse	6	»
1 Cuvette pour bain négatif	4	50
3 Cuvettes plates	7	50
3 Entonnoirs	1	25
1 Vase à bec pour pyrogal	2	»
1 Vase gradué	3	50
	136	65

COMBINAISON POUR STÉRÉOSCOPE

	fr.	c.
1 Chariot et son châssis, glace dépolie et glace	12	»
1 Planchette d'angle	7	»
1 Boîte pour stéréoscope	2	50
12 Verres	2	40
	23	90

Au comptant, 4 0/0 d'escompte.

PLAQUE NORMALE (18+24).

	fr.	c.
1 Objectif supérieur plaque normale, paysage et portrait................	172	»
1 Chambre noire à double tirage. ,....	38	»
1 pied porte-appareil de campagne...	16	»
Boîte à glaces....................	3	»
12 Glaces........................	18	»
1 Crochet en buffle................	»	75
1 Planchette à polir................	5	»
1 Châssis-presse...................	8	»
1 Cuvette pour bain négatif.........	6	»
3 Cuvettes plates..................	10	50
3 Entonnoirs......................	1	25
1 Vase à bec pour pyrog............	2	»
2 Vases gradués...................	5	50
	286	»

Au comptant, 6 0/0 d'escompte.

EXTRA PLAQUE SUPÉRIEURE (21+27).

	fr.	c.
1 Objectif supérieur, 4 pouces, paysage et portraits..................	400	»
1 Chambre à soufflet-carré, 70 cent. de longueur, crémaillère, applique et rideau, système breveté, châssis glace et châssis...................	95	»
1 Pied d'atelier chêne, crémail., etc..	35	»
1 Boîte à glace...................	4	50
12 Glaces fines rodées	22	80
1 Crochet en argent................	2	50
1 Planchette à polir................	5	»
1 Châssis-presse, mon système......	16	»
1 Cuvette pour bain d'argent........	7	50
4 Cuvettes plates..................	20	»
3 Entonnoirs.....................	1	25
1 Vase à bec pour pyrog............	2	»
2 Vases gradués...................	5	50
1 Cadre porte-glace pour développer..	5	»
	622	05

Au comptant, 10 0/0 d'escompte.

PRODUITS CHIMIQUES

Quantité convenab. pour appareil 1/4 :	fr.	c.
1 Flacon collodion ioduré...........	2	35
50 grammes nitrate d'argent........	9	10
5 — acide pyrogallique......	»	90
50 — acétique...........	»	80
1 Kilog hyposulfite de soude........	1	25
100 grammes ammoniaque..........	»	55
50 — vernis blanc pour négat.	»	80
1/2 liasse filtre....................	»	60
1 litre virage pour papier albuminé...	3	25
2 Entonnoirs.....................	»	50
1/4 main papier albuminé...........	2	»
1 main papier buvard..............	1	»
	23	10

En prenant pour base les produits nécessaires à l'appareil 1/4, on peut se rendre compte d'une quantité relative pour un appareil d'une plus grande dimension.

POUR LA PHOTOGRAPHIE.

	fr.	c.
Acétate de soude purif. crist., le kilog.	3	50
Acide acétique cristallisable, parfaitement pur, le kilogr..............	9	»
Acide citriq., 1er blanc, diaphane crist.	9	»
— chlorhydrique pur............	3	»
— gallique...................	40	»
— nitrique à 40°..............	3	»
— pyrogallique sublimé, pur......	140	»
— sulfurique pur..............	4	»
— tartrique 1er blanc en cristaux..	7	»

	fr.	c.
Alcool de vin rectifié à 36°..........	4	»
— — à 40°..........	5	»
— ioduré (liqueur génératrice)...	12	»
Ammoniaque liquide pure 25°.......	3	»
Benzine incolore..................	3	»
Bi-carbonate de potasse pur........	10	»
Bi-carbonate de soude pur crist......	3	»
Bi-chromate de potasse............	4	»
— — jaune et rouge pur.	10	»
Brôme pur.......................	35	»
Brômure d'ammonium.............	60	»
— de cadmium..............	60	»
— de zinc..................	60	»
— de potassium.............	40	»
Carbonate de potasse pur..........	10	»
Chlorure d'or, le gramme..........	2	50
Chlorure de platine, le gramme......	1	10
— de sodium pur, le kilog.....	2	25
Craie lévigée.....................	4	»
Cire vierge pure..................	8	»
Citrate de fer soluble en paillettes....	15	»
Collodion très-dense...............	11	»
— fluidité convenable	9	»
— ioduré inaltérable, le flacon.	2	35
Coton saluble............. kilogr.	40	»
Cyanure de potassium en plaq. —	10	»
— en poudre. —	15	»
Dextrine.........................	1	25
Esprit de bois rectifié.............	3	»
Essence de lavande...............	8	»
— de térébenthine rect...	2	»

		fr.	c.			fr.	c.
Éther sulfurique à 56° rectifié.	kilogr.	6	»	Nitrate de plomb pur........	kilogr.	5	»
— à 62° — .	—	6	50	— de potasse pur........	—	4	»
— ioduré (liqueur génér.)..	—	12	»	— de zinc pur...........	—	10	»
Fluorure de potassium........	—	50	»	Phosphate de soude pur......	—	5	»
Gélatine blanche.............	—	12	»	Sulfure de potassium.........	—	1	50
Hypochlorite de chaux pur....	—	2	»	Potasse caustique en plaque..	—	3	»
Hyposulfite de soude	—	1	25	Proto-chlorure de mercure....	—	7	»
Iode sublimé................	—	45	»	Sel ammoniac blanc pur......	—	4	50
Iodure d'ammonium.........	}			— d'or Gélis et Fordos.......	gram.	3	»
— de cadmium.........		60	»	— ferrugineux (combinaison parfaite remplaçant le sulfate de fer.	kilogr.	5	»
— de zinc............							
— de potassium........	—	40	»	Sucre de lait................	—	4	»
Kaolin 1er blanc pur.........	—	2	»	Sulfate de fer pur...........	—	1	20
Mercure métallique distillé...	—	7	»	Vernis blanc pour négatif.....	litre.	16	»
Nitrate d'argent cristal. 2 fois.	—	170	»	— noir pour positif........	—	12	»
— — fondu —	—	180	»	— rose..................	—	16	»

PRODUITS CHIMIQUES ACCESSOIRES

		fr.	c.			fr.	c.
Bitume de Judée............	kilogr.	4	»	Huile de naphte rectifiée.....	kilogr.	16	»
Bromure de chaux...........	—	16	»	Hydromélite................	—	12	»
Chloro-bromure de chaux.....	—	30	»	Nitrate d'Urane.............	—	60	»
Chlorure de baryum..........	—	2	»	Or mussif..................	—	25	»
— de calcium..........	—	2	»	Poudre de charbon végétal....	—	4	»
Coton cardé................	—	5	50	Teinture de tournesol........	—	8	»
Cyanoferrure de potassium....	—	8	»	Feuille de tournesol..........	—	»	15

Nous nous chargeons de la reproduction en microscopes montés en bijoux, des clichés, cartes de visite, etc.

CE PRIX COURANT EST ANNEXÉ AU TRAITÉ
LA PHOTOGRAPHIE RATIONNELLE

VERSAILLES. — IMPRIMERIE CERF, RUE DU PLESSIS, 59.

TABLE DES MATIÈRES

	Pages.
Avant-propos	1
Histoire de la Photographie	21

PREMIÈRE PARTIE.

Optique	53
Les chambres noires	73
— Woodwards	80
Théories diverses	87
Châssis-presse	89
Cuvettes	93
De l'atelier de pose et Eclairemement	100
Des couleurs et des habillements	104
Des reproductions	109
Agrandir les reproductions	111
Positifs par transparence sur verre, etc.	113
Du stéréoscope	117

CONSIDÉRATIONS GÉNÉRALES.

Du coton azotique	125
Du collodion normal	129
— photogénique	133
Bain d'argent au miel	148
— négatif	153
Action de l'iode dans le bain d'argent	156
Bain d'argent au nitrite de plomb	162
Des agents révélateurs	163
Appréciation	168
Résumé des appréciations	183

PRÉPARATIONS.

Du coton soluble	191
Des liqueurs génératrices	194
— conservatrices	195
De l'albumine	196
Du Tannin	ib.
Du collodion ioduré	197
Du bain d'argent négatif	204
— — positif direct	205
Des agents révélateurs	ib.
Des fixateurs	207
Des vernis	208

MANUEL OPÉRATOIRE.

Décaper la glace	213

	Pages.
Du laboratoire.	215
Collodionner la glace et la sensibiliser.	216
Exposition dans la chambre noire.	218
Développer l'image.	225
Fixer l'épreuve.	228
Vernir le cliché.	231
Photographie monumentale.	233
Procédé à l'hydromelite.	ib.
— Taupenot.	235
— au Tannin.	237
Des images positives par réflexion.	239
Transport sur papier de l'épreuve négative.	247

DEUXIÈME PARTIE.

Du papier.	251
— des enduits améliorateurs	257
Emploi des enduits	260

CONSIDÉRATIONS GÉNÉRALES.

Sur le papier positif et les épreuves	262
Chlorure d'argent.	263
Albuminate —	265
Du kaolin.	ib.
Du bain.	256
Du l'albuminage.	270
Du tirage des épreuves.	274
Des positives par continuation.	282

MANUEL OPÉRATOIRE.

Préparation du papier chloruré.	286
— albuminé.	287
— du bain d'argent.	290
Du sel double d'or et de soude.	291
Chlorure d'or acide.	292
— pour le papier albuminé.	292
Bain fixateur.	293
Sensibiliser le papier chloruré.	ib.
— albuminé.	294
Tirage des épreuves positives.	295
Virage — albuminées.	298
Fixage des épreuves.	300
Des groupes.	301
Des nuages à adapter aux paysages.	305
Des fonds.	308
De la dégradation partielle de l'image.	312
Vernis rose.	315
Emarger, monter, satiner.	316
Encaustique.	319
Des taches.	320
Vocabulaire.	324
Eléments de chimie.	327
Simples notes.	383
Prix courant.	403

VERSAILLES. — IMPRIMERIE CERF, 59, RUE DU PLESSIS.

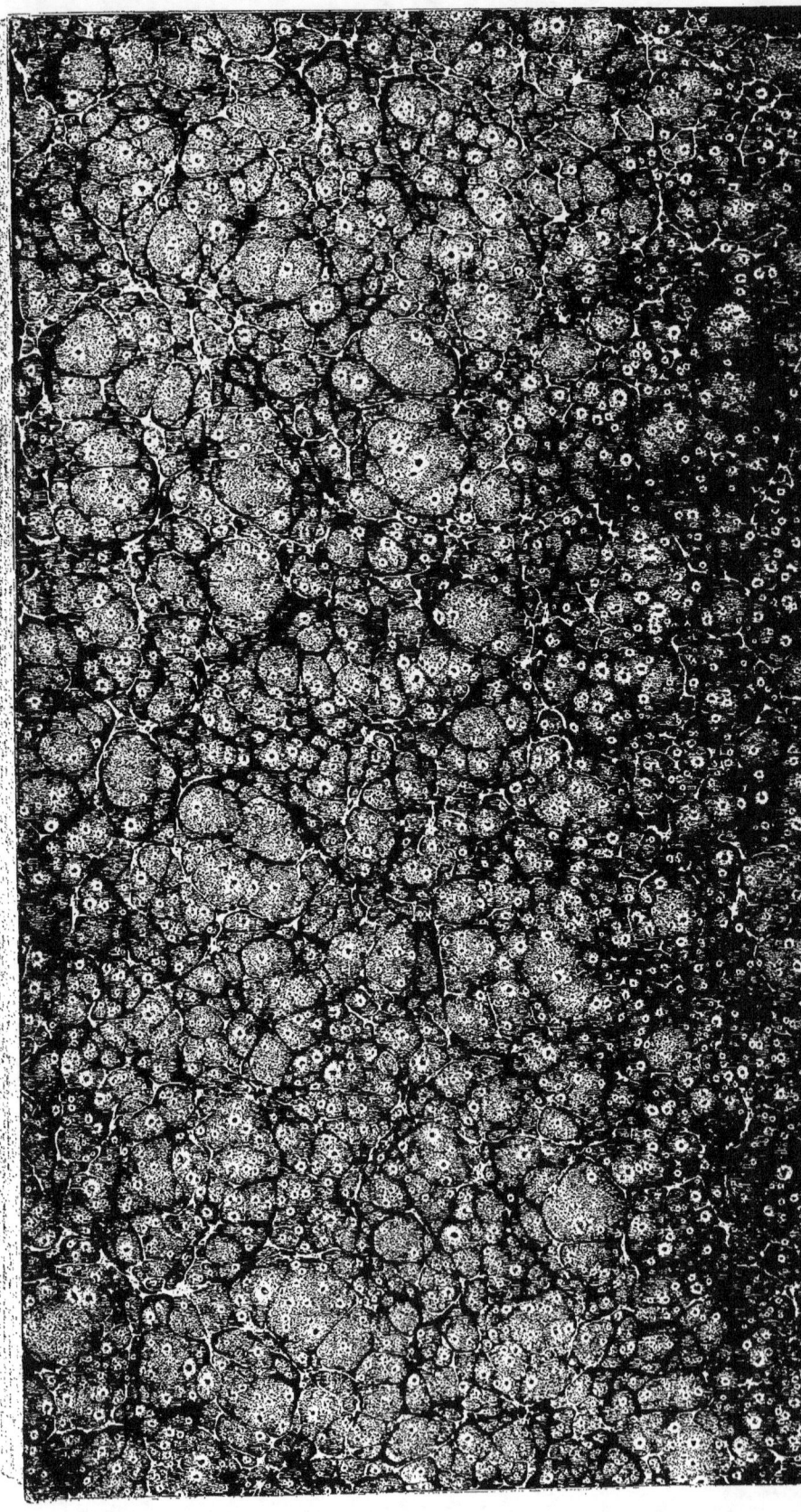

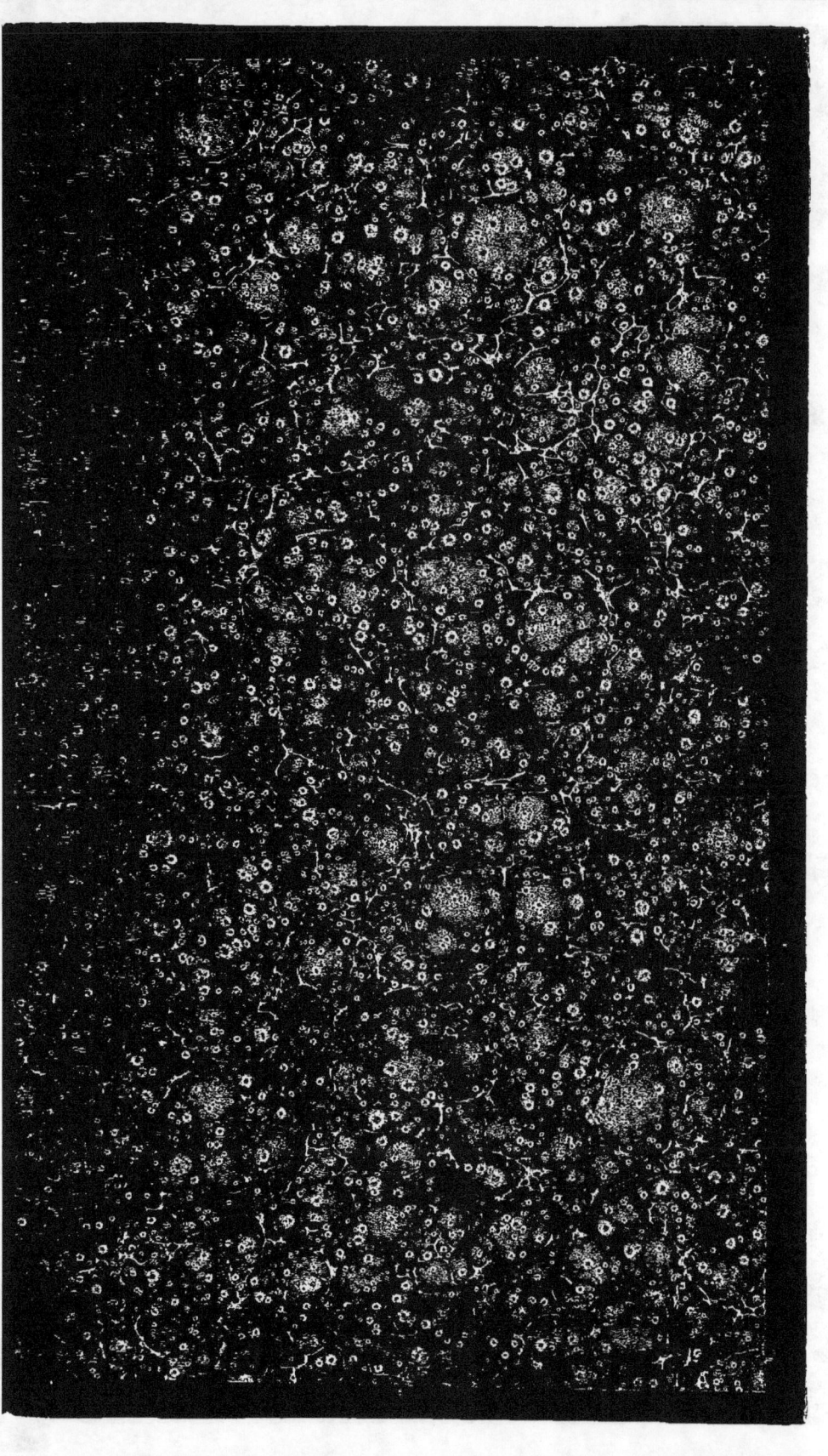

www.ingramcontent.com/pod-product-compliance
Lightning Source LLC
Chambersburg PA
CBHW050151230526
45470CB00001B/48